KB082488

성경에서 말하는
**부와 행복을
끌어당기는 힘**

성경에서 말하는 부와 행복을 끌어당기는 힘

초판 1쇄 2022년 08월 30일

지은이 서병호 | **펴낸이** 송영화 | **펴낸곳** 굿웰스북스 | **총괄** 임종익

등록 제 2020-000123호 | **주소** 서울시 마포구 양화로 133 서교타워 711호

전화 02) 322-7803 | **팩스** 02) 6007-1845 | **이메일** gwbooks@hanmail.net

© 서병호, 굿웰스북스 2022, *Printed in Korea*.

ISBN 979-11-92259-56-7 03190 | 값 **15,000**원

성경은 부요함으로 가는 내비게이션이다

성경에서 말하는 부와 행복을 끌어당기는 힘

서병호 지음

BIBLICAL WEALTH

굿웰스북스

"성경대로 살아도 충분히 부자 될 수 있습니다."

어느 날, 어려서부터 신앙을 지도해온 한 청년이 술에 취해 제 사무실에 들어왔습니다.

제 아들과 같은 또래여서, 아들같이 여겨온 청년이라, 허물없이 왜 이렇게 술을 마셨느냐고 한소리했습니다. 그 청년은 "목사님, 나는 아무리 해도 안 돼요." 하고 엉엉 웁니다. 이유를 물으니, 자기는 아무것도 없어서 해도 해도 안 된다며 펑펑 웁니다. 그렇게 울다가 내가 얼마나 번다고 세금은 왜 이렇게 많이 떼어가는 거냐며 화를 내며 또 웁니다.

그 청년은 집안이 부유치 못해서 돈을 벌겠다며, 대학 진학을 포기하고 일찍 사회생활을 시작했습니다.

학교 다닐 때에도 식당, 주유소, 여러 곳에서 아르바이트를 하며 집안 생활을 돕던 친구였습니다. 현장 일에 익숙하다 보니 아르바이트 하는 가게 사장들에게 일 잘한다며 칭찬을 많이 듣곤 했었습니다.

그렇게 어린 나이부터 아르바이트 하던 청년은 고등학교 졸업하고 지원해서 군복무를 마치고, 취업을 해서 이제 제대로 사회생활을 시작한 것입니다. 그런 청년이 술에 취해서 저를 찾아와 "목사님, 왜 이렇게 살기가 힘들어요?" 하며 펑펑 웁니다. "나는 뭘 해도 안 돼요. 해도 해도 안 돼요." 하며 계속 웁니다.

저도 시골의 가난한 농부의 아들로 태어나 평생 가난하게 살았고, 지금도 작은 교회 목사라서 여전히 가난합니다. 그 청년의 울부짖음이 내 아들들이 겪어야 할 일들 같아서 마음이 미어지는 것 같았습니다.

기독교는 2000년대 들어와서 젊은 층의 탈 기독교화 속도가 눈에 띄게 빨라졌습니다. 여러 가지 이유가 있겠지만, 성경대로 살아서는 부자가 될 수 없고 성공할 수 없다는 의식이 중요한 원인이 되었다고 생각합니다. 인간적인 관점에서 보면 일리가 있습니다. 세상은 공정과 상식이 지배하지 않는다는 것을 국민이 다 알고 있습니다. 부정과 부패가 만연하고, 편법이 가득합니다. 인터넷에 떠도는 한 청년이 세상을 빗댄 유머가 생각납니다. 누구나 가고 싶어 하는 자리에 지원해서 선발되는 결정적인 조건은, "니 아버지 뭐하시노?"라고 합니다. 이 땅의 대다수 부모는 자식을 위해서 아빠 찬스, 부모 찬스를 사용할 힘도 없고 능력도 없습니다. 그럼 이 악한 세대에 흙수저 가정의 자녀들은 어떻게 살아야 할까요? 어떤 청년은 "흙수저라도 있으니 다행이네요. 저는 수저 자체가 없어요."라고 말하기도 합니다.

바로 이 지점에서 저의 고민이 시작되었습니다. 이렇게 불법과 편법이 가득한 세상 속에서 성경대로 살아도 부자가 되고 성공할 수 있을까? 갈수록 양극화 현상이 심해질 텐데, 지금 가난한 그리스도인은 이 가난의 구렁텅이에서 빠져나올 수 없는 것일까? 현대 기독교인들은, 특히 젊은 그리스도인들은 이 질문에 '안 된다'라고 답을 내린 것 같습니다. 그래서 교회는 다니지만 돈 벌고 성공하는 것은 세상 방법을 따라가는 것 같습니다. 결국 돈 벌고 성공하는 문제에 관해서는 성경의 방식을 떠나는 겁니다.

저는 이 문제에 대한 답을 얻기 위해서 성경을 살펴보았습니다. 그리고 부자가 되고 성공한 사람들이 제시하는 돈 벌고, 성공하는 원리들을 성경과 비교해보았습니다. 그러다가 저도 놀랐습니다. 비 그리스도인들이 돈 많이 벌어 부자가 되고, 성공할 수 있다고 말하는 방법들이 실제는 하나님께서 당신의 자녀들을 축복하시기 위해서 사용한 방법이었다는 것을 알게 되었습니다.

하나님께서 당신의 자녀들을 축복하시기 위한 방법인데, 비 그리스도인들은 그 중심에서 하나님을 제거하고, 외형적인 방법만을 사용해서 돈을 벌어 부자가 되고, 성공하고 있습니다. 반면에 축복의 대상으로 선택된 그리스도인들은 부자가 되고 성공할 수 있는 성경적인 방법을 사용하지 않아서 가난하게 살고 있습니다.

이 책의 중심 주제는 성경적인 성공철학입니다. 일반 성공철학과 성경적 성공철학을 비교하고, 성공철학의 기원이 성경이었음을 밝히는 것입니다. 그래서 이 악한 시대 속에서도 성경대로 살아도 충분히 부자가 될 수 있고, 거룩하게 살아도 충분히 재미있고, 행복하게 살 수 있다는 성경의 원리를 알게 하는 것입니다.

이 책은 그리스도인들을 위한 것입니다. 특별히 젊은 그리스도인들을 위한 것입니다. 부모에게 물려받은 것이 없어서, 자신의 인생을 맨손으로 개척해야 하는, 지금 가난하고 힘없는 젊은 그리스도인들을 위한 것입니다.

인생의 꿈과 목표는 사람마다 각기 다를 것입니다. 만일 부자가 되는 것이 꿈이고 목표라고 한다면 굳이 신앙을 버리지 않아도 됩니다. 만일 사회적으로 성공하고 출세하는 것이 꿈이고 목표라고 한다면 굳이 여호와 하나님을 떠나지 않아도 됩니다. 성경대로 살고, 거룩하게 살아도 이런 것 정도는 충분히 이룰 수 있습니다. 오히려, 성경대로 부자 되기를 꿈꾸고, 성경대로 성공하기를 꿈꾸는 것이 가장 빠르고, 가장 안전하게 목표를 달성하는 지름길이라고 하나님은 말씀하십니다.

언젠가 박세리 프로의 아버지가 박세리 선수를 훈련시켰던 방법을 책에서 읽은 기억이 납니다. 학생 시절에 골프대회 참석하면 박 프로의 아버지는 시상대로 딸을 데리고 가서 시상대에 진열된 우승 트로피를 만져보라고 했답니다. 쑥스러워하며 주저하는 딸에게 아버지는 "괜찮아, 어차피 네 것이 될 거야. 그러니까 만져봐도 돼. 미리 한번 만져봐." 하며 우승 트로피를 만져보게 했다고 합니다. 이에 동기부여를 받은 박세리 프로는 신들린 듯이 골프를 쳐서 결국 우승했다고 합니다.

우리가 믿는 하나님 아버지도 좋은 것으로 우리에게 주시기를 기뻐하시는 아버지십니다. 아래 성경 구절이 그것을 증명합니다.

너희가 악한 자라도 좋은 것으로 자식에게 줄 줄 알거든 하물며 하늘에 계신 너희 아버지께서 구하는 자에게 좋은 것으로 주시지 않겠느냐(마태복음 7장 11절).

온갖 좋은 은사와 온전한 선물이 다 위로부터 빛들의 아버지께로부터 내려오나니 그는 변함도 없으시고 회전하는 그림자도 없으시니라(야고보서 1장 17절).

이 말씀 속에서 모든 그리스도인의 아버지이신 하나님의 마음을 느껴봅니다. 당신의 자녀들에게 주실 축복을 보여주면서 내가 너를 위해 준비한 선물이야, 한번 만져봐 하는 아버지의 마음이 느껴집니다.

부자가 되고 성공하기를 꿈꾸는 것은 죄 짓는 일이 아닙니다. 좋은 일이고, 하나님도 택한 자녀들에게 주겠다고 약속하신 선물입니다. 이 책은 성경 속에서 우리가 하나님의 약속된 축복을 어떻게 내 것으로 누리며 살 수 있는지 그 원리를 밝힌 것입니다. 가진 것 없이 자기 인생을 개척해야 하는 사람이라면 자신이 성공할 수 있겠다고 선택한 길에 자기의 인생을 갈아 넣어야 성공할 수 있을 겁니다. 그렇다면 이 책에서 소개하는 방식대로 인생을 갈아 넣어보십시오. 반드시 승부가 날 것이라고 확신합니다.

이 책이 만들어지는 데 큰 도움을 주신 분은 한책협의 김태광 대표님입니다. 책을 쓰는 원리를 세세하게 지도해주셨고, 좋은 출판사와 연결될 수 있게 도와주셨습니다. 이 지면을 빌려 김태광 대표님에게 감사의 뜻을 전합니다. 처음 책을 쓰는 저의 원고를 말끔하게 다듬어주신 굿웰스북스 출판사에도 감사의 뜻을 전합니다. 제가 이 책을 완성하기까지 아내, 고은자 사모와 순종, 예종 두 아들의 격려와 기도가 큰 힘이 되었습니다. 아울러 이 책을 저술하도록 길을 인도해주시고, 완성할 수 있는 지혜를 주신 하나님께 모든 영광을 돌립니다.

저의 바람은 이 땅의 그리스도인들, 특히 젊은이들이 성경대로 부자가 되고, 의롭게 성공하는 자가 많아지는 것입니다. 그래서 주변 사람들에게 성경대로 살아도 충분히 부자가 되고 성공할 수 있다고 선포하는 그리스도인들이 많아지는 것입니다. 이 책을 읽고 성경적인 방식으로 부자가 되고, 성공하기에 도전하는 모든 사람에게 하늘 문이 열리기를 기도합니다.

2022년 8월, 저자 서병호

목 차

2장 부에 대한 생각을 바꿔라

BIBLICAL WEALTH

1장

그리스도인은
가난하게
살아야
하는가?

가난은 당연한 것이 아니다

　모든 자연현상과 세상만사, 그리고 인간의 모든 일이 미리 정해진 필연적인 법칙에 따라 결정되어 바꿀 수 없다는 사상이 있다. 이것을 운명론, 혹은 숙명론이라고 부른다.

　우리나라 속담 중에도 "사람은 팔자대로 산다."라는 말이 여기에 해당되는 말이다. 사람의 인생은 미리 정해져 있기 때문에 바꿀 수 없다. 그래서 현재 모습대로 살아갈 수밖에 없다. 이런 운명론 사상이 이 땅에 살아왔던 얼마나 많은 사람들의 인생을 옭아맸을까?

　가난과 억압, 천대와 멸시에 짓눌려 살면서도 나는 이렇게 살 수밖에 없다면서 눈물과 탄식 속에 죽어간 사람들은 얼마나 많았을까?

운명론에서 말하는 것 같이, 힘도 없고 연줄도 없는 사람은 죽을 때까지 무시당하면서 사는 것이 당연한 일일까? 가난한 사람은 죽을 때까지 가난에 시달리며 사는 것이 당연하다고 생각하는 것이 옳은 것인가? 그런데 언뜻 듣기에 말도 안 되는 이런 사고방식이 많은 사람들의 인생을 옭아매고 있다.

부목사로 사역할 때 섬겼던 교회의 한 여 집사님에게는 알코올에 중독된 남편이 있었다. 어떤 종류이든지, 중독이 되면 한 사람의 인생뿐 아니라, 그 가정 전체를 비참하게 만드는 경향이 있다. 알코올에 중독된 남편을 둔 여 집사님에게는 인생의 즐거움이 없었다. 하루하루 인생을 눈물의 골짜기를 걷는 것 같은 심경으로 살았다. 남편은 거의 날마다 술에 취해 자기 의식도 없는 상태에서 잡히는 대로 사람을 폭행하고 기물을 부쉈다. 심지어 이 여 집사님은 남편이 휘두른 부엌칼에 찔리기도 했고, 팔이 부러진 적도 여러 번 있었다고 한다. 그러던 어느 날 밤도 한바탕 광풍이 휘몰아쳤고, 날이 밝자 한 전도사님이 여 집사님의 안부가 염려되어 가정을 방문하게 되었다. 마침 남편은 술이 깨어 집에 있었다. 전도사님이 왜 이렇게 사느냐며 술을 끊으라고 권고를 했다. 그러자 그 남편은 자신이 알코올 중독이 될 수밖에 없는 이유를 이렇게 말했다고 한다. "제 아버지가요, 술주정뱅이였어요. 그리고 술 때문에 죽었습니다. 그러니 내가 어떻게 알코올 중독이 안 될 수 있습니까?"라고 하더란다. 가정방문을 마치고 교회로 돌아온 전도사님에게 이 말을 듣고 다른 사역자들

　성경에서 말하는 부와 행복을 끌어당기는 힘

과 함께 어안이 벙벙했던 기억이 있다. 여 집사님의 남편은 내 아버지가 알코올 중독자이니, 자기는 알코올 중독자로 살 수밖에 없다고 생각하며 평생을 산 것이다.

이것이 운명론에 사로잡힌 인생의 비극이다. 이런 논리라면 가난한 집에 태어난 사람들은 가난하게 살 수밖에 없는 운명인가? 지금 나의 가난은 지극히 당연한 일인가? 이것은 절대로 당연한 일이 아니다. 그럼에도 불구하고, 이 가난을 당연한 것으로 받아들일 수밖에 없게 만드는 일들이 주변에서 일상으로 벌어지고 있다.

중앙일보가 2019년 1월 30일 신문에 "2019 빈곤 리포트"라는 기사를 실었다. 이 기사의 내용을 보면 현재 극빈자의 거의 절반이 조부모 때부터 3대째 가난을 대물림받았다고 한다. 가난한 집에서 가난이 3대째 대물림 되는 이런 현상이 일상화되면, 가난한 사람이 자기의 가난을 당연하게 여기며 살게 될 확률이 높아질 것이다.

가난은 새로운 분리를 가져온다. 바로 공간의 분리이다. 부(富)의 차이는 사는 공간까지도 갈라놓는다. 부자들끼리 사는 동네가 있고, 가난한 자들이 사는 동네가 따로 있다. 가난한 사람들은 가난한 동네에서 모여 산다. 가난한 사람은 본인도 가난하고, 이웃도 가난하다.

본인도 3대째 가난을 물려받았고, 이웃집도 3대째 가난을 물려받았다. 이렇게 한 지역 전체가 가난의 먹구름에 뒤덮여 있는 셈이다. 이런 상황

속에서 살아갈 가난하고 힘없는 청년들의 탄식이 귀에 들리는 듯하다. 대를 이어 세습되는 가난에 눌려 나는 이래도 안 되고, 저래도 안 된다고 부르짖는 것 같은 청년들의 모습에 가슴이 시려온다.

정말 지금 가난한 자의 가난은 당연한 것인가?

하나님의 자녀가 된 그리스도인들이 지금 가난하게 살고 있다면, 그 가난을 당연한 것으로 알고 살아야 하는가? 우리 그리스도인들도 운명을 바꿀 수 없는 것이라고 생각하며 살아야 하는 것인가? 이런 질문에 성경은 단호하게 그렇지 않다고 말씀한다. 하나님은 이사야 선지자를 통해서 이렇게 약속하신다.

버러지 같은 너 야곱아, 너희 이스라엘 사람들아 두려워하지 말라. 나 여호와가 말하노니 내가 너를 도울 것이라. 네 구속자는 이스라엘의 거룩한 이이니라. 보라, 내가 너를 이가 날카로운 새 타작기로 삼으리니, 네가 산들을 쳐서 부스러기를 만들 것이며 작은 산들을 겨 같이 만들 것이라(이사야 41장 14-15절).

이사야 선지자는 이스라엘 백성의 죄와 불순종 때문에 바벨론에게 나라가 멸망하게 될 것이라는 경고를 했다. 그는 바벨론 침공 약 100년 전에 예언한 선지자이다. 그리고 이 약속의 말씀은 바벨론에서 70년 동안 포로생활을 한 후에 이스라엘이 다시 고국에 돌아오게 될 것을 약속하는 본문이다. 바벨론에게 패배한 후 이스라엘 백성들은 인생은 버러지 인생이라고 성경은 말한다. 인간이 이 세상에서 겪게 되는 다양한 고난이 있는데, 이 모든 고난을 한꺼번에 겪게 되는 상황이 바로 전쟁이라고 한다. 특히 패전국이 될 때, 더욱 그렇다고 사회학자들은 말한다. 바로 그 일을 이스라엘이 당한 것이다. 바벨론에게 완전히 패하고, 철저하게 보복 당했다. 누가 보아도 이스라엘은 벌레 같은 인생이 된 것이다. 자기들이 보아도 버러지 같은 인생이고, 다른 사람이 보아도 버러지 인생이다.

그럼 현재 버러지같은 인생은 영원토록 버러지로 살아야 하는가?

성경은 이스라엘이 놀랍게 변화될 것을 약속하신다. 버러지 같은 이스라엘이 강력한 타작 기계가 되어 주변 나라들을 정복하게 될 것이라고 약속하신다. 버러지 같은 이스라엘이 위대한 승리자로 변하게 될 것이라고 말씀하신다. 성경은 하나님 안에서 고정된 운명은 없다고 말씀한다.

2020년 12월 미국의 우주 탐사선 보이저 호가 태양계를 벗어나면서 지구 사진을 찍어 전송한 사진을 뉴스에서 보았다. 80억 사람들이 살고 있는 이 지구는 고작 태양계 밖에서 보았을 뿐인데도, 작은 점 하나였다. 하나님은 전능하셔서, 온 우주를 움직이신다. 온 우주를 운행하시는 하나님의 능력이 내 인생 하나 바꾸는 것에 무슨 어려움이 있겠나? 전능하신 하나님께는 불가능한 것이 하나도 없다. 하나님을 붙잡으면 우리의 인생 속에 우리가 생각하지도 못하고, 상상하지도 못했던 기적이 일어날 수 있다. 그리고 그 기적은 지긋지긋한 가난의 사슬을 얼마든지 끊어줄 수 있다.

내 나이 이제 예순을 바라본다. 평소에 보지 않았던 텔레비전 드라마가 재미있어지기 시작한다. 어느 때부터인가 드라마 보다가 울고, 책 보다가 운다. 심지어는 아내와 아들들이 나에게 조금만 서운한 소리를 해도 마음이 우울해진다. 드디어 말로만 듣던 갱년기가 나에게도 왔나 보다. 정길순 작가의 『꿈은 나의 인생이 되었다』(시너지북)라는 책을 읽는데, 저자가 살아온 고된 인생살이 부분에서 많이 울었다. 시도 때도 없이 눈물이 나는 것을 보니 아무래도 나에게 갱년기가 온 것이 확실한 것 같다.

저자는 6.25가 끝난 직후 1954년 생(生)이라고 하시니 지금 70을 바라보는 나이시다.

남한 끝자락 고흥, 전기도 들어오지 않는 시골 마을에서 지독하게 가난한 가정의 8남매 중에 둘째이자, 맏딸로 태어났다. 아버지는 도박에 중독되어 가출을 밥 먹듯이 하여 가정에 전혀 도움이 안 되었다고 한다. 온갖 막일을 하시며 자녀들을 키우던 어머니를 도와 초등학교만 졸업하고 집안일을 돕고, 동생들을 보살피며 어린 시절을 다 보낸다. 저자가 20대가 될 무렵 갑자기 어머니께서 돌아가셔서 자기 밑으로 6명의 동생들을 먹여 살려야 하는 처녀 가장이 된다.

그 뒤로 이어지는 필설로 다 표현할 수 없는 고난과 환난의 소용돌이가 몰아친다. 열 명이 짊어져도 다 짊어질 수 없을 정도로 무거운 인생의 짐을 짊어지고 살아가는 저자의 삶이 처연하다 못해 숭고하게 느껴진다.

그러나 정길순 작가는 초등학교만 졸업하고 그 어린나이에 사회생활을 하면서도 이 가난에서 반드시 벗어나겠다고 가혹할 정도로 자신을 채찍질하며 달려간다.

학교를 다니지 못한 아쉬움 때문에 40대에 검정고시를 통해 고등학교 졸업 자격을 얻었다. 대학을 졸업하고, 대학원까지 진학하여 석사 학위까지 획득하게 된다. 그리고 50대에 공인중개사 시험에 합격하여 직업의 전환을 이룬다. 이제 자녀들을 훌륭하게 키웠을 뿐 아니라, 본인도 사업에서 성공하여 경제적 자유를 누리며 살고 있다.

저자는 자신을 옭아매고 있는 가난의 굴레를 벗는 과정에서 가장 먼저 시행했고, 가장 중요하게 생각한 것이 부정적 생각을 버리고, 긍정적 생각을 갖는 것이었다고 한다. 의식의 전환을 먼저 이루는 것 그것이 자기 인생을 변화시키는 큰 힘이었다고 한다. 그리고 이 의식의 전환을 이루는 일에 성경과 기도가 큰 원동력이 되었다고 한다.

혹독한 고난을 이겨나가는 인간 승리의 책을 덮고 나니 마음이 따뜻해짐을 느낀다.

그렇다. 하나님 안에서 운명론은 없다. 가난하게 사는 것은 당연한 일이 아니다. 가난이 당연하다는 생각, 이 생각부터 우리 뇌리에서 뽑아내야 한다. 가난은 절대로 당연한 것이 아니다. 우리의 인생은 얼마든지 새롭게 될 수 있다.

하나님의 은혜가 있으면 죽을 수밖에 없는 자리에서도 살길은 열린다. 우리가 믿는 하나님은 우리의 인생을 새롭게 하시는 하나님이시기 때문이다.

그런즉 누구든지 그리스도 안에 있으면 새로운 피조물이라. 이전 것은 지나갔으니 보라, 새 것이 되었도다(고린도후서 5장 17절).

하나님 안에서 우리 인생이 새롭게 될 수 있다는 확신을 가지고 연약한 무릎을 일으켜 세우고 가난과 절망의 자리에서 일어나 부와 성공의 자리로 달려가라.

성경에서 말하는 부와 행복을 끌어당기는 힘

02

나를 향한 하나님의 본심은 무엇일까?

최근 들어 사기 범죄가 급증하고 있다고 한다. 특히 대형 금융사기 범죄는 한번 터졌다 하면 많은 사람들이 피해를 입는다. 사기꾼은 다른 사람들이 죽게 될 것을 뻔히 알고도, 자신의 지갑을 채우기 위해 악한 마음을 품고 고수익으로 현혹하며 접근한다. 사기꾼은 먼저 자기의 악한 본심을 철저하게 숨긴다. 피해를 당한 사람들이 그 사람의 악한 본심을 알았다면 속지 않았을 것이다. 상대방이 자기에게 해를 끼칠 악한 의도를 가지고 있었다는 것을 알지 못했기에 속절없이 피해를 당한다.

2020년에 개인적으로 가슴 아팠던 보이스피싱 사건이 기억난다. 피해자가 내 아들 또래여서 더 그랬던 것 같다.

전북 순창에 살면서 취업 준비를 하던 20대 김 모 씨에게 검찰을 사칭하는 사기꾼의 전화가 온다. 범인은 자기를 서울지방검찰청 첨단범죄 수사팀의 팀장, 김민수 검사라고 소개한다. 용건은 김 씨의 계좌가 대규모 금융사기에 연루되어 일단 돈을 찾아야 하고 수사가 끝나면 돌려주겠다는 내용이었다.

범인은 김 씨가 의심할까 봐 이메일을 통해 조작된 검찰 출입증과 명함까지 보냈다. 김 씨가 통화 도중 끊지 못하도록 조사에 협조하지 않으면 처벌 받을 수 있다고, 협박도 서슴지 않았다고 한다. 결국 김 씨는 정읍의 한 은행에서 420만 원의 돈을 찾았고, 범인은 인출한 액수가 맞는지 인증사진까지 요구했다. 범인은 김 씨에게 KTX를 타고 서울의 한 주민센터에 돈을 가져다 놓게 하였다. 이후에 범인은 김 씨에게 여의도 인근 한 카페에서 기다리고 있으면 수사관이 돈을 돌려주러 갈 것이라며 기다리게 했다. 보이스피싱 조직은 더 이상 전화를 받지 않았다. 김 씨는 이후 죄책감에 시달리다 구정 연휴를 하루 앞두고 자신의 아파트에서 스스로 목숨을 끊었다.

나는 이 뉴스를 듣고 한동안 마음이 불편했다. 첫째 이유는, 이런 식으로 가난하고 힘없는 평범한 사람들의 고혈을 빨아가는 범인들에 대한 분노 때문이었다.

둘째는, 비정한 세상에서 당한 상처로 극단적 선택을 할 때까지 그 청년이 겪었을 고통이 느껴졌기 때문이다. 가해자가 죄책감을 느껴야지 왜 피해자가 죄책감을 느껴야 하는가? 어이없게 당한 자신을, 멍청하게 당한 자신을 얼마나 원망하고, 저주했을까? 아들 또래가 겪었던 그의 가슴 앓이가 남의 일 같지 않아서 마음이 아팠다.

누군가 나를 죽이려고 하는 본심을 숨기고 나에게 접근할 수 있다. 누군가 나를 망하게 하려는 본심을 숨기고 나에게 접근할 수도 있다. 우리도 누구든지 이런 악한 자들의 마수에 걸릴 수 있을 것이다. 그럼 나를 향한 하나님의 본심은 무엇일까? 하나님은 나를 향해서 어떤 마음을 품고 계신다고 생각하는가?

오래 전에 한 기독교 기관에서 실시한 여론 조사가 생각난다. 2가지 질문은 던졌다.

첫 번째는 '하나님께서 살아계시고 전능하신 분이라는 것을 믿는가?'였다. 이 질문에 한국 성도들은 약 90%정도가 '예스!'라고 대답했다고 한다.

두 번째 질문은 첫 번째 질문에 '예스!'라고 대답한 사람들에게 물었다. '살아계시고 전능하신 하나님께서 지금 당신의 문제를 해결해주실 것을 믿습니까?' 이 질문에 그리스도인들 중 '예스!'라고 대답한 사람은 약 30% 정도였다고 한다.

이 여론조사를 통해서 한국 그리스도인들이 하나님의 살아계심과 전능하심을 믿고 있기는 하지만, 약간 막연한 믿음을 가지고 있다는 것을 알 수 있다. 하나님과 나 자신이 일대일 관계 속에서 살아 있는 믿음의 확신이 부족하다. 눈에 보이지 않는 하나님께서 살아 계시고, 나와 동행하신다는 확신이 없다면 하나님의 본심을 어떻게 알 수 있을까? 그리고 하나님의 본심을 어떻게 확신할 수 있겠는가?

우리는 사람들에게 나의 본심을 전할 때, 여러 방법들을 사용할 수 있다. 직접 만나서 대화로 전할 수도 있고, 동영상을 보낼 수 있고, 편지나 문자를 사용할 수도 있겠다. 하나님께서는 당신의 본심을 우리에게 어떻게 전하시고, 알게 하실까? 신비롭고 초자연적 방법을 사용하시기도 한다. 하나님의 음성을 직접 들려주시거나, 환상을 보게 하시는 경우이다. 선지자를 통해서 하나님의 본심을 전하시기도 한다. 문자로 기록된 성경을 통해서 하나님의 본심을 전하기도 하신다. 여러 방법 중에 하나님께서 가장 보편적이고 일반적으로 사용하시는 방법은 우리에게 문자 보내시는 것이다. 그것이 바로 성경이다.

하나님은 성경을 통해서 우리를 향한 하나님의 본심이 무엇인지 분명히 보여주셨다.

천지창조 시에 첫 사람인 아담과 하와를 창조하시고 하나님께서 그들에게 가장 먼저 하신 일이 있다.

하나님이 그들에게 복을 주시며 이르시되, 생육하고 번성하여 여러 바닷물에 충만하라. 새들도 땅에 번성하라 하시니라(창세기 1장 22절).

하나님께서는 인류의 첫 조상을 창조하시자마자, 그들에게 축복을 선포하고 번영을 선포하셨다. 이것이 우리를 향한 하나님의 본심이다. 택한 백성들에게 은혜를 주시려는 것이 하나님의 본심이다. 그런데 사람이 하나님께 죄짓고 불순종하게 되면 어떻게 될까? 하나님의 본심을 바꾸실 것이라고 생각하는가?

요즘 청소년 범죄가 점점 흉악 범죄로 발전하는 것이 사회문제가 되고 있다. 텔레비전 뉴스에서 촉법소년 문제를 다루는 내용을 시청한 적이 있다. 한 학생이 경찰서에 잡혀 있다. 경찰이 학생의 아버지에게 전화한다. "자녀가 나이가 어리기 때문에, 아버님이 오셔서 사인만 하시고 데리고 가면 됩니다." 이 말은 들은 학생의 아버지의 대답이 들린다. "난 그렇게 못합니다. 지금까지 경찰서 가서 싸인하고 집에 데려온 것이 몇 번인지 셀 수도 없습니다. 집에 데려오면 나가서 또 말썽 피웁니다. 거기서 알아서 하세요. 저는 안 갈 겁니다." 하고 전화를 끊었다.

사람은 부모라도 자녀를 향해 마음을 바꾸는 일이 있을 수 있다. 하나님께서는 어떻게 하실까? 우리가 하나님의 뜻에 거역하고 불순종하면 하나님의 본심은 어떻게 될까?

아담과 하와의 범죄 이후에 이 땅에 죄가 넘쳐나게 된다. 결국 하나님은 죄로 가득 찬 세상을 심판할 수밖에 없었다. 이것이 우리가 다 알고 있는 홍수심판이다. 그 홍수심판의 와중에서 하나님께 순종하였던 노아 가족 8명이 방주에 타고 생존하게 된다. 온 세상을 덮고 있던 홍수 후에 방주에서 땅으로 내려온 노아에게 하나님께서 이런 말씀을 하신다.

하나님이 노아와 그 아들들에게 복을 주시며 그들에게 이르시되, 생육하고 번성하여 땅에 충만하라(창세기 9장 1절).

하나님께서 온 땅에 죄가 넘치게 만들었던 인간들을 홍수로 심판하시고 생존하게 된 노아에게 "너도 앞으로 죄 지으면 죽는다. 조심해!" 하고 경고하시지 않았다. 대신 아담과 하와가 처음 창조되었을 때 주셨던 축복을 노아에게 그대로 대물림하신다. 이 홍수 심판의 와중에서도 하나님의 본심은 바뀌지 않았다.

아브라함의 후손인 이스라엘 백성들은 애굽에서 노예 생활하다가 해방되어 젖과 꿀이 흐르는 가나안 땅을 선물로 받게 된다. 그러나 이스라엘 백성들은 선지자들의 경고에도 불구하고 지속적으로 불순종하고, 하나님께 거역한다. 결국 이스라엘은 바벨론에게 완전한 멸망을 당한다. 당시 예언활동을 하던 선지자는 예레미야 선지자였다. 이미 전쟁에서 패배하였고, 전국이 폐허가 된 이후에 하나님은 예레미야 선지자를 통해서 하나님의 본심을 말씀하신다.

그가 비록 근심하게 하시나 그의 풍부한 인자하심에 따라 긍휼히 여기실 것임이라. 주께서 인생으로 고생하게 하시며 근심하게 하심은 본심이 아니시로다(예레미야 애가 3장 32-33절).

죄와 불순종으로 마땅히 받아야 할 징계를 받은 이스라엘 백성을 향한 하나님의 본심이 이때에도 바뀌지 않았다. 하나님의 백성을 향한 하나님의 본심은 은혜 주시고, 축복하시는 것을 기뻐하시는 것이다. 그 본심은 어제나 오늘이나 영원히 변함이 없다.

주변 상황이 좋게 진행되면, 하나님께서 나를 사랑하시고 은혜 주시는 것같이 느껴진다.

그러나 주변 상황이 조금만 험하게 변하면, '하나님께서 도와주시지 않는 건가?' 하고 의심한다. 주변 환경에 휘둘리지 말라. 전능하신 하나님은 영원히 변함이 없다. 우리를 향한 하나님의 본심은 변하지 않는다. 그렇다고 내 마음대로 살아도, 하나님은 나를 축복하실 거라고 생각하지 말라. 그러다가 진짜 망하는 수가 있다.

우리의 가난은 당연하지 않다. 우리 인생은 얼마든지 새롭게 변할 수 있다. 우리를 향한 하나님의 본심은 우리를 축복하시고, 은혜 주시는 것이다. 그래서 우리 주변 환경이 어떻게 바뀌든지 우리에게는 소망이 있다. 주변 환경은 우리를 절망스럽게 만드는 방향으로 흘러갈 것이다. 환경을 보면 우리 절망하게 된다. 전능하신 하나님, 우리를 사랑하셔서, 우리를 축복하실 본심을 가지신 하나님을 바라본다면 소망이 있다. 하나님은 전능하셔서 어떤 악한 환경이든지 우리에게 선하도록 바꾸실 수 있으시다. 이 암울한 때에 하나님의 본심을 바로 알고 부와 성공을 위한 소망을 회복하라.

가난은 마음의 습관이다

가난은 어디에서부터 시작되는 것일까?

가난한 집에서 태어나는 순간부터 가난이 시작되는 것일까?

한 달 월급으로 겨우 먹고살 정도의 월급을 받는 변변치 못한 직장에 취업되는 순간부터 가난이 시작되는 것일까? 아니면 대출을 받아 시작한 주식투자, 혹은 자영업이 망하면서부터 시작되는 것일까?

'욥'이라는 사람이 있었다. 성경은 욥에 대해 이렇게 설명하고 있다.

우스라는 곳에 욥이라는 사람이 살고 있었다. 그는 흠이 없고 정직하였으며, 하나님을 경외하며 악을 멀리하는 사람이었다. 양이 7천 마리,

낙타가 3천 마리, 겨릿소가 500쌍, 암나귀가 500마리나 있고, 종도 아주 많이 있었다. 그는 동방에서 으뜸가는 부자였다.(욥기1장 1-2절, 표준새번역)

그는 경건한 자로 인정받던 자였고, 동방에서 가장 큰 부자였다고 한다. 욥기 1-2장에는 욥이 겪게 되는 비극이 기록되어 있다. 동방의 으뜸가는 거부의 재산이 아침에 다 사라지는 비극을 경험하게 된다. 주변 이방민족들이 쳐들어와 종들을 다 죽이고, 모든 가축을 약탈했다. 그래서 하루아침에 빈털터리가 된다. 그의 슬하에 10남매를 두었지만 이들이 장남 집에 모여 잔치를 벌이던 중, 돌풍이 불어 집이 무너져 10남매가 한날한시에 죽게 되었다. 게다가 자기 몸에는 머리부터 발끝까지 악성 피부병이 생겨서 깨진 질그릇 조각으로 온몸을 긁어대며 살아야 했다. 이런 기가 막힌 일을 당한 후에 욥이 자신의 인생을 탄식하며 이런 고백을 한다.

내가 두려워하는 그것이 내게 임하고 내가 무서워하는 그것이 내 몸에 미쳤구나(욥기 3장 25절).

욥은 자기가 지금 겪고 있는 일들이 생길까 봐 늘 두려워하고 염려했다고 말한다. 지금 욥이 겪고 있는 일은 전 재산이 사라지고 빈털터리가 된 것, 가정이 붕괴되어 비참해진 것, 그리고 자신이 치료 불가능한 질

성경에서 말하는 부와 행복을 끌어당기는 힘

병을 앓게 된 것이다. 욥은 그렇게 잘나가던 때에 왜 망하게 되는 것을 늘 생각하며 염려하고, 가정이 비참해지는 것을 늘 생각하며 두려워했을까? 성경은 이 질문에 대답을 하고 있지 않으니 알 길이 없다. 중요한 것은 욥이 평소에 생각하던 일들이 그대로 일어났다는 것이다.

가난은 어디에서 시작될까? 결국 생각, 마음에서부터 시작되는 것임을 알 수 있다. 가난의 시작은 마음의 생각, 그것도 가난한 마음이 습관화된 것에서 시작되는 것이다. 하나님은 이사야 선지자를 통해서 우리 마음에서 무엇을 제거하고, 무엇으로 채워야 할지를 이렇게 말씀하신다.

너희는 이전 일을 기억하지 말며, 옛날 일을 생각하지 말라. 보라 내가 새 일을 행하리니 이제 나타낼 것이라. 너희가 그것을 알지 못하겠느냐 반드시 내가 광야에 길을 사막에 강을 내리니(이사야 43장 18-19절).

하나님께서 이스라엘 백성들에게 그들의 마음속에 두지 말라고 하신, 이전 일들이 무엇인가? 이사야 선지자는 이스라엘 백성들의 죄와 불순종이 바벨론의 침략을 불러오게 될 것이고, 철저한 패배를 당하게 될 것을 예언하였다. 이스라엘 백성들은 하나님의 책망을 듣고 돌이키지 않았다. 결국 바벨론의 침공을 받았고, 철저하게 패배하였다. 고대 전쟁은 모든 국토를 황폐화시키고, 남자들은 전부 살해하는 거의 전멸 전(戰)에 가까웠다. 그런 전쟁에서 이스라엘은 패배를 당하였다. 그리고 살아남은 자들은 바벨론에 포로로 끌려가 70년 동안 포로 생활을 하게 되는 것이다. 이런 일을 이미 겪었고, 그 고통을 짊어지고 현재 비참한 삶을 살고 있는 중이다. 그런데 이미 지난 일을 생각하지도 말라고 하신다. 과거의 패배의 경험과 생각들은 마음에 두지 말라고 말씀하신다. 그리고 하나님께서 축복하실 새로운 일을 생각하라고 명령하신다.

비극은 비극적인 일들을 마음과 생각에 담으면서 더 깊은 비극으로 발전한다. 새로운 은혜와 축복도 마음과 생각에 담으면서 더 새로워지고, 더 풍성해진다. 이 생각은 결국은 현실화된다. 지금 당신 마음의 습관, 생각의 습관은 무엇인가? 무엇이 되었든지, 당신은 그 마음의 습관이 만들어낸 현실에서 살게 될 것이다. 그러기에 가난도 마음의 습관에서부터 시작되는 것이다.

'박세니마인드코칭'의 박세니 대표가 한 온라인 교육 플랫폼에서 강의를 하던 도중에 발설한 이야기 때문에 곤욕을 치룬 내용을 그의 책 『멘탈을 바꿔야 인생이 바뀐다』에서 소개하고 있다. 그 강의를 위한 광고에서 '가난은 정신병입니다.'라고 말했다고 한다. 그 강의 후 많은 사람들이 엄청난 항의성 댓글을 달았다고 한다. 박 대표는 가난한 사람은 가난한 생각과 가난한 가치관을 가지고 있어서 가난하다고 말한다. 가난하게 만드는 생각의 습관을 바꾸지 않는 한, 가난에서 빠져나오는 것은 불가능하다고 단언한다. 박세니 대표는 자신의 집중력을 높이기 위해서 TV, SNS, 스마트폰 등을 멀리하는 훈련을 했다고 한다. 그 방법은 바로 무엇인가를 통제하길 원하면 마음속에서 그 존재를 사라져버리게 하면 된다고 말한다.

자기는 마음속에서 TV, 스마트 폰을 제거하고 자기의 목표에 집중했다고 한다.

동일한 원리로 만일 우리가 가난을 벗어나고자 한다면 가난의 존재를 마음속에서 제거하면 된다. 마음에서 무엇을 생각하는가가 중요하다면, 곧 우리의 마음에서 가난을 제거하는 것이 부를 얻는 첫 출발이 된다. 그리고 이 작업은 우리 마음속에서 진행되는 치열한 전쟁에서 이겨야 가능한 것이다. 우리 안에서 자리 잡은 가난의 습관은 쉽게 우리를 놓아주지 않기 때문이다. 그렇기 때문에 마음속에서 가난의 생각을 내쫓아야 한다.

학습된 무기력증을 설명하는데, 단골 메뉴로 등장하는 서커스의 코끼리 이야기가 있다.

코끼리 새끼를 훈련시킬 때 굵은 밧줄에 발을 묶어 단단한 말뚝에 매어놓는다. 처음에는 벗어나려고 발버둥치지만, 시간이 흘러갈수록 밧줄에서 벗어나려는 시도조차 하지 않는다. 코리끼가 다 자라게 되면 시속 30km 정도 속도로 달릴 수 있고, 웬만한 나무를 뿌리 채 뽑을 수 있다고 한다. 그러나 무기력증이 학습된 코끼리는 얇은 밧줄로 묶어놓아도 도망가려고 하지 않는다고 한다. 가난이 우리의 인생을 옭아매는 올가미라고 생각해보자. 당신은 이 가난의 올가미를 어떻게 바라보고 있는지 생각해보라. 쉽게 벗어날 수 있는 올가미로 생각하는가? 아니면 내 힘으로는 절대로 벗어날 수 없는 올가미로 생각하고 있는가?

새로운 성공을 지속적으로 생각하고, 그 열정을 가지고 지속적으로 도전하지 않으면 가난의 올가미를 벗어날 수 없다.

오리슨 마든(1850-1924)은 〈석세스〉지의 창간자이며, 미국 근대 성공철학의 선구자로 불린다. 그의 성공의 원리들을 나폴레온 힐, 데일 카네기, 노먼 빈센트 필, 스티븐 코비, 론다 번 등이 계승하고 발전시켰다. 마든도 가난은 습관이라고 말한다. 그는 『부의 비밀』이라는 책에서 독특한 해석을 내놓았다. 토끼와 거북이 경주 이야기를 하면서 '거북이가 어떻게 승리했겠는가?'라고 질문한다. 거북이가 토끼가 제안한 달리기 경주에 응한 것은 자기가 이길 것이라는 생각이 있었기 때문에 그 경주에 응했다고 말한다. 거북이는 토끼와의 경주에서 자기가 이길 수 있다는 자신감이 있었기 때문에 승리한 것이란다. 우리는 흔히 토끼는 자신의 능력을 과신해서 교만에 빠져 경기 도중에 잠을 잤기 때문에 패배했고, 거북이는 성실함으로 포기하지 않고 목표점까지 기어간 것 때문에 승리했다고 알고 있다. 그런데 마든은 거북이는 자기가 이긴다는 확신을 가지고 그 경기에 참가해서 승리했다고 해석한다.

가난한 현실보다, 가난한 생각이 사람을 더 가난하게 만든다. 부가 자기 인생 속으로 흘러 들어오는 것을 가로막는 가난한 생각을 제거해야 부자가 될 수 있다고 말한다. 가난한 사고와 궁색한 환경을 운명으로 받아들이는 것이 당신을 더 깊은 가난 속에 밀어 넣는다. 그래서 부에 대한 생각을 활짝 여는 것이 필요하다고 말한다.

이 책을 집필하면서 나의 경우에도 부와 성공에 대해 부정적 생각들이 더 많았던 것을 알게 되었다. 나는 성직자 생활을 하면서 그리스도인들이 돈을 벌고 나서 신앙을 떠나는 모습을 너무 많이 보았다.

부목사 때 알게 된 장로님과 그 아들이 있었다. 그는 지방대를 나와서 제대로 된 직장에 취직하지 못했다. 여기저기 여러 회사를 돌아다니다가, 한 프랜차이즈 회사의 매장에서 일하더니 자기도 사업을 하겠다며 대출을 받아 가게를 시작했다. 그는 고등부에서 만난 같은 학년 여자 친구와 오랜 교제 끝에 결혼했다. 이 사업을 시작하며 둘 다 열심히 기도하며, 사업에 집중했다. 이 친구의 사업은 날로 번창했고, 지점을 세 개나 확장했다. 이 친구는 큰돈을 벌기 시작했고, 돈 쓰임새도 달라졌다. 가장 크고 비싼 아파트를 사서 입주했고, 자기뿐 아니라, 아내까지도 외제차를 타고 다녔다. 그런데 어느 순간 이 친구의 아내가 자꾸 여기저기 성형 수술을 한다는 말이 들렸다. 돈 많이 벌게 되니 외모를 가꾸나 보다 하고 생각했는데 실상은 그게 아니었다. 사업에 성공한 이 친구가 바람이 났다고 한다. 이 아내는 성형 수술을 해서 조금이라도 예뻐지면 남편이 가정으로 돌아올 것이라 믿고 성형 수술을 했다고 한다. 이 아내에게 성형 수술은 떠난 남편의 마음을 돌리기 위한 마지막 몸부림이었던 것이다.

결국 두 사람은 이혼하고 교회도 떠났다는 소식을 들었다.

이렇게 돈을 많이 벌고 성공하게 되면 신앙을 버리고, 하나님을 떠나는 경우들을 종종 보게 된다. 그러다 보니 목회자들은 그리스도인들에게 부와 성공을 꿈꾸게 하고, 도전하게 하며, 선한 사마리아인의 삶을 살도록 권장하지 못하게 되는 것 같다. 나 같은 경우 부와 성공을 쟁취하는 꿈과 비전을 품으라는 도전을 준 것이 약 30% 정도 분량이 된다면, 돈을 많이 벌었을 때를 조심하고, 경계하라는 설교를 70% 정도, 더 많이 한 것 같다.

그런데 이런 경향은 나뿐만이 아닌 것 같다. 인터넷이나 유튜브를 통해서 다른 목회자들의 설교들을 들어보아도, 돈을 조심하라는 경고성 설교가 더 많은 것 같다. 그러다 보니 한국 그리스도인들 사이에 부자 되고, 성공하는 것에 대해 거룩하지 못한 것이라는 부정적 사고방식이 은연중 자리 잡게 되지 않았나 추측해본다.

세상에서의 부와 성공은 하나님께서 택하신 자녀들에게 주시는 축복이다. 그렇다면 부와 성공을 추구하는 것이 죄는 아니다. 그것을 죄악 되게 사용하는 것이 문제일 뿐이다. 당신을 축복하실 하나님을 당신의 마음과 생각에 가득 채우라. 당신에게 약속하신 축복의 말씀과 언약으로, 당신의 마음과 생각을 채우라. 가난한 마음, 가난한 생각도 습관이다. 그 습관이 결국 가난을 만들어낸다. 당신을 가난하게 만드는 가난의 습관을 버려라. 성공해서 부를 얻고자 한다면 성공에 대해 생각하고, 부와 성공이 당신 인생으로 흘러들어가는 것을 생각하라. 부자 되기를 꿈꾸고, 도전하라. 전능하신 하나님께는 우리에게 약속하신 것이 이루어지게 하실 능력이 차고 넘친다. 부를 향해 가는 은혜의 문을 활짝 열어라! 그리고 하나님께서 주신 부와 성공을 사용하여 하나님의 마음을 시원케 하는 선한 사마리아인의 삶을 살면 된다.

04

부를 경건의 장애물로 생각하지 말라

기독교 안에서 돈에 대한 부정적 사고가 깊게 배게 되는 역사적 과정이 있었다.

기독교 초기 300년 동안 로마의 핍박과 박해를 받던 기독교는 313년 콘스탄티누스 황제 때 공식적인 종교로 인정을 받게 되었다. 이어서 380년에 테오도시우스 황제는 기독교를 로마 제국의 국교로 선포했다. 이렇게 기독교가 공인되고, 국교로 확정된 것은 기독교에 양날의 칼이 되었다. 긍정적 측면에서는 제국의 보호와 후원 속에서 복음이 로마 전역으로 확장된 것이었다. 부정적 측면에서는 교회가 세상 권력과 결탁하면서 세속화되고 부패에 빠지는 계기가 된 것이다.

교회와 성직자들이 부패하기 시작하면서 4세기 말부터 교회 안에서 초대 교회의 순결한 신앙생활을 회복하자는 운동이 일어나기 시작했다. 이집트의 사막에 은거하던 사막 수도사들로부터 이 운동이 시작되었다. 수도원 중에 프란체스코가 설립한 프란체스코 수도회와 도미니크가 설립한 도미니크 수도회가 유명하다. 이들 수도원 규칙은 사유재산을 완전히 포기하고 공동체 생활을 하는 것이다. 실제로 부모로부터 많은 유산을 물려받은 프란체스코는 전 재산을 가난한 자들에게 나누어 주고 맨발로 탁발 생활을 했던 것으로 유명하다. 교회가 급격하게 부패해가는 과정에서 이런 수도사들의 삶의 방식은 평신도들에게 신선한 충격을 주었을 것이다. 그리고 저렇게 사는 것이 경건한 삶이요, 거룩한 삶이라고 생각했을 것이다.

이런 역사적 흐름 속에 일반 평신도들이 하는 일은 세속적인 일이요, 돈을 버는 일은 거룩하지 못하다는 사고방식이 자연스럽게 형성되었다. 경건하고 거룩하게 신앙생활하려면 돈을 멀리해야 한다는 부정적 사고가 교회와 성도들 속에 뿌리를 내린 것이다.

사실 나도 목사로 소명을 받고 신학대학원에 들어가는 순간 돈 버는 일과 스스로 단절했다. 전도사나 부목사 시절에 사역지를 찾아 교회에 채용 면접을 보러 가는 경우가 있었다. 그 자리에서 이 교회는 생활비를 얼마 주시나요? 하고 묻는 것은 사명감이 없는 사람으로 비춰질까 봐 묻지도 못했다. 그 교회에서 주는 사례비가 우리 가정의 최소 생활비에도 미치지 못하는 경우가 종종 있었다. 그럴 경우에는 신용카드로 돌려 막기 하면서 살았다. 나와 내 아내는 그렇게 사는 것을 당연한 것으로 받아들이며 살았다. 나는 목사니까 돈에 매여 사는 것은 온전한 사명자가 아니라고 생각하며 살았다. 이렇게 산 것은 비단 나뿐이 아니다. 나와 같은 시대에 신학대학원에 다니고 성직의 길을 걸었던 대부분의 목회자는 이런 방식으로 살았다.

지금은 많이 바뀌었지만, 내가 부목사 생활을 할 때에는 부목사들의 아내들도 직장 생활하는 것을 금지하는 교회가 많았다. 목사 부부가 함께 사명의 길을 가는 것을 철저하게 훈련해야 한다는 취지였다. 그렇게 사는 목회자 가정을 보면 성도들은 어떤 생각을 했었을까? 경건하고 거룩하게 하나님을 섬기며 살려면 저렇게 살아야 하는구나 하고 생각했을 것이다.

나는 지금 한국 교회가 나쁘다고 말하려는 것이 아니다. 돈에 대한 그리스도인의 생각이 이렇다는 것을 말하려는 것이다.

한국 경제가 장기 침체 상태이다. 양극화가 극심해져간다. 엎친 데 덮친 격으로 코로나 바이러스 사태가 터졌다. 이런 와중에 가난하고 힘없는 서민들의 생활은 더 고달파졌다.

목회자 모임에서 각 교회 형편들을 나누며 목회 정보를 교환하는 경우가 많다. 각 교회들마다 젊은 부부들, 그리고 청년 세대들의 의식 속에서 성경대로 살면 부자가 되기 힘들다는 사고방식이 깊어지고 있다고 한다.

이런 현실 앞에서 나는 돈을 많이 벌고, 부자가 되는 것은 경건 생활에 도움이 안 되는 것인가? 하는 질문을 가지고 성경을 살펴보았다. 성경은 전혀 그렇지 않다고 말씀하고 있다. 돈이 하나님 자리를 차지하고 나를 지배하는 위험성이 있다고 성경은 경고는 하고 있다(마태복음 6장 24절). 그렇지만 돈이 무조건 나쁜 것은 아니다. 돈을 나쁘게 활용하는 사람에게 문제가 있는 것뿐이다.

성경은 오히려 돈이 많고 부자가 되는 것은 경건 생활에 큰 유익이 있는 것이라고 말씀하신다.

야고보서에는 이런 구절이 있다.

하나님 아버지 앞에서 정결하고 더러움이 없는 경건은 곧 고아와 과부를 그 환난 중에 돌보고 또 자기를 지켜 세속에 물들지 아니하는 그것이니라(야고보서 1장 27절).

이 구절에서 하나님은 순결한 경건함의 특징을 2가지로 말씀하신다.

첫째, 자기를 지켜 세속에 물들지 않는 것이다.

이것이 경건함에 대해 그리스도인들이 가지고 있는 가장 일반적인 생각일 것이다. 순결한 경건함은 세상에 오염되지 않고, 육신 생활과 거리를 두고, 오직 하나님과 가까이 하며 사는 것이다. 성경에서 말씀하시니 전혀 틀린 말은 아니다. 그렇다고 이 말씀이 돈을 많이 벌어 부자가 되는 것과 사회 속에서 성공하고 출세하는 것을 죄악시한다는 말씀도 아니다.

이 말씀을 물질적인 것과 세상적인 것을 가까이하지 말고 멀리하라는 방식으로 접근한다면 심각한 폐단이 생긴다. 거룩하고 경건하기 위해서 모든 그리스도인이 성직가 되어야 하는가? 모든 그리스도인이 직장과 사업을 그만 두어야 하는가?

심지어 거룩하지 못하니 세상 유행도 따라가지 말라고 가르친다면 젊은이들 눈에 기독교가 얼마나 구질구질하게 보이겠는가? 그리스도인이 시대 변화의 흐름과 상관도 없이 유관순 누나처럼 옷 입고 사는 것이 경건한 삶은 아니라고 생각한다.

세속에 물들지 말라는 말은 세상을 떠나라는 말이 아니라, 동화되지 말라는 의미이다. 신앙을 버리고, 하나님을 버리고 세상과 완전히 동화되지 말라는 경고의 말씀이다. 그리스도인은 몸은 세상에서 살되, 성경적 가치관을 가지고 하나님 중심으로 살라는 권고의 말씀이다. 자신을 지켜 세속에 물들이지 않는 것, 이것이 참된 경건의 첫 번째 모습이다.

참된 경건의 두 번째 특징은, 고아와 과부를 그 환난 중에서 돌봐주는 것이다.

이 말씀은 사회봉사, 기부, 선행, 불우한 이웃돕기 같은 말로 이해하면 될 것이다. 하나님은 이런 일들을 경건한 일이라고 말씀하셨다. 그런데 이런 일들을 하려면 돈이 있어야 하고 힘이 있어야 한다. 돈이 많고, 힘이 있을수록 이런 종류의 경건을 더 왕성하게 감당할 수 있을 것이다.

18년 전에 나는 교회를 개척하기 위해서 3000만 원의 현금만 가지고 있었다. 이 돈을 가지고 대출을 최대한 받아서 대전 변두리에 110평의 땅을 샀다. 그리고 그것이 끝이었다. 개척하라는 응답을 받고 교회를 세울 땅을 구입했지만, 그 다음 단계를 진행할 돈이 없었다. 이런 상황에서 나와 아내가 할 수 있는 일은 하나님께 기도하는 일 외에는 아무것도 없었다. 무작정 집을 비울 수가 없어서 7일씩 세 번 금식하며 기도했다. 그렇게 막다른 골목에서 하나님만 바라보며 기도하던 중에, 부목사 때 알고 지내던 K장로님이 교회 건축비를 혼자서 감당해주셨다. K장로님의 후원으로 조립식 건물로 작지만 예쁜 교회를 건축할 수 있었다. 만일 K장로님이 교회 건축을 위해 자신이 헌신하겠다는 아름다운 마음을 가졌더라도, 돈이 없었다면 돕지 못했을 것이다. 하나님은 이런 행동을 참된 경건이라고 말씀하신다.

돈은 하나님께서 기뻐하시는 경건을 실천하는 데 유익한 도구라고 성경은 말씀한다.

그런데 많은 한국 목회자들이 성도들이 세상에 동화되고, 돈의 노예가 될 것을 너무 염려한 나머지 돈이 경건 생활에 방해되는 것처럼 부정적 사고방식을 너무 깊게 심어주었다.

이제 기독교 지도자들이 경건한 삶을 위해서 그리스도인들에게 선한 의도를 가진 부자 되기를 도전해주고 격려를 해주어야 한다.

나는 이 땅에 있는 그리스도인들이 '참된 경건이 무엇인가?'에 대한 성경의 가르침을 바로 깨닫고 돈에 대한 부정적 의식을 깨트리기를 바란다. 거룩한 목적으로 돈을 벌고, 거룩한 목적으로 부자가 되고, 거룩한 용도로 돈을 쓰는 멋진 그리스도인이 되는 일에 도전하기를 바란다.

05

마음에 없는 꿈은 절대로 이루어지지 않는다

최근에 보기 드문 인생을 살아온 한 사람을 책을 통해 만났다. 한국책쓰기강사양성협회(이하 한책협)'의 김태광 대표이다. 그가 37세에 쓴 자전적 에세이 『천재작가 김태광』이라는 책을 읽는 동안 한 사람이 품고 있는 꿈이 가지고 있는 위력을 실감하게 되었다.

그는 극심한 가난에 시달리던 집에서 태어나 중학교 때부터 신문 배달, 주유소 직원, 건설현장 막노동, 전단지 돌리기 등 수많은 아르바이트를 전전했다. 지방전문대를 졸업한 학력을 가지고 제대로 된 직장에 취업도 할 수 없었다고 한다. 심한 좌절감에 빠져 차라리 죽는 게 낫겠다며, 자살도 수없이 생각하며 살았다. 그러다가 작가가 되는 꿈을 꾸기 시작했고, 고시원에서 막노동을 하면서 3년 생활을 하면서 책을 썼다고 한다. 책 쓰는 시간을 확보하기 위해서 노동 시간을 최소한으로 줄였고, 나중에는 돈이 떨어져 사흘을 물만 먹고 산 적도 있다고 한다. 기력이 떨어져 앉아서 글을 쓸 수가 없었고, 잠시 누웠다가 조금 힘이 모여지면 다시 일어나 글을 쓰기를 반복했다고 한다. 요즘 같은 세상에 이렇게 산 사람이 있을까? 싶을 정도로 처절한 삶을 살았다. 그렇게 작가의 꿈을 이루기 위해 7년간 고군분투했음에도 출판사로부터 500번 이상 거절을 당했다고 한다. 그런 고달픈 삶을 견딜 수 있게 만들어준 것은 반드시 작가가 되겠다는 그의 꿈이었다고 한다.

그는 서른다섯 살 때, 다양한 분야의 책을 100권 출간한 후 자신에게 어떤 '달란트'가 있을까를 고민하던 중 인생 2막에 대한 '깨달음'을 얻게 되었다. 그 깨달음은 책을 쓰고자 하는 평범한 사람들, 퍼스널 브랜딩이 필요한 사람들에게 책 쓰는 방법에 대해 알려주는 교육 회사 '한책협'의 창업으로 이어졌다. 현재 1,355권의 책을 기획 및 집필하면서 1,100명의 작가를 배출하였고, 이들 중에 코치, 상담가, 강연가, 유튜버로 활동하면서 성공적인 인생을 살도록 돕고 있다. 본인도 역시 많은 사업체를 거느리고 200억 자산가로 성공한 인생이 되었다. 자신도 성공했을 뿐 아니라, 많은 사람들을 성공하게 만들어주는 그의 삶의 발자취가 대단하다. 사방이 막혀 살길이 없는 현실 속에서도 김태광 대표를 견디게 만들어준 것은 작가가 되겠다는 그의 뜨거운 꿈이었다고 한다.

그렇다! 마음에 꿈이 없으면, 이루어지는 일도 없다.

나는 목사라서 늘 책을 본다. 지적 성장과, 내면의 성숙, 그리고 성경 연구를 통한 경건의 함양 등의 목적을 가지고 적지 않은 책을 읽어왔다. 많은 책을 읽어왔음에도 불구하고 난 작가가 아니다. 왜냐하면 책을 써서, 작가가 되겠다는 꿈을 가져본 적이 없었기 때문이다. 그러다가 김태광 대표의 책들을 읽으면서 나도 책을 써야겠다는 꿈을 갖게 되었다. 목사이기 때문에 나의 삶의 목표 중에 하나가, 선한 영향력을 확대해가는 것이다. 그동안에는 내가 직접 만나는 사람들과의 관계 속에서 선한 영향력을 확장해나가는 삶을 살았다. 그러다가 책을 쓰게 되면 사람을 직접 만나는 것보다 훨씬 더 광범위하게 영향력을 확대할 수 있겠다는 생각이 들었다.

2022년 봄에 김태광 대표와 만나 상담을 하고, 한책협의 책쓰기 5주 과정에 등록했다.

그리고 대표님의 지도로 책 제목과 장 제목을 정하면서 내가 쓸 책에 대한 큰 그림을 완성해갔다. 그것만 가지고도 3주차 교육이 끝나고 출판사와 책을 출간하는 계약을 맺게 되었다. 물론 내가 원고를 완성해야 하는 과정도 남아 있고, 책이 인쇄되어 출간되는 과정도 남아 있다. 그러나 작가가 되는 교육 과정에 등록해서 3주 만에 책 출간 계약까지 맺게 된 것은 기적이라고 할 수밖에 없다.

난 지금 60을 바라보는 나이다. 난 평생 작가가 되는 생각을 해본 적이 없다. 왜냐하면 작가가 되고자 하는 꿈이 없었기 때문이다. 그렇다! 마음에 없는 꿈은 절대로 이루어지지 않는다.

그래서 마음에 꿈을 품어야 하고, 그 꿈을 집요하게 붙잡아야 꿈이 이루어진다.

하나님께서는 어떤 하나님이신가? 성경은 이렇게 말씀한다.

네 마음의 소원대로 허락하시고 네 모든 계획을 이루어주시기를 원하노라(시편 20장 4절).

또 여호와를 기뻐하라 그가 네 마음의 소원을 네게 이루어주시리로다 (시편 37장 4절).

하나님은 당신의 자녀들의 마음의 소원, 마음의 꿈을 이루어주시는 하나님이시다.

하나님은 당신의 자녀들 마음속에 꿈을 심어주시기도 하신다.

창세기에 보면 야곱에게는 네 명의 아내에게서 아들 열두 명과 딸 한 명을 낳았다. 그 자녀들 중에서 가장 사랑했던 아내, 라헬이 낳은 11번째 아들 요셉을 편애하였다.

그 요셉이 17세 때, 하나님께서 요셉에게 두 번의 꿈을 꾸게 하신다. 첫 번째 꿈은 형들로부터 절을 받는 꿈이다.

요셉이 그들에게 이르되 청하건대 내가 꾼 꿈을 들으시오. 우리가 밭에서 곡식 단을 묶더니 내 단은 일어서고 당신들의 단은 내 단을 둘러서서 절하더이다(창세기 37장 6-7절).

두 번째 꿈은 해와 달과 별들이 자기에게 절하는 꿈이었다.

요셉이 다시 꿈을 꾸고 그의 형들에게 말하여 이르되 내가 또 꿈을 꾼 즉 해와 달과 열한 별이 내게 절하더이다 하니라(창세기 37장 9절).

하나님께서 요셉에게 준 꿈의 내용은 요셉을 온 세상에 뛰어난 지도자가 되게 하시겠다는 꿈이었다. 그런데 이 꿈은 어린 요셉이 감당할 수 없었던 것 같다. 아버지의 일방적이고 차별적인 사랑을 받는 것 때문에 형들은 요셉을 미워하고 질투하고 있었다. 요셉은 분별없이 그런 형들 앞에서 이 꿈을 자랑하게 되었고, 분노한 형들은 요셉을 애굽으로 가는 노예 상인에게 팔아버린다.

애굽에 노예로 팔려간 요셉은 애굽 황제의 경호대장인 보디발 집에 팔려갔다. 이곳에서 요셉은 탁월한 지혜와 업무능력을 인정받아 보디발 전 재산을 관리하는 관리자가 된다. 보디발 집에서 노예 생활한 지 10년 차가 되었을 때, 요셉의 나이 27세였다. 용모가 뛰어난 요셉을 보고 보디발 아내가 성적으로 유혹할 때, 요셉은 하나님 앞에서 죄를 지을 수 없다며 거절한다. 이 일로 보디발 아내는 자기 남편에게 요셉이 자신을 겁탈하려 했다고 모함했고, 결국 요셉은 감옥에 갇혀 3년을 지낸다. 요셉의 나이가 30세 되던 해에 애굽의 황제는 예사롭지 않은 꿈을 꾸게 되었고, 요셉이 이 꿈을 정확하게 해몽해주었다.

황제가 꾼 꿈의 내용은 애굽에 7년 동안 연속적으로 큰 풍년이 들고, 곧 이어 7년 동안 이전에 없었던 극심한 흉년이 닥치게 된다는 것이다. 이 꿈을 해석하고 요셉은 국가 위기를 해결할 수 있는 방법까지 제시한다. 풍년 때 곡식을 모아 저장해두었다가, 흉년 때에 백성들에게 곡식을 풀어주면 망하지 않을 것이라고 말한다. 이에 애굽의 황제는 요셉에게 네가 지혜로우니 이 일을 총괄하라며 국무총리에 임명한다.

요셉의 꿈 해몽대로 애굽에 7년 연속 큰 풍년이 들었고, 곧바로 흉년이 극심한 흉년이 시작되면서 애굽뿐 아니라, 중동 전 지역까지 심각한 식량난에 빠지게 되었다. 결국 흉년이 시작된 지 2년째 되던 해에 가나안 땅에 살고 있던 야곱은 아들들에게 애굽에 가서 곡식을 사오라고 말한다. 애굽에 곡식을 사러온 요셉의 형제들은 애굽의 총리인 요셉 앞에 나가 절을 하게 된다. 형들이 애굽에 내려와 자기에게 절을 하는 모습을 보고 요셉은 바로 이것을 생각한다.

요셉은 그의 형들을 알아보았으나 그들은 요셉을 알아보지 못하더라. 요셉이 그들에게 대하여 꾼 꿈을 생각하고(창세기 42장 8-9절).

형들이 자기 앞에서 절하는 모습을 보고 요셉은 자기가 17세 때 꾼 꿈을 정확하게 기억하였다. 이때 요셉은 30세에 총리가 되고 풍년이 칠 년 지나고, 이제 흉년이 이 년째이니 39세가 되었다. 요셉은 노예생활 10년, 감옥살이 3년, 국무총리 9년의 세월을 지내면서 단 한 번도 그 꿈을 잊지 않고 간직했다는 것을 알 수 있다. 더군다나 노예생활과 감옥생활을 하던 13년 기간은 온 세상에 뛰어난 지도자가 되는 꿈을 포기할 수밖에 없는 험악한 환경이었다. 그런데도 요셉은 그 꿈을 버리지 않고 가슴에 간직하고 살아간다. 어찌 보면 요셉이 그 악한 환경을 버티게 만들어준 것은 바로 그 꿈이었을 것이다. 마음에 없는 꿈을 절대로 이루어지지 않는다.

그래서 이 시대의 그리스도인들이 특히 젊은 그리스도인들이 부자 되기를 꿈꾸고 성공하기를 꿈꾸어야 한다. 마음에 꿈이 담겨야 이루어지기 때문이다. 가난한 것은 당연한 것이 아니다. 바닥 인생으로 사는 것도 당연한 것이 아니다. 부자가 되는 것은 경건한 삶을 사는 데 방해되는 것이 아니다. 오히려 경건한 삶을 실천하며 살기 위해서 부자가 되어야 한다. 그래야 크게 베풀 수 있기 때문이다.

하나님의 본심은 당신의 자녀들에게 은혜 주시고, 축복하시는 것이다.

그리고 하나님의 자녀들이 은혜와 축복을 받아서 하나님의 명성을 높여 드리는 삶을 사는 것을 기뻐하신다. 하나님은 전능하셔서, 실실한 믿음의 사람들에게 부와 성공을 주실 수 있다. 만일 당신이 부와 성공 얻기를 원한다면 하나님을 떠나거나 신앙을 버리지 말라. 하나님을 제대로 믿으면 충분히 부자되고 성공할 수 있다. 그러니 이 땅의 그리스도인들이여, 부자 되기를 꿈꾸고 성공하기를 꿈꿔라.

그 꿈을 마음속에 대못처럼 박히게 만들고, 어떤 일이 있어도 포기하지 말라. 마음에 없는 꿈은 절대로 이루어지지 않는다.

06

지금도 축복의 문은 열려 있다

하나님의 축복은 주변 환경에 구애받지 않는다.

지금은 세계가 극심한 경기 침체에 빠져 있다. 지난 3년간의 코로나 바이러스 사태로 세계적으로 이동이 멈추었다. 사람도 멈추고, 물류도 멈추고, 경제도 멈추었다. 이런 와중에 러시아가 우크라이나를 침공하여 에너지 대란, 식량 대란 등 가뜩이나 휘청거리는 세계 경제에 치명타를 가했다. 각 나라들도, 대기업들도 투자가 줄어들고, 움츠러들고 있다. 이런 시대에 그리스도인들이 돈을 벌 수 있을까? 지금 이 책을 읽고 있는 당신이 그리스도인이라면 이런 불경기에, 불확실성 지수가 이렇게 높을 때 돈을 많이 벌어 부자가 되고 성공할 수 있다고 생각하는가? 우리가 믿는 하나님은 경기가 좋을 때에는 그리스도인들에게 돈을 벌 수 있게 해주실 수 있고, 경제의 흐름이 바닥으로 떨어질 때에는 돈을 벌게 해주실 수 없는 분이라고 생각하는가? 지금 세계 경제가 점점 불황으로 떨어지는 이런 상황을 보고도 하나님께서 당신의 백성이 부자가 되게 하고 성공할 수 있게 하실 수 있다고 확신할 수 있는가?

앞에서 언급한 요셉 이야기를 다시 살펴보자. 하나님은 요셉을 큰 지도자로 만드실 계획을 세우셨다. 그 일이 이루지려면 요셉은 그의 활동지를 좁은 가나안 땅에서 제국의 중심부로 이동해야 한다. 하나님께서는 요셉을 제국의 중심으로 옮길 때, 노예 신분이 되어 팔려가는 형태로 옮기셨다. 요셉이 노예생활 10년, 죄수 생활 3년 지내고 30세가 되었다. 요셉은 애굽 황제의 꿈을 통해서 앞으로 애굽 제국에 7년 풍년 후에 7년 흉년이 닥쳐 국가가 위기에 빠지게 될 것이라는 경고를 한다. 이에 애굽의 황제는 요셉을 애굽을 구할 자로 선택하고 그를 애굽의 국무총리에 임명한다. 물론 이런 일련의 사건들은 하나님께서 요셉을 위대한 지도자로 만드시기 위한 계획 속에서 생긴 일들이었다.

애굽이 풍년일 때에는 주변 나라도 다 풍년이었다. 애굽에 흉년이 닥쳤을 때도 아프리카와 중동 대륙 전체가 흉년이었다. 그러나 이 흉년의 와중에 애굽의 요셉의 창고에는 곡식이 차고 넘쳤다. 요셉은 식량을 통제하는 총리의 자리에 앉아 애굽과 중동 지역까지 먹여 살린다. 연속되는 7년 풍년과, 7년 흉년 속에서 요셉은 하나님께서 주신 지혜를 사용하여, 애굽을 구원하는 영웅이 된다. 요셉 시대의 풍년을 이 시대의 경제호황으로 비유할 수 있겠다. 요셉 시대의 흉년은 이 시대의 경제공황으로 비유할 수 있겠다. 경제공황 때에는 돈 벌 수 없고, 성공할 수 없는가? 그런 일은 하나님도 해주실 수 없다고 생각하는가? 애굽의 흉년 때에도 애굽에는 곡식이 넘치게 해주셨다. 애굽의 흉년 때에 하나님께서는 요셉을 최고로 성공하게 해주셨다.

전능하신 하나님께서 온 우주를 다스리시고, 통치하신다. 이 땅의 풍년과 흉년을 하나님께서 주도하신다. 마찬가지로 이 땅에 호경기와 불경기를 하나님께서 주관하신다. 그래서 아무리 불경기라 할지라도, 하나님은 그리스도인들을 부자 되게 하고, 성공하게 할 수 있다.

아마도 우리나라에서 가장 크게 성공한 그리스도인 기업가는 이랜드 박성수 회장일 것이다.

박성수 회장은 1980년 패션 사업에 첫발을 들였다. 이화여대 앞에서 약 2평의 가게를 얻어 잉글랜드라는 상호를 걸었다. 좋은 품질의 옷을 싸게 판다는 모토로 사업을 시작했다. 싸고 좋은 옷을 판다는 입소문을 타고 이랜드는 초고속 성장을 하게 된다. 2022년 4월에 공정거래위원회가 발표한 이랜드의 재계 순위는 47위였다.

박성수 회장이 의류판매업에 뛰어들었던 1980년대는 섬유산업이 사양길로 접어들 때였다. 1970년 경공업 수출의 효자상품이 섬유산업, 의류

산업이었다. 그러다가 1980년대 들어서면서부터 우리나라 산업구조가 중화학공업으로 전환되면서 섬유산업이 쇠퇴하는 산업이 되었다. 박성수 회장은 섬유산업, 의류사업이 기울어가는 나쁜 상황 속에서 의류산업에 뛰어들었다. 그것도 가게 크기가 약 2평이란다. 초기 이랜드 티셔츠 가격은 약 만 원 정도였다고 한다. 2평 가게에서 만 원짜리 티셔츠 팔아서 돈을 벌면 얼마나 벌겠는가?

그런데 올해 이랜드 자산 총액이 10조원이 넘었고, 재계순위 47위에 올랐다.

하나님은 전능하시다. 온 우주를 다스리시고, 통치하시는 분이시다. 온 우주를 운행하시는 하나님께서 지구 중에, 작은 대한민국의 환경을 바꾸셔서, 우리를 축복하심에 전혀 구애될 것이 없다. 하나님은 주변 환경이 아무리 험악해도 아무렇지도 않게, 선한 것으로 바꾸셔서 당신의 자녀들을 축복하실 수 있다.

하나님께서는 환경을 지배하시고, 당신의 뜻대로 얼마든지 바꾸실 수 있는 전능자이시다.

열왕기하 3장에 보면 신앙의 왕이었던 남유다의 여호사밧 왕과, 우상 숭배자인 북이스라엘의 여호람왕, 그리고 에돔왕이 군사동맹을 맺었다. 그리고 모압왕과 전쟁하기 위해서 에돔 광야길로 행군하게 되었다. 이때 3개 연합군에게 큰 위기가 닥쳤다.

이스라엘 왕과 유다 왕과 에돔 왕이 가더니 길을 둘러 간 지 칠 일에 군사와 따라가는 가축을 먹일 물이 없는지라. 이스라엘 왕이 이르되 슬프다 여호와께서 이 세 왕을 불러 모아 모압의 손에 넘기려 하시는도다(열왕기하 3장 9-10절).

사막 기후의 광야를 7일 동안 행군하는데 물이 떨어져서 군사와 짐승들이 전부 목말라 죽게 될 위기에 빠졌다. 이런 상황에서 세 개 나라의 막강한 연합군대가 할 수 있는 일이 하나도 없었다. 일국의 왕조차도 죽을 수밖에 없는 환경 속에서 슬퍼하며 통곡하는 것 외에 할 수 있는 것이 없는 상황이다. 이런 상황에서 선한 믿음의 왕 여호사밧이 하나님의 선지자를 찾아가 도움을 요청하자고 제안해서 엘리사 선지자를 찾아간다.

하나님께서는 엘리사 선지자를 통해서 놀라운 약속을 하신다.

그가 이르되 여호와의 말씀이 이 골짜기에 개천을 많이 파라고 하셨나이다. 여호와께서 이르시기를 너희가 바람도 보지 못하고 비도 보지 못하되, 이 골짜기에 물이 가득하여 너희와 너희 가축과 짐승이 마시리라 하셨나이다(열왕기하 3장 16-17절).

이스라엘 백성이 있는 골짜기에 물이 흐를 것이라는 하나님의 말씀은 인간의 이성으로는 도저히 납득할 수 없는 말씀이다. 왜냐하면 그것이 이루어지기 위해서는 비가 오거나 아니면 비의 전조라 할 수 있는 바람이 필요하기 때문이다. 그런데 하나님은 이러한 것들이 없이 물이 흐르게 하겠다고 말씀하신 것이다.

이는 곧 하나님이 자연적인 현상을 초월해 기적적인 방법으로 물을 공급해주시겠다는 의미이다. 사실 무에서 광대한 우주를 창조하신 하나님께서 이만한 이적을 행하시는 것은 아무런 문제도 되지 않는다. 다만 특별히 하나님께서 이와 같은 이적을 보이시는 것은 모압과 전쟁에서 승패가 오로지 하나님께 달려 있음을 보여주시기 위함이다.

성경은 하나님의 약속이 이렇게 성취되었다고 하신다.

아침이 되어 소제 드릴 때에 물이 에돔 쪽에서부터 흘러와 그 땅에 가득하였더라(열왕왕하 3장 20절).

물이 어떻게 만들어졌는지 성경은 함구하고 있다. 에돔 쪽에 폭우가 내려 그 물이 흘러오게 하였는지, 에돔 쪽에서 지하수가 터져 나와 물이 이 계곡으로 흘러 들어오게 하셨는지 언급이 없다. 단지 성경은 결과만 기록하고 있다. 하님이 하신 약속대로 방금 전 사막이었던 골짜기를 거대한 저수지로 만드셨다.

하나님 안에서는 죽음의 골짜기가 생명의 골짜기로 바뀐다.

하나님 안에서는 절망의 골짜기가 소망의 골짜기로 바뀐다.

우리가 믿는 하나님은 영원하신 하나님이시다. 영원한 과거에도 계셨고, 지금도 계시고 영원히 변함없이 존재하시는 하나님이시다. 과거에 이런 일을 행하신 하나님께서 지금도 살아계신다. 과거에 이스라엘 백성들을 향하여 축복의 문을 여시고 생명의 물을 쏟아부어주신 하나님께서 지금도 살아계신다. 그러기에 오늘날 예수를 믿어 하나님의 자녀가 된 우리 앞에도 축복의 문은 지금도 열려 있다.

하나님께서 이렇게 말씀하신다.

이르시되 내가 은혜 베풀 때에 너에게 듣고 구원의 날에 너를 도왔다 하셨으니, 보라 지금은 은혜 받을 만한 때요, 보라 지금은 구원의 날이로다(고린도후서6장 2절).

하나님께서 지금은 구원의 날이라고 하신다. 하나님께서 지금은 은혜 받을 만한 때라고 하신다. 지금은 은혜의 문이 활짝 열려 있는 시대라고 하신다.

지금 그리스도인에게는 축복의 문이 활짝 열려 있는 시대이다. 활짝 열려 있는 은혜의 문을 통해 강물같이 흐르는 은혜를 당신 것으로 만들라!

BIBLICAL WEALTH

2장

부에
대한
생각을
바꿔라

부가 악이 아니요, 가난이 덕도 아니다

부자는 나쁜 사람들인가?

우리는 부자에 대한 생각을 바꿀 필요가 있다. 가난한 자와 부(富)한 자들의 격차가 갈수록 극심해지면서, 전 세계적으로 반 기업 정서가 확산되고 있다. 돈이 많은 재벌이나 부자는 불법적인 일을 해서 돈을 벌었다는 선입견을 갖고 본다. 이 시대의 재벌이나 부자들은 조선 시대, 망국의 한 요소였던 백성들의 고혈을 빨아 먹던 탐관오리 같은 자들로 생각하는 경우가 있다. 물론 불법과 탈법을 사용해서 재벌이 되고, 큰 부자가 된 사람도 있을 것이다. 요즘은 주식사기 사건, 금융사기 사건들이 연일 뉴스를 장식하는데, 그 피해 금액이 수천억대, 수조 원대를 넘나든다. 여기에 연루된 피해자들의 모습을 보면 대부분이 서민이다. 은퇴자들이 노후를 보낼 퇴직금을 다 쏟아붓기도 하고, 결혼을 앞두고 아파트 전세금을 투자했다가 피해를 당하기도 한다. 젊은 청년들이 무리한 대출을 받아 투자했다가 회복하기 힘든 빚더미에 앉기도 한다. 일부는 스스로 목숨을 버리기도 한다. 그런데 정작 이런 불법을 저지른 사람들은 처벌을 받아도 고작 몇 년 교도소 생활을 한다. 출소하고 나서는 빼돌린 돈으로 평생을 호의호식한다. 이런 뉴스들은 언론사들이 더 자극적으로 전달하기도 한다. 그러다 보니 서민들이 볼 때, 재벌과 부자에 대한 나쁜 선입견이 생기는 것도 이해된다.

그러나 우리 주변에 선한 부자들도 많다.

요즘 사회에서는 기업의 사회적 책임을 다해야 하는 의식이 확산되고 있다. 기업들도 자기들 기업 가치 향상을 위해서 많은 이익을 사회에 환원하는 일에 적극 나서고 있는 모습이다. 수백억 원대의 기부를 하는 중견 기업가들, 벤처 기업가들의 뉴스가 심심찮게 뉴스에 보도되는 것을 본다.

경제에 별 관심이 없는 나는 '삼영화학그룹'이라는 회사를 알지도 못한다.

그런데 그가 개인으로는 아시아 최대 액수의 장학 재단을 설립했다는 신문기사를 보았다.

이종환 회장은 2002년 사재(私財) 3,000억 원으로 자신의 아호를 딴 '관정 이종환교육재단'을 만들고, 10년간 총 8,000억 원을 쏟아부었다. 개인이 세운 장학재단으로선 아시아 최대 규모다. 이종환 관정재단 명예 이사장은 여기서 한발 더 나아가 오는 2015년까지 남은 재산 일부를 추가로 내놓고, 이미 내놓은 재산 중 미개발 부동산을 개발해 1조 원을 채우겠다고 약속했다. 벌써 2022년이니, 이종환 회장은 약속을 지켰을 것이라고 본다.

이종환 회장은 부자가 된 뒤에도 '점심은 짜장면, 특식은 삼계탕'이었다고 한다. 재단 관계자들은 "식당에 가면 이사장님이 '맛있는 거 맘껏 시켜라, 나는 짜장면!' 하시기 때문에 우리도 감히 짜장면 이상은 못 시킨다"고 말한다. 해외 출장도 수행비서 없이 이코노미석 좌석을 이용해서 다닌다. 이종환 회장은 과학과 기술 분야 전공하는 자들에게 장학금을 주는데, 그의 원칙이 있다. "다른 사람들은 장학금 줄 때 '돌아와서 우리 회사에 근무하라'는 식으로 이런저런 조건을 붙이던데 나는 '언젠가 베풀 수 있는 처지가 되면 너도 꼭 베풀어라', '노벨상 타라.' 이 2가지만 얘기한다"라고 한다. 아무 조건도 없이 뛰어난 과학인재에게 그냥 준다고 한다.

몇 년 동나 코로나 바이러스 사태로 전 세계가 멈추었고, 경제가 주저앉았다. 올해 2022년 5월에 카이스트에 50대 젊은 사업가가 300억을 기부한 사건이 화제였다.

한 50대 독지가가 카이스트(KAIST · 한국과학기술원)에 전 재산인 300억 상당 부동산을 기부했다. 카이스트는 9일 "300억 이상을 카이스트에 기부한 고액 기부자 중 최연소"라고 밝혔다. 주변인의 말에 의하면 기부자는 자신에 대해선 돈을 엄격하게 사용했다고 한다. 평소 근검절약하며 살았고, 그렇게 모든 돈으로 소외계층과 불치병 환자들을 10년 이상 꾸준히 도왔다고 한다. 이 기부자는 카이스트에 거액을 내놓았지만 학교 관계자에게는 신분을 밝히지 말아달라고 신신당부했다고 한다. 그는 이름뿐 아니라 정확한 나이, 성별, 직업 등을 공개하지 않았다. 또 기부 약정식 행사나 학교 관계자 만나기마저도 극구 사양한 것으로 전해졌다. 기부금을 전달하는 날에도 모자를 깊게 눌러쓰고, 마스크를 착용하여 학교 당국자들도 그의 얼굴을 보지 못했다고 한다.

이 기부자는 사업상 알고 지낸 카이스트 졸업자인 한 지인에게 영향을 받아 기부처를 카이스트로 정했다고 한다. 그가 기업을 운영하는 지인에게 '왜 모교 후배들을 채용하기 위해 그렇게 애쓰는가?'라고 물었다. 이 질문에 카이스트를 졸업한 지인은 "우리 카이스트 출신은 열심히 일한다. 그것도 밤을 새워서 열심히 한다."라고 대답했다고 한다. 그 일이 있은 뒤로 이 기부자는 카이스트에 관심을 갖고 결국 기부를 결심했다고 한다.

그는 "이렇게 큰돈이 내게 온 것은 그 사용처에 대한 책임을 지우기 위한 하늘의 배려라고 생각된다."라며 "이 책임을 카이스트에 떠넘기게 되어 오히려 미안한 마음이 든다."라고 자신을 낮추었다. "살아가는 데 필요 이상의 돈이 쌓이는 것에 대한 부담이 항상 있었습니다. 나의 기부가 카이스트의 젊음이라는 강력한 무기와 결합해 국가 발전뿐 아니라 전 인류, 사회에 이바지하는 성과를 창출하는 초석이 되었으면 좋겠습니다. 젊은 나이에 기부하게 돼 이제부터는 홀가분한 기분으로 편안하게 잠을 잘 수 있을 것 같습니다."라며 학교를 떠났다고 한다.

이 각박한 시대에 이런 소식을 들으면 마음이 따뜻해진다.

나는 이분들이 그리스도인인지, 아닌지 모른다. 만일 그리스도인이 합법적인 방법으로 돈을 벌어, 하나님 이름으로 이렇게 돈을 쓴다면 어떤 반응이 일어날까 생각해본다. 요즘같이 하나님의 이름이 조롱을 당하고, 기독교가 이렇게 욕을 먹는 때에 하나님의 이름이 얼마나 높아지게 될까? 그래서 진짜 그리스도인들이 부자가 되고 재벌이 되어야 한다. 그 돈을 가지고 하나님의 이름이 칭찬 받는 일에 아낌없이 사용할 수 있는, 진짜 그리스도인들이 부자가 되어야 한다. 우리 젊은 그리스도인들이 자신의 인생을 통해 이런 일을 하며 살고자 하는 비전과 꿈을 품고 살았으면 좋겠다.

반면에, 가난하게 사는 것이 덕(德)스러운 일도 아니다.

부자와 재벌은 나쁜 사람이다. 불법적으로 돈을 번 사람이라는 선입견을 갖는 것도 옳은 일은 아니다. 그런데 또 다른 반대쪽 선입견도 존재한다. 가난한 자는 피해자이라는 선입견이다. 가난한 자는 가진 자에게 갑질을 당하며, 겨우 먹고살 만큼의 임금을 받는 피해자라는 생각이다. 가난한 것이 죄는 아니다. 그러나 가난을 합리화하는 것도 합당하지 않다고 본다.

우리가 가난해지는 여러 가지 이유가 있을 것이다. 사회구조 전체가 기득권자, 힘 있는 자가 전부 가져가는 승자독식의 시스템으로 변질되었기 때문일 수 있다. 내가 어리석어서 돈을 벌지 못하는 일들을 했기 때문일 수도 있다. 내가 게을러서 돈 버는 일을 하지 않아서 가난할 수도 있다. 또 나쁜 사람에게 사기 당해서 가난의 구렁텅이로 빠졌을 수도 있다.

현재 나의 가난이 나의 책임이 아닐 수도 있겠으나, 대부분의 나의 행동과 나의 선택으로 가난하게 되었을 것이다. 그러니 가난한 것이 죄가 아니라 하더라도, 당연한 것으로 합리화할 것도 아니다.

우리 그리스도인들은 재물을 쌓아 부자가 되는 것을 죄악시하는 함정에 빠지지 말아야 한다. 동시에 가난한 것에 대해 피해자 의식을 갖거나, 합리화해서도 안 된다. 부한 것이 죄가 되는 것이 아니니, 적극적으로 부자가 될 것을 꿈꿀 것이다. 또한 가난한 것이 덕(德)이 되는 것도 아니니, 가난을 벗기 위해 혼신의 힘을 다하라. 그래서 가난을 벗고 진짜 부자다운 부자가 되길 바란다.

부에 대한 생각을 바꿔라

돈은 물질이다. 도덕성이 없다. 선과 악이 없다. 돈을 사용하는 사람의 의도와, 목적에 따라 선할 수도 악할 수도 있는 중립적인 사물일 뿐이다. 돈을 선하게 사용한다면, 돈은 정말 좋은 것이다. 그래서 하나님도 당신의 자녀들에게 '물질축복'을 주시는 것을 기뻐하신다.

전능하신 하나님께서 천지를 창조하실 때에 사람을 영적인 존재로 창조하신다.

유일하게 사람 안에만 하나님의 영을 불어넣으신다. 그래서 사람은 생령이 되었다.

여호와 하나님이 땅의 흙으로 사람을 지으시고 생기를 그 코에 불어넣으시니 사람이 생령이 되니라.(창세기2장 7절)

사람은 하나님의 영을 공급받아 생령(生靈)이 된다. 사람이 생령이 되었다는 것은,

첫째, 인간이 하나님과 영적인 생명을 공유하고 하나님과 한몸으로 연합을 이루게 된 것을 의미한다. 둘째, 인간이 영으로 존재하시는 하나님과 동행하고, 교제할 수 있는 존재로 지음받은 것을 의미한다. 인간은 영적인 존재로 지음을 받았다. 그래서 하나님과 연합되고, 하나님과 살아 있는 동행이 있을 때나 교제 속에 있을 때 온전한 삶을 살 수 있다. 성경은 하나님과 단절된 상태로 사는 사람을, 비록 육체의 생명을 가지고 살고 있어도 죽었다고 표현한다. 육체로는 살아 있으나, 영적으로는 죽은 사람이다. 우리 인간이 하나님께서 창조하신 목적에 맞게 살기 위해서 하나님과 연합되고, 하나님께 생명 관계로 붙어 있어야 한다.

하나님께서는 이런 생명과 연합 원리를 나무를 비유하여 설명하신다.

내 안에 거하라. 나도 너희 안에 거하리라. 가지가 포도나무에 붙어 있지 아니하면 스스로 열매를 맺을 수 없음 같이, 너희도 내 안에 있지 아니하면 그러하리라. 나는 포도나무요 너희는 가지라. 그가 내 안에 내가 그 안에 거하면 사람이 열매를 많이 맺나니, 나를 떠나서는 너희가 아무것도 할 수 없음이라(요한복음 15장 4-5절).

내가 하나님과 생명으로 연합되어 하나님과 동행하며 사는 것은 하나님을 위해서 해드리는 일이 아니다. 나를 위해서 하는 일이다. 영적인 존재로 지음 받은 나의 인생을 풍성케 하는 유일한 길이기 때문이다. 우리가 하나님을 믿고, 신앙 생활하는 것은 하나님을 위해서 해드리는 일이라고 오해한다. 우리가 신앙 생활하는 것은 내 인생을 복되게 하기 위함이다.

하나님께서 인간 안에 하나님의 영을 불어넣으셔서, 사람을 영적인 존재로 만드셨다. 동시에 하나님은 인간을 육체를 가진 존재로 만들기도 하셨다. 아담과 하와를 만드셨을 때, 흙으로 빚으셔서 창조하심으로 영혼과 육체를 가진 신비한 존재로 지음받았다. 영적인 존재로 지음 받은 인간을 축복하시기 위해서 하나님은 인간 안에 하나님의 영을 불어넣으셨다. 그럼 육체를 가진 인간을 위해서는 무엇을 하셨을까? 성경은 이렇게 말씀하신다.

여호와 하나님이 동방의 에덴에 동산을 창설하시고 그 지으신 사람을 거기 두시니라. 여호와 하나님이 그 땅에서 보기에 아름답고 먹기에 좋은 나무가 나게 하시니(창세기 2장 8-9절).

하나님께서 인간을 창조하시고, 인간의 영혼을 하나님의 영으로 채우셔서, 영을 온전케 하신다. 또한 풍요로움으로 가득 찬 에덴동산을 만드시고, 아담과 하와에게 선물로 주신다. 하나님께서 육체를 유지하며 살기 위해 필요한 것들도 차고 넘치게 제공해주신다. 이렇게 하나님께서 첫 사람 아담에게 주신 선물은 영적인 것과 육체적인 것이 완전한 조화를 이룬 축복이다. 영적인 쪽이나, 육신적인 쪽이나 어느 한쪽으로 치우진 은혜가 아니라, 양쪽 다 조화를 이룬 풍성한 은혜를 주신다. 하나님께서 우리에게 주시는 은혜는 찔끔찔끔 주시는 은혜가 아니라, 차고 넘치는 은혜이다. 이 진리를 알았던 바울 사도는 하나님의 자녀들이 하나님으로부터 받을 수 있는 축복의 분량을 이렇게 표했다.

기록된 바 하나님이 자기를 사랑하는 자들을 위하여 예비하신 모든 것은, 눈으로 보지 못하고 귀로 듣지 못하고 사람의 마음으로 생각하지도 못하였다 함과 같으니라(고린도전서 2장 9절).

하나님께서 당신의 자녀들을 위해 주실 축복의 분량은 이전에 우리 눈으로 본 적도 없고, 귀로 들어본 적도 없고, 생각하지도 못한 크고 위대한 것이라고 하신다. 이것이 그리스도인들이 하나님께 받을 축복의 분량이다. 놀랍지 않은가? 하나님께서 우리에게 주시는 축복은 어려운 고비만 겨우 넘기는 그런 분량이 아니다. 이 축복은 하나님을 믿는 모든 그리스도인에게 주신 것이다. 그리스도인들은 누구나 이 축복을 받을 수 있는 언약의 백성이다.

이것으로 보건데 우리는 부(富)에 대한 생각을 바꾸어야 한다.

부(富)는 특별한 사람들만의 전유물이 아니다. 원칙적으로 하나님 안에 있는 모든 성도들을 향한 하나님의 선물의 영역 속에 있는 것이다. 바로 나 자신도 이 축복에 참여할 언약의 백성이라는 것을 확신해야 한다. 이 풍성하고, 위대한 축복은 그리스도인은 누구나 누릴 수 있는 것이다.

고대 시대에는 철저한 신분제 사회였기에 이 부(富)가 모든 사람의 것이 아니었다. 이 부(富)는 왕의 것이었고, 귀족들, 지배자들의 것이었다. 중세시대에도 이 부(富)는 일반 성도들의 것이 아니었다. 왕의 것이었고, 귀족의 것이었고, 사제의 것이었다.

이런 시대에 일반 백성들의 노동생산성은 높지 않았을 것이다. 우리가 북한이나, 러시아, 중국 같은 공산주의 국가에서 이런 사실을 확인했다. 공산주의 사회에서는 사유재산이 없다. 그러니 열정을 가지고 열심히 일할 마음이 없다. 아무리 열심히 일해도 생산물이 내 것이 되지 않기 때문이다. 왕과 귀족이 가져가고, 지배자들이 가져간다.

그러다가 종교 개혁이 일어난다. 종교 개혁가들에 의해서 그동안 가려져 있던 성경의 위대한 진리들이 밝게 드러나게 된다. 이 당시 새롭게 밝혀진 진리 중에 자본주의가 태동하게 하는 기초를 제공하는 교리가 있다. 그것이 만인제사장 사상과 직업소명설이다.

그러나 너희는 택하신 족속이요 왕 같은 제사장들이요, 거룩한 나라요 그의 소유가 된 백성이니(베드로전서 2장 9절).

신약시대에는 구약시대와 같이 제사장이 되는 특별한 사람들이 신분적으로 정해지지 않는다. 모든 성도가 직접 하나님을 섬기는 제사장이 된다. 어떤 사람은 목사와 선교사 같은 성직자가 되어 하나님을 섬긴다. 또 어떤 사람은 직장에 다니거나 사업을 하며 하나님을 섬기는 제사장이 된다. 로마서에서는 생활 속에서의 모든 일이 하나님 앞에서 예배가 되도록 해야 한다고 말씀하신다.

그러므로 형제들아 내가 하나님의 모든 자비하심으로 너희를 권하노니 너희 몸을 하나님이 기뻐하시는 거룩한 산 제물로 드리라 이는 너희가 드릴 영적 예배니라(로마서 12장 1절).

성도의 몸을 산 제물로 드려야 한다. 이것이 예배라고 하신다. 성도가 자기 몸으로 하는 모든 세속적 일들이 이제는 하나님 앞에서 예배 행위의 일부가 된 것이다. 성직자의 직분이 하늘에서 주신 것 같이, 일반 성도들이 수행하는 농사, 장인, 상인, 무역 등 모든 일이 하나님께서 주신 소명이 되었다. 이런 성경 진리를 받아들인 개신교 농부들은 농사짓는 일을 예배드리는 것 같이 한다. 최상의 농산품을 생산해서 시장에 판다. 상품이 뛰어나니, 많이 팔게 되고, 돈을 많이 번다. 개신교 농부는 그 수익금을 교회에 헌금하고, 불우한 자들을 돕는 일에 사용한다. 개신교 신앙이 전파된 프랑에서 빵집을 하는 성도는 빵을 만드는 일을 하나님께 예배드리는 것처럼 한다. 최상의 빵이 만들어진다. 품질이 좋은 빵을 만드니 불티나게 팔리고, 빵집 주인은 돈을 많이 번다. 그 돈으로 교회에 헌금하고, 불우한 자들을 돕는다. 바로 여기에서 세계에서 가장 좋은 빵! 파리바게트가 출발하게 된다.

개신교 사상이 스위스로 넘어간다. 개신교를 믿게 된 시계수리공에게 시계를 수리하고, 판매하는 일은 하나님께 맡은 소명이 된다. 시계를 만들고, 판매하는 일을 하나님께 예배드리는 일처럼 한다. 최고의 시계가 만들어진다. 최고의 시계를 만드는 장인은 많은 시계를 팔아 큰돈을 번다. 그 돈으로 교회 헌금하고, 불우한 자들을 돕는다. 여기에서 세계 최고의 스위스 시계가 나오게 된 것이다. 그 뿌리가 바로 직업소명설을 받아들인 개신교 성도들의 소명의식이다. 그리고 이런 직업소명설 의식이 발전하여 근대 자본주의 사상을 형성하는 근거를 제공하는 계기가 된다. 개신교, 프로테스탄트 사상 중에 직업소명설은 세계 경제를 지탱해온 자본주의 사상의 기초가 되었다.

부(富)에 대한 생각을 바꿔라. 부(富)는 특별한 사람이 소유하는 전유물이 아니다. 하나님께서는 모든 그리스도인에게 영혼과 육체가 조화와 균형을 이루도록 차고 넘치는 은혜를 베푸신다. 만일 당신이 예수님을 진심으로 믿는다며, 당신은 이 축복을 받을 자격이 있는 것이다. 종교개혁 시대 그리스도인들이 부(富)에 대한 의식을 바꾸면서 세상을 움직이는 부자들이 된다. 우리가 살고 있는 이 시대에는 성경대로 살면 부자가 될 수 없다고 생각하지 말라. 부정부패가 만연한 이 시대에 거룩하게 살면 성공할 수 없다고 생각하지 말라. 하나님을 제대로 믿고 순종하면 지금도 넉넉하게 부자가 되고, 성공할 수 있다. 축복의 근원이 되시는 하나님께서 살아계시니, 이 땅의 그리스도인들이 세상의 부를 얻어, 세상을 이롭게 하는 날을 꿈꾸라.

03
__

성경은 부요함으로 가는 내비게이션이다

성경은 인간을 통제하거나 억압하기 위한 책이 아니다.

하나님께서 성경을 통해서 우리에게 말씀하시고자 하는 핵심이 무엇일까?

도둑이 오는 것은 도둑질하고 죽이고 멸망시키려는 것뿐이요, 내가 온 것은 양으로 생명을 얻게 하고 더 풍성히 얻게 하려는 것이라(요한복음 10:10절).

예수님께서 이 땅에 오신 목적이 '택하신 백성들을 풍성하게 하기 위해서.'라고 말씀하시다. 물론 핵심적인 것은 영적인 영역에서의 풍성함이다. 그렇다고 육신적인 영역이 제외되는 것도 아니다. 하나님께서 주시는 풍성함이란 영적인 영역과 육신적인 영역을 아우르는 온전한 것이다. 그래서 앞장에서 언급한 것과 같이 천지창조하실 때 흙으로 사람을 만드시고, 그 코에 하나님의 생기를 불어 넣으심으로 사람이 영적인 존재가 되게 하셨다. 사람을 창조하신 하나님은 곧바로 풍성한 에덴동산을 만드시고, 사람에게 선물을 주셨다. 하나님의 풍성함은 영적인 영역과 육신적인 영역을 다 포함한 완전한 것이다.

하나님께서 풍성한 에덴동산을 선물로 주시면서 하나의 금지 명령을 내리셨다. 에덴동산 중앙에 있는 선악과를 따먹지 말라는 것이다. 이 금지 명령의 근본 목적이 무엇이었을까? 아담과 하와의 인생을 억압하기 위한 것일까? 아니면 에덴동산의 축복을 계속 누리게 하려는 목적일까? 선악과를 따먹은 죄의 징계로 아담과 하와가 에덴동산에서 추방되는 것을 보면, 선악과를 따먹지 말라는 금지명령은 아담과 하와를 복되게 하시기 위함이라는 것을 알 수 있다. 하나님께서 성경을 통해서 우리를 이끌어 가시는 방향은 우리 인생을 가장 복되게 하는 방향이다. 이렇게 성경은 우리를 부요함으로 이끄시는 내비게이션이다.

우리는 성경의 내비게이션을 신뢰할 수 있을까?

15년 전에 초등학생이었던 아들들과 1박 2일로 대천해수욕장에 휴가를 다녀온 경험이 있다. 도중에 지인을 만나 저녁을 먹고 대천 방향으로 밤에 출발을 했다. 초행길이라 내비게이션을 켜고 운전을 하는데 내비게이션이 방향을 지시한다. '좌회전하세요, 우회전하세요, 직진하세요.' 지시에 따라 길을 가는데 느낌이 이상한 곳으로 가고 있는 같다. 내비게이션이 농로로 자꾸 인도한다. 이상하다 싶어 차를 세우고 내려 주변을 보니 민가가 없고 넓은 평야지대 한복판이었다. 저 멀리서 동네의 불빛이 희미하게 보인다. "내가 야! 이게 뭐냐?" 하고 소리치니, 아들들이 차에서 내리면서 "아빠! 이게 광야에서 길 잃어버리는 거야?" 하고 묻는 바람에 들판에서 아내와 한바탕 웃은 적이 있다. 최첨단 내비게이션도 오작동할 때가 있다. 성경의 내비게이션을 믿고 따라가도 되는 것인가? 성경의 지시를 따라가면 우리가 부요함에 도달할 수 있을까?

하나님께서 모세를 보내어 애굽에서 노예 생활을 하는 이스라엘 백성들을 인도하여 축복의 땅 가나안으로 인도하게 하셨다. 이스라엘 백성들이 애굽에서 빠져나오자마자 하나님께서는 이런 방식으로 이스라엘 백성들이 가는 길을 인도하셨다.

여호와께서 그들 앞에서 가시며 낮에는 구름 기둥으로 그들의 길을 인도하시고 밤에는 불기둥을 그들에게 비추사 낮이나 밤이나 진행하게 하시니, 낮에는 구름 기둥, 밤에는 불기둥이 백성 앞에서 떠나지 아니하니라.(출애굽기13장 21-22절)

하나님께서 정말 지금의 내비게이션처럼 낮에는 구름기둥, 밤에는 불기둥으로 이스라엘 백성들의 갈 길을 인도하셨다. 그런데 하나님의 내비게이션인 이 구름기둥이 이스라엘 백성들을 인도한 곳은 부요함이 있는 곳이 아니었다.

모세가 홍해에서 이스라엘을 인도하매 그들이 나와서 수르 광야로 들어가서 거기서 사흘 길을 걸었으나 물을 얻지 못하고 마라에 이르렀더니 그 곳 물이 써서 마시지 못하겠으므로 그 이름을 마라라 하였더라(출애굽기 15장 22-23절).

이스라엘 백성들은 갈라진 홍해 바다를 걸어서 빠져나와 수르 광야로 들어가서 3일 길을 행진하였다. 그런데 사막 한가운데서 물이 떨어지게 되었다. 그러다 물웅덩이 하나를 만났는데 물이 써서 마실 수 없는 물이었다. 이스라엘 백성들이 이곳에 도착한 것은 하나님의 내비게이션인 구름 기둥이 이곳으로 데리고 왔기 때문이다.

이스라엘 백성들이 도착한 지역의 지명은 '수르'였다. 이 단어의 원문의 뜻은 울타리, 장벽이라는 뜻이다. 하나님의 내비게이션이 더 이상 전진할 수 없는 벽에 부딪히는 곳으로 인도한 것이다. 그곳의 물웅덩이 이름은 "마라"였다. 이 단어의 원문의 뜻은 '쓰다', '괴롭다'라는 뜻이다. 이 두 단어를 결합하면 하나님의 내비게이션이 이스라엘 백성들을 앞으로 나가 수 없는 장벽에 부딪히게 하고, 인생의 쓴 맛을 보게 만드는 곳으로 인도하신 셈이다.

빠져나가지 못하는 인생의 벽에 부딪혀, 쓴맛을 보며 사는 고통은 어떤 것일까? 당시 마음이 너무 아팠던 사건이라 오래전에 스크랩해놓은 한 신문 기사를 다시 찾았다. 그 사건 기사는 이런 내용이다.

평택에서 15세 된 중학교 3학년인 소녀가장 정 모양이 유서를 써놓고 자살을 했다.

"차라리 고아로 태어났으면 좋았을걸… 차라리 거리의 풀 한 포기로 태어났으면 좋으련만… 차라리 바람에 휘날리는 모래 한 줌으로 태어났으면 좋으련만…." "사랑하는 엄마, 죽는 생각 자체가 불효라는 것 알아. 하지만 내가 없어지는 것이 생활비가 덜 들어서 다행일지도 몰라…."

정 양의 집은 7평 남짓한 작은 슬레이트로 된 단칸방이다. 외양간보다 더 초라한 집이다. 누우면 발이 닿을 정도로 비좁은 안방. 창문도 없어 늘 어둡고 침침한 방. 이곳에서 거동이 불편한 홀어머니를 모시고 어린 두 동생과 살아야 했던 15세 소녀가장 정모 양에게 가난은 너무도 견디기 힘들었다. 정 양이 소녀가장이 된 것은 6년 전인 초등학교 3학년 무렵이다. 밖으로 겉도는 아버지를 대신해 어머니가 고물상, 연탄 배달, 식당 종업원, 막노동을 하며 겨우 겨우 생계를 잇던 중 1998년 어머니마저 뇌종양으로 쓰러지면서부터였다. 아버지는 노숙자로 전전하다 2년 전 지병으로 숨졌다. 이후 가족들은 정부에서 나오는 생계보조비 월 70만 원으로 생활해왔다. 어머니 병세가 갈수록 악화돼 치료비로 4,000만 원 가량 빚을 지면서 병원치료를 포기했다. 딸의 마지막 날에도 어머니는 돈을 빌리기 위해 목발을 짚고 이곳저곳 헤매다 밤늦게 집으로 돌아와 딸의 죽음을 막지 못했다.

– 중앙일보, 2004. 4. 2.

하나님의 내비게이션도 당신의 자녀들을 이런 곳으로 인도할 수 있는가? 하나님께서 아무것도 없는 광야나 사막으로 인도하시는 이유가 무엇일까? 하나님은 수르 광야에서 마라의 쓴 물 때문에 아우성치는 이스라엘 백성들을 계속 전진시키셨다. 그리고 한 장소에 도착해서 여장을 풀고 진을 치게 하셨다.

그들이 엘림에 이르니 거기에 물 샘 열둘과 종려나무 일흔 그루가 있는지라 거기서 그들이 그 물 곁에 장막을 치니라(출애굽기 15장 27절).

하나님께서 인도하고자 하는 것은 엘림이라고 하는 오아시스였다. 종려나무가 풍성하고, 샘물 열두 개가 흘러넘치는 곳이었다. 하나님께서 인도하시고자 하는 목적지는 수르 광야가 아니다. 바로 엘림이다. 성경학자들에 의하면 이스라엘 백성들이 나 죽겠다고 아우성쳤던 마라에서 엘림까지 거리는 약 10km 정도라고 한다. 반나절 정도만 더 걸어가면 도착할 수 있는 거리였다. 그런데 그들은 마라에서 멈추어 서서 불평하고 원망했던 것이다. 하나님의 내비게이션이 인도하고자 한 곳은 샘물이 풍성하고, 종려나무 열매 가득한 엘림이었다. 수르광야와 마라는 지나가는 장소였을 뿐이다. 이스라엘 백성들이 광야를 방랑한 기간이 40년이다. 이스라엘 백성들의 종착점은 광야가 아니다. 광야와 사막은 지나가는 자리이다. 하나님께서 이스라엘 백성들을 데리고 가시는 종착점은 젖과 꿀이 흐르는 가나안 땅이다. 그곳으로 가는 과정에 광야도 지나고, 사막도 지나가는 것이다. 사막과 광야에서 주저앉으면 안 된다. 그곳은 지나가는 곳이기 때문이다.

오늘날 하나님의 내비게이션 역할을 하는 것은 무엇인가?

주의 빛과 주의 진리를 보내시어 나를 인도하시고 주의 거룩한 산과 주께서 계시는 곳에 이르게 하소서(시편 43편 3절).

하나님께서는 당신의 진리, 곧 성경을 통해서 이스라엘 백성들을 인도하신다. 성경이 바로 하나님의 내비게이션이다. 이 성경은 사람의 인생을 간섭하고, 억압하고, 통제하기 위한 것이 아니라, 사람들을 하나님의 축복이 있는 곳으로 데려가는 역할을 한다. 성경이 말하는 대로 따라가면 생명을 얻고, 풍성한 인생을 살게 된다.

'세븐에듀'라고 하는 교육 기업의 차길영 대표가 있다. 카이스트에서 공학 석사와 박사 학위를 받았다. 대학 시절 등록금 때문에 수학 과외를 하다가 수학을 가르치는 일에 뛰어들었다. 그가 사업을 확장해나가면서 절벽에 부딪히는 과정에서 자연스럽게 하나님을 만나게 되었고, 신앙의 힘으로 사업의 문제를 해결해나간다. 차 대표는 매일 혼자 골방에서 예배를 드린다고 한다. 홀로 예배는 찬양, 회개, 성경읽기, 기도 순으로 진행한다. 차 대표는 성경 읽기에 큰 비중은 둔다. 성경을 읽으면서 무엇을 해야 하고, 어디로 가야 할지를 인도함을 받는다고 한다. 그리고 현재 교육 사업가로 성공가도를 달리고 있다.

　- 차길영, 『자녀의 꿈을 돕는 부모의 기도』

하나님의 내비게이션인 성경이 '이것을 하지 말라'고 금지할 때에는 그것이 내 인생에 복이 되지 않기 때문이다. 성경이 '이것을 하라'고 명령할 때에는 그것이 내 인생에 복이 되기 때문이다.

오직 강하고 극히 담대하여 나의 종 모세가 네게 명령한 그 율법을 다 지켜 행하고 우로나 좌로나 치우치지 말라. 그리하면 어디로 가든지 형통하리니, 이 율법책을 네 입에서 떠나지 말게 하며 주야로 그것을 묵상하여 그 안에 기록된 대로 다 지켜 행하라. 그리하면 네 길이 평탄하게 될 것이며 네가 형통하리라(여호수아 1장 7-8절).

하나님의 내비게이션인 성경을 따라가는 것은 하나님을 위한 일이 아니다. 바로 내 인생을 복되게 하는 가장 빠른 길이다. 하나님께서 당신의 백성들을 축복의 땅으로 인도하는 성경 말씀을 따라가 보라. 그리고 젖과 꿀이 흐르는, 축복의 땅에 당신의 깃발을 꽂으라.

04

부와 행복을 얻게 하는 마인드 셋

부(富)와 행복을 얻게 하는 성경적인 마인드 셋은 무엇일까?

이 질문에 대한 해답을 찾기 위해 부(富)와 행복을 얻기 위한 일반적 성공철학 관점과 비교해보는 것이 도움이 될 것 같다. 소위 부(富)와 성공을 얻기 위한 성공철학 분야에서 말하는 대표적인 마인드 셋, 방법들 중에 3가지만 살펴보려고 한다.

첫째, 부(富)와 성공의 모습을 이미지화하는 것이다.

이 방법은 부(富)와 성공을 성취한 모습을 마치 사진을 보는 것처럼, 그림을 보는 것처럼 선명하게 이미지화하는 것이다. 이지성 작가는 『꿈꾸는 다락방』에서 사진기법이라고 설명하기도 한다. 사진을 보면서 이미지화 하면 더욱 선명하게 무의식에 각인될 수 있다. 부(富)와 성공에 대한 이미지가 선명하면 할수록, 무의식에 더 강렬하게 각인되어 자신이 그리는 부(富)와 성공을 빨리 성취하게 만들어준다는 것이다.

이 기법의 탁월한 성취자로 자주 언급되는 사람이 일본의 무명 프로레슬링 선수였던 로키 아오키이다. 아오키는 미국과 일본의 레슬링 친선경기를 위해 미국에 갔다. 아오키는 실력을 인정받는 선수가 아니라, 예비선수로 참가하였다. 경기가 끝나고 아오키는 미국의 번영하는 모습을 보고 귀국하지 않고 미국에 남기로 결정한다. 당시 아오키 수중에는 단돈 400달러뿐이었다고 한다.

가진 돈 없고, 영어도 유창하게 하지 못하는 상태에서 미국에 남기로 한 아오키는 다른 사람이 보면 이상하게 여길 일들을 한다. 자기가 소유하기 원하는 것들을 사진 찍었다.

먼저 아오키는 롤스로이드 자동차를 타고 싶었다. 무작정 롤스로이드 대리점에 들어가서 타고 싶은 차를 배경으로 여러 장의 사진을 찍었다.

다음으로 아오키는 자기 체인점을 소유하고 싶었다. 그래서 전 세계에 체인점을 가지고 있는 가게를 찾아가 그 상점을 배경으로 사진을 찍었다.

아오키는 자신의 전용제트 비행기를 가지고 싶었다. 그래서 자가용 제트기 전시장에 가서 비행기를 배경으로 사진을 찍었다. 아오키는 자신이 원하는 것들을 찍은 사진을 가지고 다녔다. 틈만 나면 사진을 꺼내 보면서 그 꿈을 이루는 것을 상상하며 열정을 불태웠다.

아오키는 1964년 철판구이 요리점인 '베니하니'를 창업했고, 현재 전 세계에 100곳 이상의 체인점을 소유하고 있다고 한다. 그의 꿈대로 롤스로이드 차를 타고, 자기 전용제트기를 이용해서 전 세계를 누비며 사업하는 사람이 되었다.

  - 이지성, 『꿈꾸는 다락방』 중에서

상상력을 이용한 이미지 기법, 사진을 이용한 이미지 기법은 사람들이 불가능에 도전하게 만들고, 잦은 실패에도 포기하지 않도록 강한 동기를 부여해서 성공하게 만들어준다.

그런데 사람들은 이런 방법을 언제부터, 어떻게 사용하기 시작했을까? 놀랍게도 성경은 수천 년 전에 하나님께서 당신의 자녀들을 축복하기 위해, 이 방법을 사용하셨다고 기록하고 있다. 하나님은 믿음의 조상으로 아브라함을 선택하셨다.

그가 75살 되었을 때에 후손을 번성하게 해주겠다는 약속을 하시며 가나안 땅으로 인도하신다. 아브라함이 계속 늙어가는데 하나님은 아들을 주시지 않는다. 아브라함의 마음에 이러다 자식을 낳지 못하는 것이 아닌가? 하는 의심이 일어난다. 아브라함의 마음의 상태를 알아채신 하나님께서 한밤중에 아브라함을 밖으로 불러내신다. 그리고 이렇게 말씀하신다.

그를 이끌고 밖으로 나가 이르시되 하늘을 우러러 뭇별을 셀 수 있나 보라. 또 그에게 이르시되 네 자손이 이와 같으리라. 아브람이 여호와를 믿으니 여호와께서 이를 그의 의로 여기시고(창세기 15장 5-6절).

하나님을 믿는 마음이 흔들리고 의심하는 아브라함에게 하나님께서 이미지 기법을 사용하셔서, 축복의 약속을 각인시켜주신다. 수천 년 전, 오염 없는 밤하늘에 별들이 얼마나 촘촘하게 박혀 있었을까? 이 사건은 아브라함의 뇌리에 하나님의 축복의 약속이 대못처럼 박히게 해준다. 밤하늘의 별들을 볼 때마다 아브라함은 축복의 약속을 되새기고, 또 되새겼을 것이다. 이후 아브라함의 삶에 대해 신약 성경은 이렇게 설명한다.

그가 백 세나 되어 자기 몸이 죽은 것 같고 사라의 태가 죽은 것 같음을 알고도 믿음이 약하여지지 아니하고, 믿음이 없어 하나님의 약속을 의심하지 않고 믿음으로 견고하여져서 하나님께 영광을 돌리며, 약속하신 그 것을 또한 능히 이루실 줄을 확신하였으니(로마서 4장 19-21절).

아브라함은 75세에 후손을 번성하게 해주겠다는 약속을 받았다. 그런데 100세가 되어서야 이삭을 낳는다. 그 기간에 아브라함은 자기 몸이 죽었다는 것을 알았다고 한다. 그럼에도 불구하고 아브라함은 하나님께서 약속을 이루어주실 것을 확신하며 살았다고 한다.

이것을 보면 부와 성공을 얻게 하는, 이미지화 방법 혹은 사진 기법은 하나님께서 당시의 자녀들을 축복하기 위해 사용하신 방법이라는 것을 알 수 있다. 그런데 이 방법을 하나님의 자녀들은 사용하지 않고 가난하게 살고 있는 현실이 너무 안타깝다. 이제 그리스도인들이 눈을 들어 별을 보는 방법을 배우고 실천해야 한다. 하나님께서 당신에게만 주신 꿈과 목표를 그림으로 그려라. 꿈과 목표에 해당되는 실물이 있다면 사진을 찍어라. 그리고 매일 수십 번씩 바라보며 꿈과 목표를 무의식에 새기고, 뇌리에 새기고, 하나님을 향한 믿음에 새겨라. 하나님께서 인간에게 주신 모든 역량이 폭발하게 만들고, 그 위에 하나님의 은혜까지 덧붙여 이미지로 각인된 꿈이 현실이 되게 하라.

부(富)와 성공을 얻기 위한 일반 성공철학 분야에서 말하는 대표적인 마인드 셋, 방법 중 두 번째는 기록하고 큰 소리로 읽는 것이다. 꿈과 목표를 글로 적고, 반복하여 읽으면 이 내용이 무의식에 각인되어 기록한 내용이 현실화된다는 것이다.

『김밥 파는 CEO』로 유명한 김승호 회장도 자신이 성공하게 된 가장 강력한 힘의 원동력이 바로 기록하고 외치는 것이라고 말한다.

미국에서 도시락 사업에 진출한 김승호 회장은 2009년에 내년 목표를 정했다. 미국 전역에 300개의 매장과 일주일 매출이 100만 달러, 그리고 연간 5000만 달러를 달성하는 것으로 정했다. 김승호 회장은 이 내용을 포스터로 작성해서 사무실, 회사 복도, 여기저기 붙여놓았다. 자신은 이 내용을 하루에 100번씩 쓰고, 100번식 외쳤다고 한다. 그리고 이 작업을 지속한 지, 121일 되던 날 이 모든 목표를 달성할 수 있는 계약서에 서명했다고 한다. 김승호 회장은 꿈과 목표를 매일 100번씩 쓰고, 외치는 것을 100일만 하면 기록한 대로 성취된다고 단호하게 말한다.

– 김승호, 『생각의 비밀』

나는 부와 행복을 불러오는 성경의 원리에 대해 연구하면서 이 방법 또한 하나님께서 사용하신 방법이었다는 것을 알게 되었다. 하나님께서 애굽에서 노예 생활하던 이스라엘 백성들을 구원하여 젖과 꿀이 흐르는 가나안 땅으로 인도하신다. 가나안 땅에 들어가기 전에 가나안 땅에 들어가서 어떻게 해야 하나님의 축복을 지속적으로 누리며 살 수 있는지 말씀해주신다. 핵심은 하나님의 말씀에 순종하며 살면, 형통하는 축복을 얻게 될 것이라는 것이다.

이스라엘아 듣고 삼가 그것을 행하라 그리하면 네가 복을 받고 네 조상들의 하나님 여호와께서 네게 허락하심 같이 젖과 꿀이 흐르는 땅에서 네가 크게 번성하리라(신명기 6장 3절).

이 축복의 약속을 선포하신 후에 하나님께서 이렇게 말씀하신다.

오늘 내가 네게 명하는 이 말씀을 너는 마음에 새기고, 네 자녀에게 부지런히 가르치며 집에 앉았을 때에든지 길을 갈 때에든지 누워 있을 때에든지 일어날 때에든지 이 말씀을 강론할 것이며, 너는 또 그것을 네 손목에 매어 기호를 삼으며 네 미간에 붙여 표로 삼고, 또 네 집 문설주와 바깥문에 기록할지니라(신명기 6장 6-9절).

하나님은 이 축복의 약속을 기록하여 손목에 차고, 이마에 붙이고, 출입문에 붙여서 항상 읽어, 이 내용을 마음에 새기라고 말씀하신다. 그리고 자녀들에게 어디서든지 이 말씀을 읽어 듣게 하고, 가르치라고 하신다. 하나님께서 이스라엘 백성들을 축복하시기 위해서 축복의 약속을 기록하게 하고, 읽고 외워서 마음에 새기게 하신다. 이런 행동을 통해 하나님의 자녀들이 하나님의 축복을 가슴에 새기게 하여, 그 축복을 열매를 누리며 살기를 원하신 것이다.

비 그리스도인들조차 자신의 꿈과 목표를 기록하고, 읽고 외치는 것을 통해 그 꿈을 성취하며 성공하고 있다. 라이너 지텔만 박사는 베를린 대학교 역사학 교수를 역임하고, 자신이 사업에 성공한 사업가이기도 하다. 그는 부모로부터 재산을 상속받지 않고 자신만의 남다른 감각으로 큰 부를 축적한 사람들을 '부의 엘리트'라고 정의하고 이들이 어떻게 그렇게 큰 부를 얻게 되었는지 심층 연구했다. 그리고 그 결과를 『부의 해부학』이라는 책으로 출간했다. 그의 책에 보면 부의 엘리트들이 재정적 목표를 달성하기 위한 동기부여 방법 중에 글쓰기 방법이 압도적으로 많았다고 한다.

하나님께서 당신의 자녀들을 축복하시기 위해서 주신 약속을 글로 써서 읽고, 암송하게 하셨다. 그것을 통해서 택한 백성들의 영혼과 무의식의 영역과, 의식의 영역 전체에 축복의 약속이 녹아들게 하셨다. 하나님은 자녀들이 믿음의 역량과 육체적인 역량을 축복의 약속을 성취하는 일에 집중하게 하셔서, 약속된 축복을 자기들의 축복으로 누리게 만드신 것이다. 그러나 이 시대의 많은 그리스도인들은 하나님께서 주신 이 축복의 방법을 사용하지 않고 가난하게 살고 있는 것이 현실이다. 하나님이 은혜 주시면 기적이 일어난다, 이 한 구절이라도 기록하여 읽고, 암송하고, 큰 소리로 외쳐보라. 영혼과 무의식에 완전히 녹아내릴 때까지 반복해보라. 그리고 꿈이 이루어지는 것을 경험해보라.

부(富)와 성공을 얻기 위한 일반 성공철학 분야에서 말하는 대표적인 마인드 셋, 방법 중 세 번째는 현장을 방문하는 것이다. 내가 부와 성공을 얻으면 있어야 할 장소에 가서 그 장소를 보며 꿈과 목표를 무의식에 각인시키는 것이다. 현장에서 의식화 작업을 수행하기 때문에 그만큼 강력하게 꿈과 목표가 뇌리에 새겨지고, 무의식에 각인된다. 무의식에 각인되면 사람 안에 있는 잠재력이 이 꿈과 목표를 달성하기 위해 폭발하게 되고, 결국에는 꿈과 목표가 이루어지게 한다.

수십 년 전에 오스트리아에 몸이 허약하여 '말라깽이'라는 별명을 가진 한 소년이 있었다. 이 소년의 꿈은 세계 최고의 근육맨이 되어 미스터 유니버스 대회 우승자가 되는 것이었다. 청년이 된 이 소년은 마침내 대회에 참가할 수 있는 자격을 얻었다. 대회 장소에 일찍 도착한 이 청년은 무대 여기저기를 돌아다니며 포즈를 취하기도 하고, 잠시 멈추어 눈을 감고 깊은 생각에 잠기기도 했다. 이 청년은 이 대회에서 진짜로 우승해서 세계 챔피언이 되었다. 대회전에 경기가 진행되는 경기장을 방문하고, 그 무대 한복판에 가서 챔피언이 되는 것을 이미지화하고, 상상한 것이다. 그리고 결국 세계 챔피언이 되었다. 이 청년의 이름은 아놀드 슈워제네거이다. 후에 세계적인 영화배우가 되고, 켈리포니아 주지사까지 역임할 정도로 성공 가도를 달리게 된다.

성경은 현장을 방문하여 꿈과 목표를 마음에 새기는 이 방법도 하나님께서 사용하신 것이라는 것을 기록하고 있다.

롯이 아브람을 떠난 후에 여호와께서 아브람에게 이르시되 너는 눈을 들어 너 있는 곳에서 북쪽과 남쪽 그리고 동쪽과 서쪽을 바라보라. 보이는 땅을 내가 너와 네 자손에게 주리니 영원히 이르리라. 너는 일어나 그 땅을 종과 횡으로 두루 다녀보라 내가 그것을 네게 주리라(창세기 13장 14-17절).

하나님께서 아브라함에게 이 땅을 너와 네 후손에게 주겠다고 약속하시며, 그 땅을 둘러보게 하시고, 걸어보게 하신다. 아브라함이 하나님의 약속하신 축복의 땅을 눈으로 보며, 자신의 발로 밟아보게 하심으로 그 땅을 마음으로 먼저 소유하게 하신다. 그렇게 가나안 땅은 아브라함과 그 후손의 땅이 된다.

하나님께서 당신의 자녀들을 축복하시기 위해서 사용하신 방법들을 비 그리스도인들은 하나님을 제거하고 그 외적인 방법만을 사용해서 부자가 되고 성공하고 있다. 이제 그리스도인들이 부와 행복을 얻기 위해서 어떻게 마인드 셋을 해야 하는가? 어떤 방법을 사용하든지 그 중심에 하나님을 놓고 마인드 셋을 정립해야 한다. 성경에서는 하나님께서 약속하신 축복이 그대로 성취되는 원리를 이렇게 말씀하신다.

첫째, 살아 계신 하나님은 전능하시다. 둘째, 전능하신 하나님은 당신의 자녀들에게 가장 좋은 것을 주신다. 그래서 하나님을 제대로 믿으면 복을 받을 수밖에 없는 것이다. 이것이 그리스도인들의 인생이 복되게 되는 근본 원리이다. 이 진리가 우리의 잠재의식에 새겨지도록 해야 한다. 집요하게 반복하고, 반복하라.

잠재의식에 새기는 방법은 성공철학가들이 말하는 방법을 그대로 사용하면 된다. 이미지 기법을 사용해서 당신의 뇌리에 새겨라. 축복의 말씀을 기록하고, 매일 반복해서 읽고 외쳐라. 원하는 것을 사진 찍어서 바라보며 매일 잠재의식에 새겨라. 꿈과 목표가 성취되면 얻을 수 있는 장소에 방문하라. 그리고 하나님께서 은혜 주시면 나는 성공할 수 있다고 확신하라. 이것이 당신의 잠재의식에 대못과 같이 박히도록 매일 반복하라. 이것이 그리스도인들이 가져야 할, 부와 행복을 이끌어 오는 성경적인 마인드 셋이다. 이것을 반복해서 실행하고, 당신이 믿고 확신하는 대로 꿈과 목표를 성취하라.

05
___

자신의 그릇대로 채워진다

기록된 바, 하나님이 자기를 사랑하는 자들을 위하여 예비하신 모든 것은 눈으로 보지 못하고 귀로 듣지 못하고 사람의 마음으로 생각하지도 못하였다 함과 같으니라(고린도전서 2장 9절).

당신의 인생에 부어질 부(富)의 크기가 얼마나 된다고 생각하는가?

위의 성경 말씀에 보면 하나님께서 당신이 사랑하는 자녀들을 위해서 예비하신 축복은 우리가 눈으로 본 적도 없고, 귀로 들어본 적도 없고, 생각조차 하지 못했던 크고 위대한 것들이라고 하신다. 우리가 믿는 하나님은 위대하시고, 광대하시다. 하나님께서 말씀으로 창조하신 우주를 관찰하는 것은 하나님의 전능하심을 이해하는 데 가장 좋은 방법이라고 생각한다.

과학과 기술이 발달하면서 관측 가능한 우주의 크기도 점점 커져간다. 현재 관측 가능한 우주 크기는 920억 광년 정도라고 한다. 그 안에 은하의 개수는 약 2조 개 정도라고 학자들은 말한다. 이 정도 크기로만 보아도 지구가 있는 우리 은하는 나노 크기 정도일지도 모른다. 보이저 호가 태양계를 벗어나면서 마지막으로 지구 사진을 찍었을 때, 하나의 작은 점이었다.

이런 우주를 운행하시고, 움직이시는 하나님은 광대하시다. 그런 하나님께서 당신의 자녀들에게 주실 축복의 분량을 어느 정도 준비하셨을까? 바울 사도는 상상하지도 못할 분량이라고 말한다. 하나님께서 온 우주를 창조하셨기에, 온 우주의 주인은 하나님이시다. 온 우주의 모든 보화가 하나님의 것이다. 몇 년 전에 이런 기사가 보도되었다.

영국 캐번디시연구소와 미국 메사추세츠공과대학(MIT), 그리고 국제공동연구진은 지구에서 40광년 정도 떨어진 외계행성 '55캔크리e'를 스피처 망원경으로 75시간 동안 관측한 결과 이 행성이 표면이 다이아몬드로 덮여 있다고 주장했다. 55캔크리e는 지구보다 지름은 2배 정도 크고, 질량은 8배 정도 무거운 행성이라고 한다.

– 서울신문, 2015년 5월 7일자

이런 다이아몬드 행성도 하나님의 것이다. 우주의 주인이 되신 하나님께서 당신의 자녀들에게 이 별에서 다이아몬드를 한 사람당 25톤짜리 덤프트럭으로 한 트럭씩 주신다면 우리 인생이 어떻게 될까? 하나님의 자녀인 우리들에게 부어질 부(富)의 분량이 얼마나 될까? 성경은 우리가 들어본 적도 없을 정도의 분량이라고 말씀하신다. 그럼 나도 그렇게 생각하고 있는가? 내 인생 속에 주어질, 하나님께서 주실 부(富)의 분량이 무한대라고 나도 믿고 있는가? 우리의 문제는 바로 여기에서 발생하고 있다. 하나님께서는 측량할 수 없는 분량을 주겠다고 약속하시는데, 우리는 그 축복을 담을 그릇을 너무 작은 것을 가지고 있는 것이 문제이다.

나는 너를 애굽 땅에서 인도하여 낸 여호와 네 하나님이니 네 입을 크게 열라 내가 채우리라 하였으나 내 백성이 내 소리를 듣지 아니하며(시편 81편 10-11절).

하나님께서 이스라엘 백성들에게 '입을 크게 벌려라, 내가 가득 채워주겠다.'라고 하셨다. 그런데 이스라엘 백성들이 그렇게 하지 않았다고 한다. 결국 이스라엘 백성들은 차고 넘치는 하나님의 축복을 본인들 스스로 챙기지 않았다. 이런 일이 지금 나에게 벌어지고 있는지도 모른다. 하나님은 무한하시고, 광대하시지만 내가 가지고 있는 그릇이 작아서 무한한 축복을 챙기지 못하고 있을 수 있다.

열왕기하 4장에는 이 장에서 다루는 주제를 영화같이 보여주는 사건이 기록되어 있다.

선지자의 제자들의 아내 중의 한 여인이 엘리사에게 부르짖어 이르되 당신의 종 나의 남편이 이미 죽었는데 당신의 종이 여호와를 경외한 줄은 당신이 아시는 바니이다 이제 빚 준 사람이 와서 나의 두 아이를 데려가 그의 종을 삼고자 하나이다 하니(열왕기하 4장 1절).

엘리사 선지자를 추종하며 신실한 선지자의 길을 가던 한 젊은 선지자 후보생이 일찍 죽게 되었다. 그런데 그는 많은 빚을 남겼고, 채권자는 남아 있는 어린 자녀들을 종으로 팔겠다고 선지자 후보생 아내에게 말한다.

고대 이스라엘 사회는 개인의 신용에 따라 돈을 빌릴 수 있는 사회였다. 가난한 차용자는 대체로 자신의 몸을 담보로 해서 돈을 빌리곤 했다. 만일 약속 기한까지 갚지 못하면 그 돈에 해당하는 노동력을 제공하기 위해 채권자의 집에서 종살이를 해야만 하였다. 그리고 차용자가 빚을 갚지 못할 경우에는 채권자가 빚진 자의 자녀를 종으로 삼는 것은 모세의 율법에도 명시되어 있는 합법적 행위였다. 율법에 따르면 채무자가 빚을 갚지 못할 경우 채권자는 채무자와 그의 자녀를 6년 동안 종으로 삼을 수 있다고 명시하고 있다(신명기 15장 12-18절).

이런 상황에서 젊은 과부는 엘리사를 찾아와 이 일을 어떻게 해결하느냐며 하소연한다. 그때 엘리사 선지자가 당신 집에 남아 있는 것이 무엇이냐고 묻는다. 젊은 과부는 집에 기름 한 그릇이 있다고 말한다. 그러자 엘리사 선지자는 이렇게 말한다.

이르되 너는 밖에 나가서 모든 이웃에게 그릇을 빌리라. 빈 그릇을 빌리되 조금 빌리지 말고, 너는 네 두 아들과 함께 들어가서 문을 닫고 그 모든 그릇에 기름을 부어서 차는 대로 옮겨놓으라 하니라(열왕기하 4장 3-4절).

온 동네 다니면서 빌릴 수 있는 모든 그릇을 빌려다가, 그릇에 한 그릇 남은 기름을 부으라고 말했다. 이 말씀에 순종한 젊은 과부는 온 동네 그릇을 빌릴 수 있는 대로 빌려왔다. 그리고 빈 그릇에 한 그릇 남은 기름을 붓기 시작하는데, 기름이 끊임없이 흘러나온다. 결국에는 모든 그릇에 기름이 가득 차게 되었다. 젊은 과부는 다시 엘리사 선지자게에 가서, 이제 무엇을 해야 하는지 묻는다.

그 여인이 하나님의 사람에게 나아가서 말하니 그가 이르되 너는 가서 기름을 팔아 빚을 갚고 남은 것으로 너와 네 두 아들이 생활하라 하였더라(열왕기하 4장 7절).

선지자 과부는 자녀들이 종으로 팔려가지 않기를 원했다. 그런데 하나님께서는 과부가 구하지 않은 것까지 해결해주셨다. 첫째, 아이들이 종으로 팔려가지 않을 수 있도록 빚을 청산할 수 있게 하셨다 둘째, 과부가 생각하지도 않았던 아이들과 함께 생활하고도 남는 정도의 기름을 주셨다. 우리가 믿는 하나님은 이런 하나님이시다. 우리가 생각하는 것보다 더 차고 넘치게 부어주시는 분이다.

지금 내가 가지고 있는 하나님의 축복을 담을 수 있는 그릇의 크기를 생각해보라.

만일 하나님께서 은혜가 넘쳐흐르는 바닷가에 우리를 세우시고, 네가 가지고 온 그릇만큼 퍼가라고 하시면 어떻게 될 것 같은가?

정주영 회장의 동생으로 1987년 현대그룹 및 현대자동차(주) 회장을 지냈던 정세영 명예회장이 『미래는 만들어가는 것이라』라는 자서전을 썼다. 당시 자동차 제조업 자체가 불가능하게 여겨졌던 열악한 산업구조를 이겨내고 현대자동차를 세계적으로 인정받는 자동차 회사로 만들어가는 과정을 잘 설명하고 있다. 사업의 벽에 부딪힐 때마다, 자동차가 가끔 지나가는 텅 빈 도로를 창밖으로 보며 결심을 다진다. 현대에서 만든 자동차로 대한민국의 도로를 꽉 채우겠다고 다짐한다. 비록 정세영 회장은 떠났지만, 그의 꿈과 함께 성장한 현대자동차에서 만든 자동차는 한국을 넘어 세계 도로를 질주하고 있다. 한국의 모든 도로를 담을 수 있는 그릇을 준비한 정세영 회장은 자기의 그릇대로 채움을 받았다.

비(非) 그리스도인들은 큰 그릇을 준비하고, 그 그릇에 세계의 부(富)를 쓸어 담고 있다.

테슬라와 우주 탐사 기업 스페이스X의 소유주인 일론 머스크는 2016년 화성 이주 계획을 발표했다. 그의 그릇은 지구 전체를 담는 정도를 뛰어넘어 화성까지 담을 그릇을 준비하고 있다. 약 20년 전에 가족들과 교회를 개척하게 되었다. 준비 자금이 많지 않았기 때문에 최대한의 대출을 받아서 개척하였다. 성도 한 사람 없이, 우리 가족 최소 생활비, 교회 운영비와 대출이자에 필요한 비용이 한 달에 400만 원 정도가 필요했다. 그때의 제일 간절한 기도의 제목은 공과금과 이자를 제때 결제할 수 있게 해달라는 것이었다. 그런데 첫 달부터 신기하게 누군가가 찾아와서 후원금을 주고 갔다. 그렇게 다달이 400만 원 정도가 채워졌다. 이런 생활이 무려 만 3년 동안 지속되었다. 이것만 해도 기적이라고 말할 수밖에 없다. 그리고 이렇게 나와 교회를 생존하게 해주신 것이 내 평생의 감사 제목이 되었다. 그러나 이런 과정을 지나고 나니 한편으로 너무 아쉬움이 있다. 교회 개척 초기에 내가 가진 믿음의 그릇의 크기는 한 달 400만 원이었다. 처음부터 그릇을 크게 준비했다면 어떤 일이 생겼을까? '매달 400만 원이 필요합니다.'라고 기도해서 놀라운 방법으로 응답받았다. 만일 그때 더 큰 분량의 그릇을 하나님께 내밀었다면 어떤 일이 벌어졌을까? 아마도 지금보다 훨씬 더 큰 일이 펼쳐졌을 것 같다.

그렇다! 그릇대로 채워진다. 전능하신 하나님, 온 우주의 모든 보화의 주인이신 하나님 앞에서 큰 그릇을 준비하라. 당신이 어떤 크기의 그릇을 준비하든지, 하나님은 채우신다.

06

부에 대한 역발상

최근에 인간의 심리에 대한 연구가 많이 진행되었다. 심리학 연구에 의하면 인간의 정신적 영역 중에서 의식적인 역이 10%이고, 무의식의 영역이 90%라고 한다.

이런 원리에 의하면 인간이 어떤 사항에 대하여 '안 된다.'라고 생각하는 순간 무의식의 영역에서는 그 사항에 대해 할 수 없다는 것으로 고정해버린다. 무의식의 영역이 할 수 없다고 고정되어버리면 의식의 영역에서는 그 일을 해결할 수 있는 힘을 쓸 수가 없게 된다. 결국 인간이란 자신이 '이것은 할 수 없다, 혹은 이건 어렵다.'라고 생각한 것은 절대 해낼 수 없게 되는 것이다.

독일 심리학계가 연구한 부정 암시에 대한 결과가 있다. '3-6세 해당하는 자녀를 둔 부모가 자기의 자녀들에게 부정적인 단어를 하루 동안 얼마나 사용하는가?' 하는 연구였다. 대표적인 부정 단어들로는 '하지 마, 할 수 없어, 못해, 불가능해'와 같은 단어들이었다. 독일 부모들은 자녀들에게 하루 평균 33회 이상 이런 단어들을 사용하는 것으로 나타났다.

  - 박세니, 『어웨이크』

심리학계에서는 어려서부터 이런 부정적 단어들을 반복해서 들으면, 부정적 단어들은 아이들의 무의식에 새겨져 인생 전반에 지대한 영향을 미치게 된다고 한다. 아이들은 난 할 수 없다는 의식이 무의식에 내면화된다고 한다.

그럼 이런 심리학적 연구결과들을 돈을 벌어서 부자가 되고, 성공하는 문제에 적용해보자. 부자 되는 일이 쉬운가? 어려운가? 라는 질문을 받으면 사람들은 어떻게 대답할까? 특히 젊은 세대들은 어떻게 생각할까? 우리나라에서 공무원과 교사 이 두 직업은 청소년들 세대부터 취업 준비생에 이르기까지 가장 선호되는 직업이다. 이 직업을 통해서 부자 되고 성공할 수 있을까? 현실적으로 부자 되고 성공할 수 있는 직업이 아니다. 그런데 왜 이 직업에 대한 경쟁률이 최고치를 찍는가? 부자 되고 성공하지는 못하지만 안정적으로 살 수 있다는 것이 최고의 장점 때문일 것이다. 이런 상황을 보면 우리 국민이 부자가 되고 성공하기 쉬운가? 어려운가? 라는 질문에 대부분은 어렵다고 생각하는 것 같다.

우리가 회복해야 할 부에 대한 역발상이 무엇인가? 돈 벌어 부자가 되고, 성공하는 것은 쉬운 일이라고 생각을 바꾸는 일이다. 코로나 사태가 장기화되어 세계 경제가 침체되는 와중에 러시아의 우크라이나 침공 사태가 터졌다. 이 전쟁 때문에 석유, 가스, 곡물 등 원자재 가격이 급등했다. 일부에서는 경제공황이 올지도 모른다고 난리다. 이런 세계 경제 환경 속에서도 부자가 되고, 성공하기 쉬운가? 결론은 쉬운 일이다. 우리가 부를 얻고, 행복한 인생을 살기 위해 회복해야 할 역발상은 바로 이것이다. 부자가 되는 것은 쉬운 일이다.

성공철학 전문가들과 실제로 세계적인 부자가 된 성공한 사람들의 전기를 읽어보면 이들이 부자가 되고 성공하기 위해서 가장 먼저 하는 일이 바로 의식 개조이다. 자기의 무의식에 끊임없이 긍정적인 신호를 주입한다. 그것도 하루에 수십 번씩, 수백 번씩 반복하여 각인시킨다. 인간의 무의식에 꿈과 목표를 각인시키는 실제적인 방법들은 성공철학에 관한 실용도서를 몇 권만 읽어본 독자라면 다 알고 있을 것이다.

앞에서도 살펴본 것과 같이, 상상력을 동원하여 꿈과 목표를 무의식에 동원하는 방법이 있다. 이미지 기법, 혹은 사진 기법이라 불리는 방법이 있다. 내 꿈과 목표에 해당되는 사진 혹은 그림 등을 여기저기 붙여놓고 목표가 달성된 그림을 무의식에 각인시킨다. 또 다른 방법은 꿈과 목표를 글자로 적어놓고 매일 수십 번씩 쓰면서, 큰 소리로 외치는 것이다. 수많은 사람이 하나님을 믿지 않고도 이 방법을 사용해서 부자가 되고 성공했다.

그런데 정작 그리스도인들은 이 작업을 하지 않는 게 문제이다. 위에서 말한 무의식에 각인시키는 이 방법들은 실상 하나님께서 당신의 백성들을 축복하시기 위해서 사용한 방법들이었다. 하나님은 아브라함에게 후손이 번성하게 해달라는 약속을 하셨는데, 아브라함이 점점 늙는데 아들을 주시지 않는다.

아브라함의 믿음이 흔들린다. 하나님께서는 한밤중에 아브라함을 불러 하늘을 보게 한다. 아브라함에게 "내가 네 후손들을 저 하늘의 별과 같이 많게 해주마." 하고 약속하신다(창세기 15장 5절). 바로 이미지, 사진 기법이다. 아브라함은 하늘의 별을 볼 때마다 내 후손들이 저렇게 번성할 것이라는 사실을 뇌리에 새기고 또 새기는 것이다.

애굽에서 노예 생활하던 이스라엘 백성들을 탈출시켜 젖과 꿀이 흐르는 축복의 땅 가나안으로 인도하신다. 광야에서 40년 방랑하던 것을 마치고 가나안 땅에 들어가면 어떻게 해야 하는지 모세를 통해서 설명하신다. 이스라엘 백성들이 가나안 땅에 들어가서 하나님을 전심으로 섬기면 상상할 수도 없는 축복을 약속하신다. 하나님은 이 축복의 약속을 적어서 손목에 차고, 이마에 붙이고, 출입문에 붙여서 읽고, 암송하라고 하신다(신 6:6–9절). 꿈과 목표를 기록하고 쓰고, 외치는 것을 통해 무의식에 새기는 기법이다.

나는 인간의 심리 및 의식구조가 의식의 영역과 무의식의 영역으로 구성되어 있다는 심리학 연구 결과가 성경과 배치된다고 생각하지 않는다. 성경은 하나님께서 인간을 만드실 때 하나님의 모양과 형상을 따라 창조하셨다고 하신다.

하나님이 자기 형상 곧 하나님의 형상대로 사람을 창조하시되 남자와 여자를 창조하시고(창세기 1장 27절).

이 구절을 근거로 나는 그리스도인이나, 비 그리스도인이나 육체의 구성은 동일하다고 본다. 그런 의미에서 의식적 영역이나, 무의식적 영역 모두가 하나님께서 인간들에게 주신 선물이요, 축복이라고 본다. 또한 인간의 의식적 영역보다, 무의식적 영역의 역량이 훨씬 더 강력한 것이라고 나는 믿는다. 비 그리스도인들은 바로 이 무의식의 기능을 그리스도인들보다 훨씬 잘 이해하고 있는 것 같고, 자신에게 유익하게 사용하고 있는 것 같다. 비 그리스도인들은 무한한 잠재력을 가지고 있는 이 무의식에 꿈과 목표를 집요하게 각인시킨다. 이 무의식의 능력을 이용하는 사람은 다른 사람들이 생각하기에 너무 쉽게, 그리고 빨리 큰 부를 이루고, 목표를 달성한다. 그리고 돈 버는 것은 쉽다고 말한다.

　이런 상황을 보며 그리스도인들은 어떤 발상을 가져야 하겠는가? 우리도 부에 대한 역발상을 가져야 한다. 이제까지는 돈 벌어 부자가 되고, 성공하는 일이 어려운 일이라는 부정적 생각을 돈 버는 일은 쉬운 일이라고 바꾸는 것이다. 성경의 말씀이 진리라면 실제로 쉬운 일이기 때문이다.

　승리하고 성공하는 것이 어려운 일이 아니다.

　기드온 시대에 이스라엘은 미디안에게 복속 상태에 있었다. 이 당시 이스라엘의 생활이 얼마나 비참한지 성경은 이렇게 기록하고 있다.

　미디안의 손이 이스라엘을 이긴지라 이스라엘 자손이 미디안으로 말미암아 산에서 웅덩이와 굴과 산성을 자기들을 위하여 만들었으며(사사기 6장 2절).

　이스라엘은 미디안에게 7년을 속박당하고 있었는데, 그 기간 동안 백성들은 산으로 도망가 굴을 파고 웅덩이를 파고 숨어서 살았다고 한다. 그러니 이스라엘 백성들의 생활이 얼마나 처참했겠는가? 이런 상황에서 하나님께서는 기드온은 세우셔서, 이스라엘을 구원하는 일을 하신다. 기드온은 사방에 전령을 보내 군사들을 소집한다. 이에 3만 2천명의 군사들이 모였다.

당시 상대방 미디안 군사들은 13만 5천명이었다. 이 상태로도 정상적인 전쟁을 할 수 없는 전력이었다. 그런데 이것을 보신 하나님께서는 군사들의 숫자가 너무 많으니 겁나는 사람들은 돌아가라고 말씀하신다. 기드온이 전쟁이 겁나는 사람들은 돌아가라고 말하자, 2만 2천명이 돌아간다. 이제 겨우 1만 명만 남았다. 하나님은 그래도 군사가 많다고 하시면서 300명까지 줄이라고 말씀하신다. 하나님은 왜 전쟁 자체를 치룰 수 없을 정도로 작은 무리만 남겨놓고 집으로 돌려보내시는가? 성경은 그 이유를 이렇게 말씀하신다.

여호와께서 기드온에게 이르시되 너를 따르는 백성이 너무 많은즉 내가 그들의 손에 미디안 사람을 넘겨주지 아니하리니 이는 이스라엘이 나를 거슬러 스스로 자랑하기를 내 손이 나를 구원하였다 할까 함이니라 (사사기 7장 2절).

하나님께서는 이스라엘이 우리가 잘 싸워 이겼다고 할까 염려하셨기 때문이다. 이 전쟁에서 사람의 관심거리는 미디안과의 전쟁에서 이기는 것이다. 전쟁에서 승리하기 위한 조건은 강한 군사력이 있어야 한다. 반면에 하나님께서 관심 갖는 것은 이스라엘 백성들이 하나님만 전적으로 신뢰하며 순종하는 것이다.

이 전쟁 속에서 하나님께서 관심 갖지 않는 것은 군사의 숫자이다. 군사의 숫자가 많든지, 적든지 하나님께서는 관심이 없다. 기드온은 하나님의 말씀에 순종해서 300명의 군사들을 이끌고 한 밤중에 미디안 진영을 기습한다.

삼백 명이 나팔을 불 때에 여호와께서 그 온 진영에서 친구끼리 칼로 치게 하시므로 적군이 도망하여 스레라의 벧 싯다에 이르고 또 답밧에 가까운 아벨므홀라의 경계에 이르렀으며(사사기 7장 22절).

한 번의 기습으로 미디안 군대는 거의 전멸에 가까울 정도로 괴멸 당한다. 하나님은 이스라엘 백성들에게 눈앞의 문제를 어떻게 해결할 것인지 방법을 찾으라고 말씀하시지 않는다. 그 문제가 해결될 것이라는 것을 믿으라고 요구하셨다. 그리고 그 문제를 해결할 방법은 하나님께서 찾으셨다. 그리고 이스라엘 백성들이 생각하지도 못했던 방식으로 승리하게 하신다. 이스라엘이 승리하게 된 원인은 하나이다. 하나님께서 이기게 해주셨기 때문이다.

전능하신 하나님이 도와주시면 승리한다. 도저히 승리할 수 없는 상황에서도 승리한다.

이 상황을 사업하는 상황으로 바꾸어 생각해보자. 다른 사람들은 13억을 가지고 사업을 시작한다. 그런데 나는 300만 원밖에 없다. 누가 돈 벌고, 성공하겠는가? 이 질문에도 성경의 대답은 하나이다. 하나님께서 돈을 벌게 해주는 사람이 돈을 번다. 전도서에 이런 말씀이 있다.

또한 어떤 사람에게든지 하나님이 재물과 부요를 그에게 주사 능히 누리게 하시며 제 몫을 받아 수고함으로 즐거워하게 하신 것은 하나님의 선물이라(전도서 5장 19절).

하나님께서 당신의 자녀들에게 돈 벌게 해주신다고 약속하신다. 비 그리스도인들은 자기 자신의 무의식에 자기는 할 수 있다는 긍정적 신호를 각인시킨다. 반면에 우리는 무의식에 하나님께서 도우시면 부자가 될 수 있다는 내용으로 각인시키지 않는다. 비 그리스도인들은 하나님을 믿지 않으면서도 나는 부자가 될 수 있다는 내용을 무의식에 각인시켜 부자가 되고 성공한다. 만일 여기에 전능하신 하나님의 능력까지 부어지면 어떤 일이 벌어지겠는가? 자기 무의식의 능력을 폭발시켜 부자가 되고 성공할 수 있다면, 하나님의 능력까지 덤으로 받는 그리스도인들을 얼마나 쉽게 성공할 수 있겠는가? 이것이 부의 역발상이다. 돈 벌고 성공하는 것은 어려운 일이 아니라, 쉬운 일이다. 하나님께서 도우시면 하늘 문이 열리고 기적이 일어난다. 그러니 돈 벌고 성공하고 싶다면, 하나님을 떠나지 말라. 하나님께서 도와주시면 부자가 되고 성공하는 것은 쉬운 일이다.

07
—

차원이 다른 부와 행복의 길

너희를 위하여 보물을 땅에 쌓아두지 말라. 거기는 좀과 동록이 해하며 도둑이 구멍을 뚫고 도둑질하느니라. 오직 너희를 위하여 보물을 하늘에 쌓아두라. 거기는 좀이나 동록이 해하지 못하며 도둑이 구멍을 뚫지도 못하고 도둑질도 못하느니라(마태복음 6장 19-20절).

돈 없는 부자, 돈 없는 행복의 길이 가능할까?

이제까지는 재물을 쌓는 부와 행복의 길을 다루어보았다. 이 장에서는 전혀 차원이 다른 부와 행복의 길을 다루어보려고 한다. 돈 없이 부요하게 살며, 행복을 누리며 사는 인생이 있다. 앞에 있는 성경 말씀대로 부를 하늘에 쌓아두며 사는 인생이다. 돈을 하늘에 저축하는 인생이다. 그렇다고 돈을 땅에 쌓아 부자가 되는 것이 죄도 아니요, 나쁜 일도 아니다. 그것은 하나님의 은혜와 축복이다. 나는 지금 어느 것이 선하고, 어느 것이 나쁜 것인가? 하는 것을 말하려는 것이 아니라, 다른 차원의 부와 행복의 길이 있다는 것을 말하려는 것이다.

전 세계 극빈자 층의 어린아이들과 고아들을 후원하는 '컴패션'이라고 하는 비영리 국제단체가 있다.

이 단체가 시작된 계기는 우리나라 6.25전쟁이었다. 미국의 에버렛 스완슨 목사님이 6.25가 터지던 1950년에 한국을 방문하여 6개월간을 머물렀다. 그 전쟁의 와중에 수많은 어린아이가 굶주림과 추위, 그리고 총과 파편에 죽어가는 것을 보았다. 고국으로 돌아간 스완슨 목사님은 후원자들의 후원을 얻어 1952년 강원도 삼척에 전쟁고아들을 돌보는 신애원을 세웠다. 1960대가 되자 미국에 있는 '컴패션' 본부에 다른 나라들에서도 자국의 어린이들을 도와달라는 요청이 들어왔다. 그러나 '컴패션'은 한국 사역에 집중하기 위해서 이 요청을 거절하였다. 이 일은 스완슨 목사님이 돌아가시고 1968년부터 시작되었다.

이 '컴패션'의 한국지부대표가 서정인 목사이다. 어려서 미국으로 이민을 가서, UCLA에서 경영학을 공부하고 탈봇 신학교에서 석사와 박사 학위를 받았다. 미국의 대학 교수 청빙을 기다리던 중에 '컴패션'으로부터 한국컴패션 초대 대표 제안을 하나님의 부르심으로 알고, 안정되고 편하게 살 수 있는 길을 버리고 고난의 길에 들어섰다. 서정인 대표는 전 세계 가난한 나라의 극빈층 어린아이들을 후원하는 사역을 하면서 겪게 되는 일들을 『고맙다』라는 책으로 출간했다. 그 책에 보면 두 종류의 부자가 나온다. 한 부류는 자신이 가지고 있는 돈을 극빈층 아이들을 후원하는데 사용하면서 행복을 누리는 부자들이다. 또 한 부류는 자신은 풍족하게 살 만큼 돈이 없지만, 돈 버는 일에 자신의 인생을 사용하지 않고, 극빈층 아이들을 돕는 일에 헌신하는 영적 부자들이 있다. 나는 양쪽 다 부자라고 생각한다.

한국 '컴패션' 지부가 자리를 잡게 되는 결정적 도움을 준 사람이 가수 션, 정혜영 부부와 신애라, 차인표 부부였다고 한다. 처음에 여섯 명의 아이들을 후원하고 있던 '정혜영' 씨가 필리핀 현지를 방문하려고 준비 중에 있었다. 그러던 차에 자기가 후원하고 있던 '클라리제'라는 아이가 보낸 편지를 받게 되었다. 그 편지에는 'I LOVE YOU, mommy(엄마, 사랑해요).'라고 적혀 있었다고 한다. 현지에 간 정혜영 씨는 클라리제를 만나고 그 아이가 사는 비참한 환경도 돌아보았다. 그렇게 조용히 비전 트립은 끝났다. 비전 트립을 마치고 정혜영 씨가 서정인 대표에게 이메일을 보내왔다고 한다. '한국에서는 누구나 자기 집 마련하는 것이 꿈일 것입니다. 그런데 저희들은 천국에 집을 짓기로 했습니다. 우리 집 마련하기 위해 저축해놓았던 돈으로 100명을 후원하겠습니다.' 하며 집을 마련하기 위해 저축한 돈을 전부 후원했다고 한다. 그 뒤로 션과 정혜영 씨는 여러 행사를 통해서 100명 단위씩 후원했다고 한다. 서정인 대표가 이 책을 발간한 것이 2013년이었는데, 이때까지 션과 정혜영 씨는 월세 살 이를 하면서 아이들을 입양하고 후원하는 일을 했다고 한다. 물론 지금 까지도 이 일을 하고 있다. 이 사람들이 돈 버는 일을 했다면 1년에도 수 억, 혹은 수십 억씩은 벌었을 것이다. 이들은 다른 차원의 부자들이고, 돈으로 얻는 행복이 아닌 다른 차원의 행복을 누리며 사는 사람들이다.

묘한 것은 이런 삶을 사는 것이 강한 전염성을 가지고 있다는 것이다. '컴패션'이 돕는 지역의 아이들은 생지옥에서 살고 있다. 시궁창 옆에 나 무를 기둥삼아 천이나 판자로 둘러친 3-4평 공간에 10여 명이 사는 경 우가 허다하다. 버려지는 쓰레기를 뒤져 음식찌꺼기를 주워 먹고, 심지 어 6살짜리 여자 아이들이 어른들에게 매일 성폭행에 시달리며 산다고 한다. 이런 상황 속에 있는 아이들을 '컴패션'은 후원자와 1:1로 연결해주 고 가능하면 대학을 졸업할 때까지, 완전히 가난에서 벗어날 수 있을 때 까지 후원한다. 이런 생지옥 속에서 어린 시절을 살았다면 두 번 다시 그 곳으로 들어가고 싶지 않을 것이다. '컴패션' 센터에서 후원받고 양육 받 은 아이들의 장래 소망은 다양하지만 60%가 '컴패션' 교사를 꿈꾼다고 한다. 실제로 이곳에서 후원받고 대학을 졸업하여 자기 나라에서 성공한 자리에 오른 사람들도 많다고 한다. 그런데 이들 중에 성공한 자리를 떠 나 '컴패션' 센터의 교사로 되돌아오는 경우가 많다고 한다. 이 사람들은 자기 나라에서 실제로 많은 돈을 벌수 있는 사람들이다. 그런데도 자발적으로 '컴패션' 센터로 돌아온다. 돈 벌 수 있는 기회를 포기했다고 해서 이들이 불행할까? 쌓아놓은 돈이 없다고 해서 이들이 자기 인생을 비관하며, 절망하고 있을까? 아니다. '컴패션' 교사들은 센터로 돌아온 것을 행복해하며 기뻐한다.

돈을 많이 벌어 부와 행복을 얻을 수 있는 길이 있다. 그러나 돈이 아니더라도 다른 차원의 부와 행복을 얻는 길이 있다. 우리 주변에는 이렇게 차원이 다른 부와 행복을 얻는 길을 자발적으로 선택한 사람들이 많다. 소위 말하는 하늘나라 부자의 길을 가는 사람들 말이다. 대부분의 목사님들이 그렇겠지만, 변변치 못한 나 자신도 그 길을 선택했다. 개척 초기에 사업하는 집안 친지 중 한 분이 교회를 개척했는데 교회에서 생활비를 받느냐고 물었다. 아직 성도가 없어서 교회에서 생활비 받는 것은 없고, 내가 외부에서 후원금을 얻어 교회 운영비를 충당하고 있다고 말했다. 지인은 일주일에 시간 나는 대로 며칠씩 자기 일터에 나와서 일하라고 한다. 그럼 생활하는 데 도움이 될 것이라고 말했다. 그 지인은 나를 염려하고, 나를 배려해서 한 말이라는 것을 안다. 그 말을 듣고 나는 지금 행복하십니까? 하고 물었다. 당시 지인은 돈은 좀 벌고 있었지만, 행복하지 못하다는 것을 알고 있었다. 나의 질문에 지인은 아무 말도 하지 않았다. 지금 이렇게 사는 것이 나는 충분히 행복합니다. 염려하지 않으셔도 된다고 말했다. 그 뒤로는 나에게 두 번 다시 그런 말을 하지 않았다. 난 목사로 사는 것이 그때도 행복했고, 지금도 행복하다.

다시 말하지만, 나는 지금 돈 많이 벌어 부자가 되고, 그것을 기반으로 행복을 추구하는 삶을 죄악시하거나, 혹은 세속적이라고 말하는 것이 아니다. 난 이 글을 읽은 그리스도인들이, 특히 젊은 그리스도인들이 돈을 많이 벌었으면 좋겠다. 나는 목사이기 때문에, 내 주변에는 소명을 쫓아 자발적 가난으로 들어온 성직자와 헌신자들이 많다. 그분들이 하려는 선한 일들이 벽에 부딪혀, 진행되지 못하게 만드는 상황 중에 많은 경우가 돈이 부족한 것이다. 그래서 나는 젊은 그리스도인들이 부자가 되어 물질로 선한 일에 쓰임받고자 하는 거룩한 열망을 가지길 기도하고 있다. 나도 취직을 해서 사회생활을 시작한 두 아들들에게 사업을 하라고 격려하고 있다.

내가 사는 곳은 대전과 충남 금산의 접경지역이다. 냇가에 다슬기가 많고, 금산은 전국의 깻잎 공급의 70%를 차지하는 특산지이다. 아들들에게 냇가에서 다슬기를 주워다 팔아도 사업을 해라, 금산에서 깻잎을 뜯어다 팔아도 사업을 해라, 직장 생활해서 인생의 승부를 보기는 힘들다고 말한다. 직장인 꿈의 연봉이라는 1억을 받는다고 가정해보자. 부모에게 재산을 물려받은 경우라 아니라면 대출 받아서 집을 살 것이고, 수십 년 동안 원금 이자 갚으며 살 것이다. 결혼해서 아이 둘을 낳는다면 문화생활도 즐기고, 가끔 해외여행도 할 수 있을 것이다. 그즈음에는 돈에 쫓겨 살지는 않을 거다. 그리고 그게 전부다. 연봉 1억을 받아도 형편이 이런데, 연봉 3-5천만 원 정도 받는 직장인이라면 자기 먹고살면 끝이다. 그러니 사업을 하라고 말한다.

'엠제이 마코트'라는 사업가가 있다. 대학을 졸업하고 이런 저런 사업에 손을 댔다가 실패한 후에 빚에 쪼들려 음식점 종업원, 막노동, 꽃 배달원, 배차 관리원, 신문 배달 등, 바닥 인생을 전전했다. 그러다가 26세에 심한 우울증을 앓으며 폐인이 되어갈 때, 웹사이트를 구축하는 일에 성공하면서 가난에서 탈출한다. 30대에 억만장자가 된 '마코트'는 그의 자전적 저서인 『부의 추월차선』에서 아무것도 없는 자가 가난을 탈출하는 가장 빠른 길은 자기 사업을 시작하는 것, 즉 창업하는 것이라고 말한다. 앞에서 언급한 라이너 지텔만의 『부의 해부학』에서도 부모로부터 부를 물려받지 않고 세계적 부를 이룬 45명의 부자들이 성공한 사례를 연구하고 이들이 성공하게 된 출발선이 자기 사업을 시작하는 것, 곧 창업이라고 말했다.

현재 우리나라의 산업구조상 자영업자의 생존율이 10% 미만이라고도 하고, 이제는 그것보다 더 낮다고도 말한다. 그럼에도 불구하고 나도 흙수저가 경제적 자유를 얻는 길은 창업밖에 없다고 생각한다. 그래서 나도 아들들에게 깻잎 장사를 하더라도, 사업을 하라고 말한다.

돈을 많이 벌어서 가난을 탈출하고 그것을 기반으로 더 많은 부를 얻는 사람이 되라. 특히 젊은 그리스도인들은 기도하며 사업의 길을 찾아라. 하나님께서 축복하신다. 그러나 일부의 그리스도인들을 하나님께서는 이 장에서 말하고자 하는 특별한 길로 인도하신다. 오히려 돈 버는 일을 버려야 하는 길로 인도할 때가 있다. 혹시 당신이 그런 일을 만나거든 놀라서 기절하지 말라고 말하고 싶다. 전혀 다른 부와 행복의 길이 그곳에도 있기 때문이다. 돈만이 우리를 부유하게 만드는 것은 아니고, 돈만이 우리를 행복하게 만들어주는 것은 아니다. 전혀 차원이 다른 풍요로움과 행복을 얻는 길이 있다.

누군가는 자발적인 가난을 선택하고, 이런 종류의 길을 가면서 크고 위대한 일을 만들어 내는 사람들이 있을 수 있다. 테레사 수녀님과 같은 사람, 슈바이처 같은 사람, '컴패션' 한국지사 대표인 서정인 대표 같은 분들처럼 세계적으로 선한 영향력을 미치는 분들이 있다. 그러나 많은 분들이 우리 주변에서 이름도 없이 하늘에 저축하며, 하늘나라의 풍요로움과 행복을 추구하며 살아간다.

후배 목사 중에 한 명은 목사가 되기 전에 사업가였다. 여러 지인이 동업하여 주식회사를 세웠다. 그러다 늦게 목사의 소명을 받아 신학교에 입학하게 되었다. 그가 회사에서 완전히 손을 떼려고 하자, 동료들은 비상근 이사직을 제안하였다. 학교 다니는데 부담도 없고, 목회에도 방해가 되지 않는 자리였다. 게다가 월 1천만 원의 수입을 얻을 수 있는 자리였다. 그 일이 약 20년 전이니, 지금 화폐가치로 따지자면 훨씬 더 큰돈일 것이다. 그런 수입이면 학교 다닐 때에도 공부에만 집중할 수 있고, 목회를 하면서도 외부에 선한 도움을 주면서 목회를 할 수 있을 것이다. 후배 목사는 그 돈을 받으면 어려움이 생겼을 때 목회를 하지 않고 다른 길로 도망가게 될까 봐 아예 싹을 잘라야겠다고 생각했다고 한다. 그래서 그 제안을 거절하고 교회를 개척하여 작은 무리의 성도들과 함께 신앙 공동체를 이루며 삶을 살아가고 있다. 후배 목사가 돈이 없기 때문에 불행하게 살고 있다고 생각하는가? 아니다. 그 길을 선택한 것을 즐거워하며 행복하게 살고 있다.

하나님을 아버지로 섬기며 사는 그리스도인들은 복 받은 인생들이다. 하나님에 대한 바른 믿음을 가지고 살면 이 세상에 살면서 부자가 되고 성공하는 은혜를 받을 수 있다. 국제 경제 상황이 위기여도 전능하신 하나님은 우리를 부자가 되게 하실 수 있다. 개천에서 용 나는 시대가 지나갔다고 해도, 전능하신 하나님은 우리가 성공하고 출세하게 하실 수 있다. 그리고 물질적인 것으로 부자 되고 성공하는 길로 인도하지 않으시고, 하늘에 속한 것으로 풍요롭고 행복하게 살도록 이끄실 수도 있다. 그리스도인은 이렇게 살아도 복되고, 저렇게 살아도 복될 뿐이다. 만일 하나님께서 당신을 하늘나라 부자의 길로 인도하시거든 따라가보라. 그곳에도 차원이 다르고, 상상하지도 못한 부요하고 행복한 삶이 있다.

3장

BIBLICAL WEALTH

사막
한가운데서도
축복의 샘물은
터진다

01
—

부를 쫓아내는 생각을 버리라

출애굽기 17장에 보면 이스라엘 백성들이 가나안 땅을 향해 사막을 행진하고 있다. 사막 한가운데서 마실 물이 떨어져 사람과 짐승들이 전부 죽을 위기에 빠진다. 죽을 수밖에 없는 이 상황에서 하나님은 사막과 광야 한가운데 있는 거대한 반석에서 생수의 강물이 터지게 하신다. 이스라엘 백성들과 모든 짐승은 이 생수를 먹고 살게 된다.

오늘날 우리 인생 자체가 사막 같다. 가진 것이 많다면 주변 환경이 어떻게 진행되든지 본인은 더 잘 살게 되는 방향으로 흘러가게 될 것이다. 그러나 지금 돈 없고, 힘이 없다면 당신의 인생은 더욱 더 황량하게 될 확률이 높다.

수십 년 동안 신자유주의 경제 사상이 세계 경제를 주도했다. 이 경제 사조는 국가 간섭을 최소화하고 시장의 자유 경쟁을 극대화하였다. 이로 인해 양극화 현상이 더욱 심해졌다.

서울대 유기윤 교수의 연구팀이 4차 혁명이 본격화되는 사회의 모습을 예측 연구결과를 『2050 미래 보고서』라는 책으로 출간했다. 여기서 유기 윤 교수는 4차 혁명이 본격화되는 시대에 99%가 넘는 사람들은 경제 하 층민으로 전락하게 될 것이라고 예측했다. 아마도 이 책을 읽는 사람들 대부분이 여기에 속하게 될 것이다.

그렇다면 이 땅에 살고 있는 99%의 인구의 삶이 사막같이 황량해질 것 이다. 이런 사막 같은 인생 속에서 성경에서 말하는 축복의 생수가 터져 나오려면 어떻게 해야 하는가? 이 장에서는 그 방법들을 성경을 통해서 살펴보자.

돈은 어디에서 생기는 것일까?

직장의 월급에서 나오는 것인가? 아니면 나의 사업에서 나오는 것인 가? 혹은 주식에서 생기는 것인가? 소유하고 있는 부동산에서 나오는 것 일까?

부자가 되는 방법에 대해서 설명하고 있는 실용도서들, 성공철학 도서 들을 보면 돈이 생기는 첫 출발지점을 '정신', '마음', 혹은 '생각'이라고 말 한다.

심리 전문 상담가이자 박세니마인드코칭의 박세니 대표가 있다. 연세

대학교 대학원에서 교육학과 상담교육학을 전공했으며, 2004년에 대입학원계 최초로 수험생 전문 성공심리학 프로그램을 연구 개발하여 수험생들의 엄청난 성적 향상을 이루어냈다. 그 후 20년간 많은 이들에게 합격과 성공을 위한 자기암시와 필수불가결한 진리인 초 집중 노하우를 전수하고 있다.

박세니 대표는 그의 저서에서 가난한 사람들은 가난하게 만드는 생각에 사로잡혀 있다고 지적한다. 가난에게 만드는 생각을 바꾸지 않으면 가난에서 빠져나올 수 없다고 한다. 부자가 되려면 정신과 무의식을 가난에 집중하는 것이 아니라, 풍요로움에 집중해야 한다고 말한다. 돈이 나오는 근원지는 멘탈이다. 멘탈에서 돈이 나온다. 돈 버는 것이 쉽다고 생각해야 한다. 그래야 돈을 벌 수 있게 된다는 것이 박세니 대표의 지론이다.

– 박세니, 『멘탈을 바꿔야 인생이 바뀐다』

이지훈 씨는 조선일보, 위클리비즈 편집장으로 재직 시에 수많은 세계 초일류기업 CEO와 경제, 경영계의 석학들을 인터뷰했다. 이런 경험을 통해서 이들이 성공하는 일관된 메시지를 발견하고 이것을 정리하여 『혼(魂), 창(創), 통(通)』을 저술했다. 이 연구서에서 이지훈 작가는 가장 중요한 것이 바로 혼(魂)적 요소라고 했다. 혼(魂)적 요소는 정신과 마음에 관한 것이다. 비전이요, 꿈이요, 신념에 속한 일이다. 그것이 먼저 세워져야 성공으로 가는 첫 관문이 열린다고 말한다. 부와 성공은 먼저 마음,

정신이 부와 성공을 얻을 수 있는 상태로 세팅이 되고난 후에야 비로소 현실화된다는 말이다.

회사의 CEO인 브라이언 매튜는 자신감과 적극적 태도를 가진 사람을 직원으로 뽑는다고 한다. 그런 사람들이 어떤 생각을 가지고 있는지는, 그의 태도와 말 속에서 흘러나온다고 한다. 그가 채용한 취업지원자를 면접한 경험을 이렇게 설명한다.

채용 면접 자리에서 나는 한 지원자에게 물었다.

"불경기라서 직원 채용 계획을 가지고 있는 회사가 많지 않을 텐데, 일자리를 구하러 다니느라 고생이 많겠어요?" 지원자가 대답했다. "아닙니다. 일자리를 구하러 다니는 것은 고생이 아니죠. 직장을 얻으면 돈을 벌수 있지 않습니까?" "여유가 있는 것을 보니 구직 활동을 시작한 지가 얼마 되지 않았나 봐요? 우리 회사가 처음인가요?" 하고 물었다. 지원자가 웃으며 대답한다. "아뇨, 실직한 지 두 달이 지났습니다. 이 회사가 쉰여섯 번째입니다. 인사담당자가 5분도 시간 내주지 않은 것이 대부분이었습니다." "그래요? 결혼한 것으로 기록되어 있는데, 지금은 아내의 수입으로 살고 있나요?" "아뇨, 집사람도 실직을 했고, 새 직장을 찾고 있습니다. 내가 당신을 채용하지 않는다면 집에 돌아가 아내에게 어떻게 이야기하겠습니까? 아내가 실망할 텐데요." 그러자 "지원자는 아닙니다. 이번 회사에서는 비록 채용은 되지 않았지만 대표님을 직접 만나서 커피

까지 대접받았다고 말할 겁니다. 문전박대당한 것보다는 커다란 발전이
니까요. 그리고 내일 쉰일곱 번째 회사를 찾아 나서면 됩니다."라고 말했
다.

나는 자리에서 일어나 손을 내밀며 "축하합니다. 당신을 채용하겠습니
다. 나와 함께 일해봅시다."라고 말했다.

– 데보라 노빌, 『리스펙트』 중에서

부를 끌어오는 생각은 말과 태도에서 표현된다. 부와 성공을 멀어지게
하는 생각을 먼저 버려야 한다. 성공의 일반 원리 속에서 부와 성공을 얻
으려면 먼저 나의 생각이 부와 성공이 흘러들어올 수 있는 상태가 되어
야 한다. 반대로 부와 성공을 잡으려면 부와 성공을 쫓아내는 생각을 버
려야 한다. 우리 안에 있는 마음을 생각을 저장하는 거대한 창고라고 생
각해보자. 이 생각의 창고에 부와 성공을 불러오는 생각들로 채우고, 부
와 성공을 쫓아내는 생각들은 쫓아내야 한다. 생각이 먼저 바뀌어야 말
이 바뀌고, 말이 바뀌어야 태도와 행동이 바뀌게 된다. 이것이 선순환을
이루어 결국 부와 성공이 흘러오게 된다.

그렇다면 이 부분에서 성경은 무엇이라고 말씀하고 있을까?

엘리사 선지자 시대에 이스라엘은 '아람'의 공격을 받았고, 수도였던
사마리아 성이 오랜 세월 동안 포위 공격당하게 되었다. 극심한 굶주림
에 시달린 백성들은 자기 자녀들까지 잡아먹는 사태까지 이르게 된다.

이런 때에 엘리사가 놀라운 예언을 한다.

엘리사가 이르되 여호와의 말씀을 들을지어다. 여호와께서 이르시되 내일 이맘때에 사마리아 성문에서 고운 밀가루 한 스아를 한 세겔로 매매하고 보리 두 스아를 한 세겔로 매매하리라 하셨느니라. 그때에 왕이 그의 손에 의지하는 자 곧 한 장관이 하나님의 사람에게 대답하여 이르되 여호와께서 하늘에 창을 내신들 어찌 이런 일이 있으리요 하더라. 엘리사가 이르되 네가 네 눈으로 보리라. 그러나 그것을 먹지는 못하리라 하니라(열왕기하 7장 1–2절).

내일 상상할 수도 없는 일이 벌어질 것이라고 예언한다. 폭등한 물가가 폭락하게 될 것이고, 최고급 곡식들이 헐값에 팔리게 될 것이라고 말한다. 지금 눈앞에의 현실은 백성들이 굶주림에 지쳐 자기 자식을 잡아먹고 있다. 그런 상황에서 어떻게 내일 최고급 곡식이 헐값에 거래되고, 하늘 같이 치솟은 물가가 바닥으로 폭락하게 될 수 있는가? 이 말을 들은 한 군대지휘관이 이런 말을 한다. 하나님께서 하늘에 창문을 만들어 곡식을 비같이 쏟아붓는다고 해도 어떻게 그런 일이 있겠습니까? 하고 의심한다. 그러자 엘리사는 그런 일이 일어나는 것을 너의 눈으로는 보겠지만, 너는 그 곡식을 먹지는 못할 것이라고 말한다.

하나님은 아람 진영 하늘 위에서 큰 군대가 행진하는 소리가 나게 하시고, 아람 군대는 구원병이 도착한 줄 알고 전쟁 물자를 두고 그대로 도망간다. 이 소식을 들은 이스라엘 백성들은 아람 진영을 약탈하기 위해서 성문으로 쏟아져 나갔다. 하나님을 의심했던 장군은 성문에서 이 소란을 정리하는 임무를 맡은 듯한데, 성문 밖으로 밀려 나가는 백성들의 발에 밟혀 죽게 된다. 하나님의 약속을 의심했던 장군은 하나님 말씀대로 최상급 곡식이 지천에 널리게 되는 것을 보긴 했지만, 밥 한 술 먹어 보지 못한다.

하나님도 동일하게 말씀하신다. 하나님께서 차고 넘치는 물질 축복을 주시는데, 그 엄청난 축복을 배척하는 생각을 가진 자는 이 축복을 누리지 못하게 되는 것을 보게 된다. 하나님의 축복하심에 대한 마음의 반응, 생각의 반응, 이것을 성경은 믿음이라고 표현한다. 하나님 축복에 대한 믿음의 반응이 없으면 축복의 열매도 없다고 말씀하신다.

그렇다면 전능하신 하나님, 은혜와 축복 주시기를 기뻐하시는 하나님을 믿는다고 하면서, 많은 그리스도인들이 부와 성공이 흘러오지 못하게 만드는 생각들을 품고 있는 것일까? 여기에서 바라봄의 법칙이 작동하고 있다. 시선을 어디에 초점 맞추고 있는가? 하는 문제로 귀결된다.

눈을 들어 전능하신 하나님을 바라보면, 하나님의 축복의 약속이 현실화될 때까지 믿음의 마음이 흔들리지 않는다. 반면에 시선을 눈에 보이는 현실과 상황에 집중하면, 하나님을 볼 수 없고 부정적인 생각에 사로잡히게 된다.

아래 성경 구절이 바로 그 원리를 설명해주고 있다.

베드로가 대답하여 이르되 주여 만일 주님이시거든 나를 명하사 물 위로 오라 하소서 하니 오라 하시니 베드로가 배에서 내려 물 위로 걸어서 예수께로 가되, 바람을 보고 무서워 빠져 가는지라 소리 질러 이르되 주여 나를 구원하소서 하니 예수께서 즉시 손을 내밀어 그를 붙잡으시며 이르시되 믿음이 작은 자여 왜 의심하였느냐 하시고 배에 함께 오르매 바람이 그치는지라(마태복음 14장 28-32절).

예수님께서 제자들을 먼저 배를 이용해서 갈릴리 호수 건너편으로 보내셨다. 그리고 당신은 한적한 곳에 가서 기도하셨다. 제자들이 갈릴리 호수 한가운데서 풍랑을 만나 배가 파선할 위기에 빠져 있을 때에 예수님께서 걸어서 제자들에게 오셨다. 이 모습을 본 베드로가 예수님에게 "나도 바다 위를 걸어 주님께 가게 해주십시오," 하고 요청한다. 예수님께서 걸어오라고 말씀하신다. 베드로는 담대하게 거센 풍랑이 일어나는 호수로 뛰어내린다. 베드로가 예수님 말씀에 순종해서 배에서 내려 예수님에게로 걸어서 간다. 그런데 도중에 문제가 발생했다. 베드로는 하나님의 아들이신 예수님을 바라보고 걸어갈 때에는, 자연법칙도 초월하여 산더미만 한 파도가 치는 호수 위를 걸어갈 수 있었다. 그러나 베드로는 도중에 자기 옆에서 굉음을 내고 넘실대는 파도를 보고 두려움에 사로잡힌다. 예수님 안에서 거센 파도조차도 밟고 걸을 수 있다는 믿음이 사라지고, 죽을 것 같다는 두려움이 그 마음과 생각을 지배하게 된다. 예수님을 바라보며 물위를 걸을 수 있다는 믿음과 확신이 떠나는 순간 베드로는 풍랑 속에 빠져 죽음의 위기를 맞게 된다. 베드로는 예수님에게 구원을 요청하고, 예수님께서 베드로의 손을 잡고 구해주신다.

이 풍랑을 가난의 풍랑이라고 가정해보자. 이 가난의 풍랑이 당신의 인생을 침몰시키려고 달려들고 있다고 생각해보라. 내 힘으로 뚫고 지나갈 수도 없고, 내 능력을 가지고 잠잠케 할 수도 없는 가난의 풍랑을 어떻게 극복할 수 있겠는가? 제자들이 탄 배가 침몰할 정도의 거대한 파도가 출렁대는 바다를 베드로는 하나님께서 능력을 주시면 걸을 수 있다는 믿음으로 걸었다. 그러나 걷는 도중에 주변의 풍랑을 보면서 이러다 죽을지도 모르겠다는 두려운 마음이 들자마자 파도 속에 빠졌다. 나는 이 가난의 풍랑을 벗어나지 못하겠다는 생각에 빠지면 가난의 풍랑에서 빠져나올 수 없다. 그래서 부와 성공을 얻지 못하게 만드는 생각에서 우선 빠져나와야 한다.

사람이 부와 성공을 얻지 못하게 만들고, 심지어는 부와 성공을 향해서 도전하지도 못하게 만드는 부정적 생각은 지금 우리 눈앞에 펼쳐져 있는 현실을 통해서 들어온다. 눈에 보이는 현실을 보면서 일이 잘 풀릴 것 같은 기대감을 주는 경우가 얼마나 있었는지 되돌아보라. 가진 것이 많고, 힘이 있는 극소수의 사람들은 불경기가 되었든지, 호황기가 되었든지 구애받지 않고 부와 성공을 축적할 수 있을 것이다. 상위 10% 안에 드는 사람들은 어떤 환경이 되었든지, 먹을 것이 가득한 뷔페식당에 들어온 것 같을 것이다. 돈 되는 일들이 많아서 골라서 잡을 수 있을 것이다. 그러나 가진 없이 없는 사람들 눈에는 자기가 할 수 없는 일들만 보일 것이다. 이것은 이래서 안 될 것 같고, 저것은 저래서 안 될 것 같다고 생각할 것이다. 이것이 악순환이 된다. 없는 사람은 자기 형편으로 할 수 없다고 생각되는 일들만 보일 것이고, 결국 부와 성공을 가로막는 생각들로 가득 찰 것이다.

부와 성공을 쫓아내는 생각을 버리려면 먼저 현재의 환경을 바라보지 않는 법을 배워야 한다. 눈에 보이는 현실과 환경 저 건너편에 있는 것을 볼 수 있어야 한다. 불가능한 것들이 가득한 이 현실에서 저 건너편에 있는 하나님의 은혜와 승리의 세계로 넘어가는 다리를 건너야 한다. 성경은 그 다리를 건너는 방법은 믿음으로 건너는 것뿐이라고 말씀하신다. 베드로가 처음에는 배가 침몰할 것 같은 풍랑 속에서도 예수님을 바라보며 풍랑 위를 걸었으나, 풍랑을 보고 두려운 마음이 들자 풍랑 속에 빠지게 된다.

우리 마음속에 우리를 축복하실 하나님으로만 가득 채워야 한다. 그 외의 다른 생각들은 전부 쫓아내야 한다.

전능하신 하나님은 당신의 백성들을 풍요롭게 하시는 하나님이시다.

네 하나님 여호와께서 네 조상 아브라함과 이삭과 야곱을 향하여 네게 주리라 맹세하신 땅으로 너를 들어가게 하시고 네가 건축하지 아니한 크고 아름다운 성읍을 얻게 하시며 네가 채우지 아니한 아름다운 물건이 가득한 집을 얻게 하시며 네가 파지 아니한 우물을 차지하게 하시며 네가 심지 아니한 포도원과 감람나무를 차지하게 하사 네게 배불리 먹게 하실 때에(신명기 6:10-11절).

이 성경 구절은 이스라엘 백성들이 가나안 땅에 들어가기 전에, 그들이 가나안 땅에 들어가면 어떻게 살아야 하는지 선포하시면서 주신 말씀 중 일부이다. 이스라엘 백성들이 가나안 땅에 들어가면 제일 먼저 받게 될 것이 무엇인지 말씀하신다. 이스라엘 백성들은 그들이 건축하지 않은 성읍과 집을 얻게 된다. 도시와 집을 공짜로 얻게 된다는 뜻이다. 그들이 얻게 될 집은 살림살이가 완비되어 있는 집이다. 들어가서 살기만 하면 된다. 그들이 농사짓지 않은 과수원을 얻게 될 것이다. 이 구절에 의하면 이스라엘 백성들이 가나안 땅에 들어가면 제일 먼저 받게 될 축복은 물질 축복이다. 하나님께서는 당신의 자녀들에게 부와 풍성함을 주시기를 기뻐하신다.

가난한 사람에게는 부자가 되는 것이 가장 어려운 일 같아 보일 것이다. 그러나 하나님께서 당신의 백성들에게 가장 먼저 주시고, 가장 쉽게 주실 수 있는 축복이 물질 축복이다. 천지 창조 시에 아담과 하와를 창조하시고 에덴 동산을 선물로 주신다. 그리고 생육하고 번성하라고 축복을 선포하신다. 믿음의 조상 아브라함을 부르실 때에도 땅을 주시겠다는 약속과 자손의 번성을 약속하시고 당신을 따르라고 말씀하신다. 하나님께서 은혜 주시고, 도와주시면 부자가 되고, 성공하는 것은 쉽게 되는 일이다. 그렇다고 부자가 되고 성공하기 위해서 하나님을 이용하라는 소리가 아니다. 뒤에서 한 장을 할애해서 내 욕심이 앞서게 하지 말고, 하나님이 왕이 되게 하라는 원리를 자세히 설명하려고 한다. 하나님께서 내 인생의 왕이 되시고, 내가 하나님을 왕으로 섬기는 믿음이 있다면 부와 성공은 따라오는 것이라고 성경은 약속하신다.

내가 가지고 있는 것으로는 할 수 있는 것이 아무것도 없다. 내가 가지고 있는 재능 가지고는 만들어낼 수 있는 것이 아무것도 없다. 그러나 전능하신 하나님께서 함께하시면 안 되는 일이 없다. 이 믿음을 생각의 창고 속에 충만하게 채워라. 그리고 눈앞의 불가능한 현실을 보면서, 가난에 주저앉게 만드는 부정적 생각을 쫓아내라. 하나님께서 도와주시면 넉넉하게 부자가 될 수 있다는 것을 확신하라.

부정적인 말을 차단하라

사막 같은 우리 인생 속에 하나님의 축복의 생수가 터져 나오게 하려면 우리의 생각이 바뀌어야 한다. 그다음 단계로 우리 입에서 부정적인 말이 사라지게 해야 한다. 사람의 말에는 권세가 있다고 하나님께서 말씀하신다. 그래서 사람은 자신이 하는 말의 열매를 먹고 살게 될 것이다.

죽고 사는 것이 혀의 힘에 달렸나니 혀를 쓰기 좋아하는 자는 혀의 열매를 먹으리라(잠언 18장 21절).

사람은 입에서 나오는 열매로 말미암아 배부르게 되나니 곧 그의 입술에서 나는 것으로 말미암아 만족하게 되느니라(잠언 18장 20절).

성경에 의하면 내가 하는 말이 나를 살리기도 하고, 나를 죽이기도 한다.

나는 말이 사람을 죽이기도 한다는 성경의 말씀이 그대로 이루어지는 일을 간접적으로 경험했던 적이 있다. 내가 약 30년 전에 전도사로 사역할 때, 결혼을 하게 되었는데, 당시 담임목사님께서 주례를 맡아주셨다. 목사님은 영적인 능력을 강하게 받은 분이셨다. 기도로 병을 고치거나 귀신을 쫓는 축사 사역과 치유 사역을 출중하게 하던 분이셨다.

한번은 같은 교회에 다녔던 누님이, 담임목사님이 사역자는 하상 말조심을 해야 한다는 말을 자주 하신다면서 자신이 겪은 경험을 이야기했다. 어느 날 교회 중직자 회의를 하던 중에 꼭 참석해야 할 집사가 참석하지 않았다고 한다. 다른 집사가 회의실에서 결석한 분에게 빨리 교회에 오라고 전화를 했다. 결석한 집사가 "나 집에 없다고 해."라고 말했는데 이 소리가 너무 커서 회의실 안에 있는 사람들이 다 듣게 되었다. 화가 난 목사님께서 "신앙생활 그 따위로 하려면 죽으라고 해!" 하고 소리쳤다고 한다. 그런데 전화 끊고 조금 후에 그 집사가 갑자기 돌아가셨다고 한다. 이 사건은 목사님에게 말로 다할 수 없는 깊은 상처를 주었고, 교회에도 큰 충격이 되어 교회가 긴 세월동안 힘들었다는 이야기를 들었다.

우리가 하는 말이 우리를 죽이기도 하고, 살리기도 한다고 하나님께서도 말씀하신다.

만일 우리 인생이 사막같이 황량하다면, 어떤 말을 사용해야 사막에서 축복의 생수가 터져 나올 수 있을까? 먼저 부정적인 말을 버려야 한다. 우리를 죽이는 말, 우리를 망하게 하는 말을 잘라내야 한다.

출애굽기 17장에서 이스라엘 백성들은 이런 문제에 부딪힌다.

이스라엘 자손의 온 회중이 여호와의 명령대로, 신 광야에서 떠나 그 노정대로 행하여, 르비딤에 장막을 쳤으나, 백성이 마실 물이 없는지라 (출애굽기 17장 1절).

이스라엘 백성들은 신 광야 안에 있는 르비딤이라는 지역에 도착했을 때 마실 물이 없었다. 사막과 광야에서 물이 떨어지는 것은 곧 죽음과 같다. 약 200만 명으로 추산되는 엄청난 사람들과 수를 셀 수도 없는 가축들이 다 죽을 상황에 빠진 것이다. 이 상황 속에서 이스라엘 백성들은 이렇게 말한다.

거기서 백성이 목이 말라 물을 찾으매, 그들이 모세에게 대하여 원망하여 이르되, 당신이 어찌하여 우리를 애굽에서 인도해내어서, 우리와 우리 자녀와 우리 가축이 목말라 죽게 하느냐(출애굽기 17장 3절).

그들은 하나님께서 자기들을 죽이려고 한다고 말했다. 우리는 앞에서 하나님의 본심에 대해서 살펴보았다. 하나님의 본심은 선택하신 백성들에게 은혜 베푸시고, 축복하시는 것이 하나님의 본심이다. 이스라엘 백성들을 노예 생활하던 애굽에서 구출하시고, 젖과 꿀이 흐르는 가나안 땅을 주시려고 하는 것이 하나님의 본심이다. 그런데 이스라엘 백성들은 광야 한가운데서 물이 떨어진 현실을 보고 하나님이 우리를 죽이려 한다고 말한다.

당신도 혹시 '죽겠다.'라는 말을 입에 달고 살지는 않는가? 목사인 나도 언어 습관을 훈련하는 데 꽤 긴 시간을 보냈다. 말의 완전함에 도달했다는 말이 아니다. 말을 훈련하는 것이 고된 작업이라는 것을 말하는 것이다. 게다가 우리 국민들 언어 습관을 보면 죽는 일이 널려 있다. 우리는 재미있어도 죽는다. 재미있어서 죽겠다고 말한다. 우리는 웃겨도 죽는다. 웃겨 죽겠다고 말한다. 우리는 음식이 맛있어도 죽는다. 맛있어 죽겠다고 말한다. 하는 말마다 이래서야 어디 살길이 열리겠는가?

사막 한복판에서 물이 떨어졌을 때 하나님께서 우리를 죽이려 하신다고 아우성치는 백성들에게 하나님께서는 화내지 않으시고 문제를 해결해주신다. 하나님께서 모세에게 광야 한 곳에 있는 거대한 반석 앞에서 서라고 말씀하신다. 그리고 그 반석을 지팡이로 세게 치라고 명령하신다. 모세가 순종했을 때, 거대한 반석이 갈라지며 생수의 강물이 흘러 나왔다. 사막 한복판에서 터져 나온 생수를 마시며 200만 명의 사람과 그들의 가축이 다 살게 되었다.

이것을 통해서 우리가 믿는 하나님은 어떤 하나님이신지 확증할 수 있다.

하나님은 우리를 죽이시는 하나님이 아니라, 우리를 살리시는 하나님이시다.

하나님은 우리를 망하게 하시는 하나님이 아니라, 우리를 번성케 하시는 하나님이시다.

하나님은 우리의 길을 막는 분이 아니라, 우리의 길을 여시는 하나님이심을 알 수 있다.

이렇게 이스라엘 백성들은 사막 한복판 르비딤에서 생수의 강물이 터져 나오는 기적을 체험하고 가나안 땅으로 행군한다. 민수기 13장에 보면 가나안 땅으로 행진하던 이스라엘 백성들은 가나안 땅에 들어가는 입구인 모압 평야에 도착한다. 모세는 가나안 땅의 형편을 알아보기 위해서 열두 지파의 대표자 한 명씩, 총 열두 명의 정탐꾼을 선발하여 가나안 땅을 살펴보게 한다. 그리고 40일 후에 이들이 돌아와서 가나안 땅의 상황을 세 가지로 보고한다.

첫 번째 '그 땅은 비옥하다.'라고 보고한다.

모세에게 말하여 이르되, 당신이 우리를 보낸 땅에 간즉 과연 그 땅에 젖과 꿀이 흐르는데 이것은 그 땅의 과일이니이다(민수기 13장 27절).

정탐꾼들은 복귀할 때, 가나안 땅에서 딴 포도송이 하나를 막대기에 꿰어 두 명이서 어깨에 메어서 운반해왔다. 정탐꾼들은 그 포도송이를 증거로 보이며, 그 땅은 정말 기름지고 비옥하다고 이구동성으로 말했다.

두 번째, '그곳의 성들은 강한 요새로 되어 있다.'라고 보고했다.

그러나 그 땅 거주민은 강하고 성읍은 견고하고 심히 클 뿐 아니라 거기서 아낙 자손을 보았으며(민수기 13:28절).

셋째, '그 땅 거주민들은 거인족들이다.'라고 보고했다.

거기서 네피림 후손인 아낙 자손의 거인들을 보았나니 우리는 스스로 보기에도 메뚜기 같으니 그들이 보기에도 그와 같았을 것이니라(민수기 13:33절).

그들은 거인같이 신장이 커서 우리는 메뚜기 정도밖에 안 된다고 말했다. 이들이 말한 세 가지 사항은 모두 사실이었다. 거짓말이 아니었다. 그런데 이런 사실들을 놓고 현재의 상황에서 무엇을 할 것인가? 하는 지점에서 문제가 터졌다.

정탐꾼 12명이 만장일치로 인정한 것은 하나님께서 약속하신 땅은 정말 비옥하고, 기름진 땅이라는 것이다. 그 땅은 젖과 꿀이 흐르는 땅이라고 그들 스스로 인정했다. 그런데 여호수아와 갈렙을 제외하고 열 명은 그곳의 성들은 크고 견고한 요새요, 주민들은 거인들이기 때문에 우리가 들어가면 다 죽는다고 말했다(민수기 13장 31절).

이 말을 들은 이스라엘 백성들은 우리가 가나안 땅에 들어가서 죽느니, 차라리 이 광야에서 죽는 게 낫겠다며 밤새 통곡하고 울었다. 그리고 가나안 땅에 들어가서 그 땅을 차지하라고 하시는 하나님 말씀에 불순종한다. 이에 하나님께서 분노하셔서, 이스라엘 백성들에게 이렇게 선포하신다.

나를 원망하는 이 악한 회중에게 내가 어느 때까지 참으랴. 이스라엘 자손이 나를 향하여 원망하는 바, 그 원망하는 말을 내가 들었노라. 그들에게 이르기를, 여호와의 말씀에 내 삶을 두고 맹세하노라. 너희 말이 내 귀에 들린 대로 내가 너희에게 행하리니. 너희 시체가 이 광야에 엎드러질 것이라(민 14장 27-29절).

너희들이 내 귀에 들리게 한 말 그대로 이루어지게 하겠다. 너희들이 광야에서 죽는 게 낫겠다고 통곡하며 소리를 질렀으니, 너희들이 한 말 말대로 이루지게 하겠다고 선언하신다.

애굽에서 탈출한 초기의 르비딤에서 물이 떨어졌을 때, 하나님께서 우리를 죽이려고 하신다고 말하는 것에 대해서 하나님께서는 분노하지 않으셨다. 이스라엘 백성들이 하나님을 잘 알지 못해서 행한 어리석음은 행동으로 보시고 자비를 베푸신 것이다. 하나님의 전능하신 능력을 40년 동안 체험하고도, 험한 환경을 보고 또 죽는 게 낫겠다며 하나님께 대적하는 말을 계속하자, 이번에는 분노하신다. 그리고 너희들이 한 말 그대로 이루지게 해주겠다고 말씀하신다. 이스라엘 백성들은 자기들의 말대로 된 것이다. 하나님께서 잔인한 보복을 하신 것이 아니라, 이스라엘 백성들이 자기들 입으로 스스로에게 죽음을 불러온 것이다.

지금 당신의 인생의 상황은 어떤 상황인가? 사막과 광야 한복판에 내던져진 인생 같은가?

그렇다면 사막과 광야 한가운데서 어떤 말을 하고 사는가? 내가 하는 말이 내 인생을 만들게 된다. 내가 하는 말이 내 인생을 복되게 할 수도 있고, 내 인생을 망하게 할 수도 있다.

우리가 믿는 하나님은 전능하셔서, 불가능한 것이 없으신 분이다.

전능하신 하나님은 우리를 사랑하셔서, 가장 좋은 것을 주시는 하나님이시다.

하나님은 우리 인생이 비록 사막 같이 황량한 상황이라 할지라도, 축복의 생수가 터져 나오게 하실 수 있다. 하나님은 사막 같은 우리 인생을 푸른 초장으로 얼마든지 바꾸실 수 있다. 그런데 우리는 이런 기적이 나의 축복이 되지 못하게 가로 막는 것이 부정적인 말을 입에 달고 살기 쉽다. 이제 내 인생을 죽음의 먹구름으로 덮는 부정적인 말들을 버리고, 사막에서 터지는 생수의 축복을 경험해보라.

부와 행복을 부르는 말을 선포하라

앞에서 사막과 같은 인생 속에서 축복의 생수가 터지게 하려면 부정적인 말을 버려야 한다는 것을 살펴보았다. 이제는 반대로 우리가 하는 말 속에 있는 권세를 긍정적으로 사용하여 우리 인생에 부와 행복이 흘러들어오게 해야 한다.

"하나님도 우리에게 네가 말한 대로 될지어다."라고 말씀하신다. 우리는 전능하신 하나님의 약속을 믿는 믿음으로 우리 인생 속에 부와 행복을 불러오는 말을 선포해야 한다.

마가복음 7장에 보면 아브라함의 후손이 아닌 이방 여인이 자신의 딸이 귀신들린 문제를 해결해달라고 예수님에게 찾아온 사건이 기록되어 있다.

이 이방 여인은 딸이 귀신에 사로 잡혀 있으나, 자기 힘으로 해줄 수 있는 것이 아무것도 없는 상태이다. 어느 날 이 여인의 귀에 이상한 소리가 들린다. 예수라는 사람은 능력이 있어 귀신을 꾸짖어 쫓아낸다는 말을 듣게 된다. 그래서 이 이방 여인은 예수님을 찾아와 자신의 딸을 살려달라고 하소연한다.

이 말은 들은 예수님은 이방 여인의 가슴을 후벼 파는 말씀을 하신다.

예수께서 이르시되 자녀로 먼저 배불리 먹게 할지니, 자녀의 떡을 취하여 개들에게 던짐이 마땅치 아니하니라(마가복음 7장 27절).

자녀들에게 줄 음식을 개들에게 주는 것은 합당하지 않다고 하시며 가혹하게 거절한다. 예수님은 겉보기에 이 여인을 개 취급하며 박대한 것이다. 그런데 개 취급하며 자신을 모욕하는 예수님에게 이 여인은 놀라운 말을 한다.

여자가 대답하여 이르되 주여 옳소이다마는, 상 아래 개들도 아이들이 먹던 부스러기를 먹나이다(마가복음 7장 28절).

이 이방여인은 자기를 개 취급하는 예수님 앞에서 그 모욕을 받아들였다. 그리고 "키우는 개들도 주인의 밥상에서 떨어지는 음식 부스러기를 얻어 먹고 삽니다. 그러니 나에게도 아브라함 자손의 밥상에서 떨어지는 부스러기 은혜라도 주세요." 하고 간청한다. 이 여자가 이 말을 하자마자, 예수님은 축복을 선포하신다.

예수께서 이르시되 이 말을 하였으니 돌아가라. 귀신이 네 딸에게서 나갔느니라 하시매, 여자가 집에 돌아가 본즉 아이가 침상에 누웠고 귀신이 나갔더라(마가복음 7장 29-30절).

예수님께서 개 취급했던 이방 여인에게 이번에는 칭찬하신다. 네가 이 말을 하였으니 네 말대로 네 딸에게서 귀신이 나갔다고 선포하신다. 이것을 보면 예수님께서 이 여인을 진짜 개 취급하려 했던 것이 아니라, 이 여인의 태도를 테스트해본 것임을 알 수 있다. 사랑하는 딸이 귀신에게 사로잡혔다. 인간의 힘과 능력으로 도저히 해결할 수 없는 절망적인 상황이다.

그러다 예수님에게 귀신 쫓는 능력이 있다는 소리를 듣고 딸을 구해달라고 하소연한다. 예수님은 이 불쌍한 여인을 개 취급당하며 거절하신다. 이 이방 여인은 포기하지 않는다. "주인도 키우는 개에게 음식 부스러기를 줍니다. 그러니 저에게 아브라함 자녀들이 받는 은혜의 부스러기라도 주세요. 그럼 내 딸을 살 수 있어요."라고 말한다. 그러자 예수님께서 네가 말한 대로 될 것이라고 축복하신다.

이 사건은 우리 입으로 부정적인 말을 버리고, 축복의 말을 선포해야 하는 이유를 분명히 보여준다.

예수님은 신약성경 곳곳에서 하나님을 믿는 믿음으로 선포하는 말에 기적을 만드는 능력이 있다는 것을 교훈하신다.

예수께서 그들에게 대답하여 이르시되 하나님을 믿으라. 내가 진실로 너희에게 이르노니 누구든지 이 산더러 들리어 바다에 던져지라 하며 그 말하는 것이 이루어질 줄 믿고 마음에 의심하지 아니하면 그대로 되리라 (마가복음 11장 22-23절).

내게 능력 주시는 자 안에서 내가 모든 것을 할 수 있느니라(빌립보서 4:13절).

믿는 자에게는 하지 못할 일이 없다. 내 능력으로 기적을 만드는 것이 아니다. 하나님의 능력이 함께하면 못할 일이 없다. 그러니 "할 수 없다."라는 말을 하면 안 된다. 할 수 있다고 말해야 한다. 그럼 네 말대로 될 것이라고 약속하신다.

물론 인간인 내 말에 능력이 있어, 내 말대로 이루어지는 것이 아니다. 하나님의 전능하신 능력을 믿는 믿음을 기초로 한 믿음의 선포에 하나님의 능력이 부어져서 기적이 일어나는 것이다. 하나님께서 살아 계시고,

전능하시니 그 하나님을 믿고 내 인생에 부와 행복이 흘러오게 하는 말을 선포해야 한다. 하나님을 믿는 믿음으로 내 인생을 축복하는 선포대로 이루어지는 것을 체험하고 경험해보라. 이런 일을 체험하게 되면 예수님을 믿고 산다는 것이 얼마나 즐거운 일이겠는가? 이런 일들을 경험하게 된다면 하나님을 아버지로 섬기며 사는 인생이 얼마나 행복한 일이겠는가?

여러분 중에 성공철학에 관련된 책을 읽거나 동영상을 보며 자신의 동기부여로 삼는 분들이 있을 줄로 안다. 자신의 인생을 성공으로 이끌고, 인생의 장애물을 끝까지 돌파하게 만들어주는 여러 가지 원리가 있다. 그 중에 하나가 바로 성공의 선포이다. 그것도 이미 이루어진 것으로 여기고 완료형으로 성공을 큰 소리로 선포하는 것이다. 동기부여가들이 성공한 인생을 사는 방법으로 전하는 이 성공의 선포 원리가 어디에서 나온 것이라고 생각하는가? 바로 성경에서 나온 것이다.

성공 철학자, 동기부여가들이 약해지는 자신의 마음과 의지를 견고하게 만들기 위해서 이 방법, 저 방법 사용하다가 우연히 '성공의 선포' 방법을 발견했을 수도 있다. 아니면 성경에서 이 원리를 읽고 자신이 변용해서 적용했을 수도 있다. 성공을 선포하고 축복을 선포하는 것을 통해 말한 대로 이루어지는 열매를 거두는 것은 하나님께서 택한 백성들을 축복하시기 위해서 주신 원리였다. 하나님을 믿지 않는 비 그리스도인들은 이 방법을 사용해서 부자가 되기도 하고, 성공하기도 한다. 정작 하나님을 믿는 하나님의 자녀들은 자신들을 축복하시기 위해 주신 방법을 사용하지 않고 가난하게 산다. 정말 놀라운 일이다.

미국에서 외식 사업을 하는 김승호 회장이 있다.

한인 기업 최초 글로벌 외식 그룹인 SNOWFOX GROUP 의 회장이다. 한국과 전 세계를 오가며 각종 강연과 수업을 통해 '사장을 가르치는 사장'으로 알려져 있다. 2019년, 당시 전 세계 11개국에 3,878개의 매장과 10,000여 명의 직원을 지닌 글로벌 기업으로 자리매김했으며 연 매출 1조 원의 목표를 눈앞에 두고 있었다. 그가 자기 성공의 비결을 담은 『생각의 비밀』이라는 책에서 이렇게 말한다.

인간의 뇌 세포는 98%가 말의 지배를 받는다. 그래서 말은 행동을 유발하는 힘이 있다. 말을 하면 그 말이 뇌에 박히고 뇌는 척수를 지배하며, 척수는 행동을 지배한다. 내가 말하는 것이 뇌에 연결되어 있어 나의 행동을 이끄는 것이다. 할 수 있다고 말하면 할 수 있게 되고, 할 수 없다고 말하면 할 수 없게 된다. 말의 효과를 제대로 보기 위해서는 반드시 입 밖으로 발음해야 한다. 머릿속으로 혼자 할 수 있다! 라고 외쳐서는 별반 효과가 없다. 직접 입으로 소리 내어 말해야 한다. 이루고자 하는 목표를 하루 100번씩 쓰고, 상상하고, 외쳐라. 이것을 100일만 해라. 그러면 목표가 이루어는 것을 경험할 수 있다.

– 김승호, 『생각의 비밀』

이렇게 말로 성공을 선포하고, 말로 축복을 불러오는 행위는 놀라운 기적을 만들어낸다.

우리가 사는 이 시대는 부정과 부패가 만연한 시대다. 사회 분위기가 전반적으로 그렇다. 즉, 불법과 편법을 사용해 자기 목적을 이루고, 성공하려고 한다. 그리스도인들도 이런 사회 분위기 속에서 약육강식의 생존경쟁을 치르며 살아야 한다. 이런 상황에서 성경의 원리가 자신들을 지켜줄 수 있을까? 성경적 원리대로 살면 가난에서 탈출하고, 부자가 되고, 성공할 수 있을까? 이런 질문에 젊은 그리스도인들은 불가능할 것 같다는 결론을 내린 것 같다. 그리고 신앙을 버리고 하나님을 떠나는 사람들이 점점 늘어나고 있다.

하나님을 믿지 않는 비 그리스도인이 성경에서 말씀하는 방법을 사용해서 부자가 되고 성공하는 사람들이 있다면, 하나님의 자녀가 자신들을 축복하시려고 주신 이 원리들을 사용한다면 얼마나 크고 위대한 일이 벌어지겠는가?

오래 전에 한 여 집사님이 식당에서 성공한 경험을 한 기독교 잡지에 기고한 내용을 읽은 기억이 난다. 남편의 사업이 어려워져서 자기가 뭐라도 해야 할 형편이었다고 한다. 그래서 식당을 개업하기로 하고 자리를 알아보러 여기저기 돌아다녔다.

그러다 한 상가 건물에 식당을 하던 자리가 나왔는데 좋아 보여서 계약을 했다고 한다. 계약을 하고 가게 인테리어를 하려고 왔다 갔다 하는데 옆에 있는 상가 사장님들이 "이 가게 들어오세요?" 하고 묻더란다. "예. 식당하려고요." 하고 말하니 옆 가게 사장님들이 저희들한테 한번 물어보고 계약하시지 하더란다. 자초지종을 물으니 이 자리는 누가 들어와도 망한다고 한다. 벌써 몇 사람이 망해 나갔고, 바로 전에 사장도 망해서 나갔다고 한다. 그러면서 이 자리는 부정 타서 뭘 해도 안 된다고 말했다.

이 말을 들은 여 집사님은 마음이 불안해져서 밤에 잠도 제대로 잘 수 없었다고 한다. 그래도 하나님께서 은혜 주시면 반드시 성공할 수 있다, 하며 마음을 고쳐 잡았다.

이미 식당 이름을 정한 것이 있었지만, 여 집사님은 식당 이름을 다른 것으로 바꾸었다고 한다. 새로 바꾼 식당 이름은 '된다 식당'이었다. 주변 사람들이 다 안 된다고 하자, 이 여 집사님은 식당 이름을 아예 '된다 식당'으로 바꾸었다.

그리고 자신의 식당에서 판매하는 모든 음식에 '된다'라는 글귀를 넣었다고 한다. 예를 들면 '된다 김치찌개', '된다 된장찌개', '된다 순두부찌개' 이런 식으로 음식 메뉴를 정했다. 그 이후로 이 식당에 들어오는 손님들은 전부 '된다'라는 말을 할 수밖에 없었다. 메뉴 앞에 전부 '된다' 글귀가 들어가 있으니 주문을 하려면 '된다'라는 말을 해야 하기 때문이다. 결국 다른 사람들이 다 망한다는 바로 그 자리에서 크게 성공했다고 한다.

이것이 바로 '부와 행복을 불러오는 말을 믿음으로 선포하는 것이 우리 인생을 얼마나 복되게 만들어주는가'를 보여주는 영화 같은 모습이다.

그리스도인들이 이 진리를 깨닫기를 바란다. 우리는 성경대로 살아도 충분히 부자가 될 수 있다. 불법이 난무하는 악한 시대에 경건하게 살아도 충분히 성공할 수 있다.

우리는 거룩하게 살아도 충분히 즐겁고 행복한 인생을 살 수 있다. 그러니 부자가 되고 성공하기 위해서 굳이 신앙을 버리고 하나님 떠나지 않아도 된다. 아니, 하나님의 방법대로 사는 것이 우리 인생을 복되게 하고, 성공하게 만드는 가장 빠른 길이다.

무엇보다 언어부터 바꾸자. 하나님을 믿는 믿음으로 자신의 인생을 향해서 축복을 선포하라. 이것을 반복하고 반복해서 뇌리에 새기고 심장에 새겨서, 이 선포가 현실이 되게 하라. 그리고 사막에서 생수의 축복이 터져 나오는 것을 체험하고 경험하라!

04

실패를 디딤돌로 삼으라

청년 자살률 세계 1위!

우리나라 청년들은 왜 그렇게 쉽게 자기 인생을 포기할까? 소위 말하는 꼰대 성향의 사람들은 정신력이 약하고, 편하게만 살려고 하는 게 문제라고 하면서 청년 개인이 문제라는 식으로 말하기도 한다. 나도 육십이 다 되었으니 꼰대 세대가 맞다. 태어나면서 풍족한 환경 속에서 태어난 청년 세대는 기성세대보다 확실히 풀뿌리 근성이 약하긴 하다. 20대인 나의 두 아들을 보아도 그렇다.

이런 현상이 우리 청년들 개인들만의 문제일까? 청년 문제를 사회에 큰 이슈가 되게 했던 우석훈 교수가 2007년 『88만원 세대』라는 책을 썼다. 이 책은 비정규직을 전전할 수밖에 없는 한국의 20대들이 처한 한국 자본주의와 경제 시스템이 문제라는 것을 고발했다. 청년들 개개인의 문제가 아니라, 사회, 경제의 구조적인 문제가 더 근본적이라고 지적했다. 거기다가 386민주화 세대가 기득권 세력이 되어 승자독식하고 다음 세대를 착취하는 경제 구조를 만들었다고 신랄하게 비판했다. 『88만원 세대』 출간 이후 사회 담론이 청년 개인들이 문제라기보다 사회구조에 큰 문제가 있다는 의식이 많이 확장된 것은 그나마 다행인 것 같다.

이제 우리 기성세대는 요즘 애들이 너무 나약하다는 '지적질'을 멈추어야 할 것 같다. 이 시대의 문턱이 가난하고 힘없는 가정에 태어난 청년들이 넘기에는 너무 높고 견고한 것도 사실이지 않는가? 나도 꼰대 세대이다. 아이들이 중고등학교 다닐 때에 아이들에게 '나 때는 말이야…'라는 말을 입에 달고 살았다. 더군다나 내 신분이 목사이니, 아이들 생활에 간섭도 많이 하고, 지적질도 많이 했다. 20대 중반이 된 아이들에게 이제 웬만하면 지적을 안 한다. 가난하고 힘없는 흙 수저 아버지를 만나서 부모 도움 없이 자기 힘으로 살아가야 하는 내 아들들이 이제는 안쓰럽다. 사회고위층 인사들이 아빠찬스! 부모찬스! 사용해서 자기 자녀들을 쉽게 사다리 꼭대기로 올라가게 만들어주는 뉴스를 접할 때는 더욱 그렇다.

나의 고향은 가난한 농촌 마을이다. 내가 여섯 살 때, 아버님께서 돌아가셔서 혼자 남은 어머니는 4남매를 농사를 지으면서 키우셨다. 생존이 위협받는 가난 속에서 산 것은 아니지만, 가난하면 인생이 얼마나 고달 파질 수 있는지 이해할 정도의 가난은 경험하며 살았다.

그렇게 가난한 환경에서 자랐고, 지금도 역시 가난하다. 그래서 나는 자식들을 위해 아빠찬스! 부모찬스 같은 것을 사용할 것이 하나도 없다. 이런 부모를 둔 이 시대의 젊은이들을 보며 위로하고, 격려하고, 믿어주 기도 부족하다고 생각한다.

2022년 4월에 MBC 뉴스에서 청년 주거 문제를 다루었다. 서울은 평 균 주거비 54만원, 아르바이트 경쟁력 150:1이라고 한다. 담당 기자는 청 년들의 삶의 모습을 '지옥고'라는 말로 표현했다. 지하방, 옥탑방, 고시원 의 줄인 말이라고 한다. 없는 돈에 맞추어 서울 변두리로 밀리고, 지하로 들어가고, 옥탑방으로 올라가야만 하는 청년들의 고달픈 삶이 그대로 전 해진다. 이 뉴스에 한 청년이 댓글을 단 글을 보았다.

청년들은 왜 이렇게 사라지는 걸까. 내 주위에도 병으로, 사고로 죽은 이들보다 스스로 목숨을 끊은 사람들의 수가 더 많다. 결혼도 안 하는 청 년들의 출산율을 높이는 것보다 태어나지 않은 생명보다 이미 존재하고 있는 이 생명들을 지킬 수 있는 방법은 없을까.

이미 줄어들 대로 줄어들어 몇 되지 않는 이 젊은이들을 세상에서 사 라지지 않게 해줄 방법은 없을까.

이 청년의 댓글을 읽는데 내 자식들과 또래 되는 청년들이 저런 마음을 품고 사는구나 하는 생각에 가슴이 시려온다.

우리나라는 청년의 실패를 용납하지 않는다. 실패한 자에게 다시 기회를 주지 않는 경향이 강하다. 외국의 경우에는 창업을 했다가 실패한 경험이 있어도 이 경험을 스펙으로 인정해준다는 글을 읽어보았다. 실패 경험도 중요한 자산으로 인정해주는 것이다. 실패한 경험이 있는 사람이 다시 창업을 하려고 대출을 받으려면 오히려 가산점을 받는다고 한다. 우리나라 은행에서 파산 경험이 있는 청년에게 사업 자금을 대출해줄까? 아마도 접근금지 조치 내릴 것이다. 실패한 자가 다시 일어나기 힘든 이런 사회 분위기가 실패한 청년들에게 이젠 내 인생 끝이라는 결론을 쉽게 내리게 만드는 것 같다.

2가지 질문을 던져보자.

첫째, 우리가 실패하게 되면 두 번 다시 일어날 수 없는 것인가?

둘째, 이 나라의 제도와 시스템이 문제이니, '내가 어찌할 수 없다.' 하며 상황이 좋아질 때까지 마냥 기다리고 있어야만 하는가?

성공한 사람들의 책이나, 강연을 들어보면 실패를 경험하지 않는 자가 하나도 없다. 전부 실패를 경험했고, 수없이 많은 실패를 딛고 일어난 사람들이다. 이것을 보면 실패는 빠져나올 수 없는 구덩이가 아닌 것임을 알 수 있다.

베를린 자유대학교 역사학 교수를 역임하고 본인 스스로 성공한 사업가인 차이너 지텔만 교수가 『부의 해부학』이라는 책을 썼다. 이 책은 엄청난 부를 이룬 엘리트 45명을 심층 인터뷰 해서 그들의 성공 비결을 학문적으로 정리한 것이다. 지텔만 교수는 이 책에서 성공한 부의 엘리트들이 갖고 있는 성공 요인 중에 중요한 것이 실패를 다루는 그들의 태도라고 말한다.

부의 엘리트들은 실패한 후의 행동력이 뛰어나다. 실패 후 행동력이란 실패와 좌절을 겪었을 때, 포기하지 않고 자신의 행동을 유지하는 힘이다. 이를테면 실패한 상태에서 다시 회복하는 회복능력이 뛰어나다는 것이다. 이들은 실패했을 때, 실패한 원인을 찾고 그것을 바탕으로 더 도약하는 길을 찾는다. 그래서 부의 엘리트들은 실패를 성공하기 위한 또 다른 기회로 본다.

   – 라이너 지텔만, 『부의 해부학』

부의 엘리트들도 실패한다. 그러나 그들은 실패 때문에 무너지지 않고, 실패의 원인을 분석해서 더 크게 도약하고, 더 크게 성공한다. 이들에게 실패는 죽는 일이 아니라, 더 크게 도약하는 도약대가 되는 셈이다.

지금 우리나라 사회가 구조적으로 가난하고 힘없는 자들이 도약할 수 없게 만드는 구조이다. 거기다가 실패한 자에게 다시 기회를 주는 사회도 아니다. 그럼 내 주변 환경이 이러니 상황 좋아질 때까지 무작정 기다리고 있어야 하는가? 아니다. 우리 주변 환경이 열악하더라도 얼마든지 내가 할 수 있는 영역들이 있고, 그것을 찾으면 다시 일어날 수 있다.

앞에서 언급한 김승호 대표는 공부보다는 돈 버는 일에 더 관심이 많았다고 한다. 그래서 청년시절부터 사업을 시작했다. 망하기도 여러 번 망했다고 한다. 그러나 김승호 대표는 매번 실패를 통해서 배웠다고 한다. 성공을 위해서 무엇을 해야 하고, 무엇을 하면 안 되는지 정확히 배웠다고 한다. 실패 때문에 때론 많은 재물을 잃기도 했지만 부를 다루는 기술을 배운 것은 천운이었다고 말한다. 그는 사람이 실패하지 않음을 염려해야 한다고 말한다. 실패를 통해 교훈을 얻기만 하면 어떤 실패든 성공의 가치를 지닌다고 한다. 그에 따르면 성공은 매우 단순하다고 한다. 실패를 해도 계속 도전하면 결국에는 성공한다고 말한다.

— 김승호, 『생각의 비밀』

우리는 '실패'라는 단어는 생각하기도 싫어할 것이다. 그런데 김승호 대표는 실패 예찬론자이다. 자신은 실패를 통해서 실패하지 않는 법을 완전히 터득했다고 한다.

이것을 보면 실패한 것이 잘못이 아니라, 실패하고 나서 그냥 주저앉아 있는 것이 진정한 실패임을 알 수 있다.

우리가 믿는 하나님은 어떤 하나님이신가?

하나님의 본심은 우리에게 은혜를 베푸시고, 축복하시는 것이다. 하나님은 당신의 자녀들에게 가장 좋은 것을 주시는 아버지이시다(마태복음 7장 11절). 하나님의 자녀인 우리가 실패하고 넘어졌다면 어떻게 하실까? 하나님께서도 우리에게 기회를 주시지 않고, 네가 알아서 하라고 방치하실까?

그러나 내가 가는 길을 그가 아시나니 그가 나를 단련하신 후에는 내가 순금 같이 되어 나오리라(욥기 23장 10절).

고난의 책이라고 알려진 욥기에서 욥은 우리가 상상을 초월하는 고난을 당하고 있다. 그런데 그 고난의 용광로 속에서 하나님을 단련하여 순금 같은 인생으로 제련하신다고 고백한다. 하나님은 당신의 자녀들을 실패 속에서, 고난의 용광로 속에서 더욱 더 빛나게 다듬으신다고 말씀하신다.

대한민국 대표 카페 중에 '민들레영토'가 있다. 민들레영토의 대표인 지승룡 대표는 특이한 이력을 가지고 있다. 그는 전직 목사이다. 지승룡 대표는 목사로의 소명을 받고 신학대학원을 졸업하고 목사가 되었다. 그런데 뜻하지 않게 가정 문제로 이혼을 하게 되었다. 성직자가 이혼을 하게 되면 성직을 수행할 수 없는 것이 당시 교단 규정이었다. 이혼 이력 때문에 성직자 생활을 접을 수밖에 없었던 지승룡 대표는 탈출로를 찾아 책에 빠져든다. 먼저 자신의 집에 있는 책을 다 읽게 되자, 집 근처에 있는 안국동 정독도서관을 찾아간다. 오전 10시부터 오후 7시까지 매일 출근하면서 책을 읽는다. 그렇게 3년 동안 2천 권의 책을 읽었다고 한다.

성직을 떠나 사회에 복귀하기 위해 필요한 책들을 중점적으로 읽었다. 경제와 경영 분야의 책들에 집중했고 시험 공부하듯 메모하며 읽었다. 그러면서 그의 안에서 창업과 기업 경영에 대한 눈이 열리게 되었다고 한다. 그러다가 우연히 외로운 도시인들이 고향의 집이나 어머니의 포근함을 느낄 수 있는 휴식 공간을 만들면 성공할 것이라는 아이디어가 떠올라 카페를 창업하게 된다.

노점상으로 모은 2,000만 원으로 기찻길 옆에서 시작한 10평짜리 카페가 10년 만에 4,000평이 넘는 규모로 발전했다. 지금은 하루 1만 명이 찾는다. 2011년 현재로 전국 21개의 지점과 회원수가 592만 명이 넘는다. 홈페이지에는 매일 5천명이 넘게 접속하고 세미나실을 비롯, 도서관과 갤러리, 극단까지 갖추고 있는 기업형 카페의 대표가 되었다.

－ 김영한·지승룡 공저, 『민들레영토 희망 스토리』

지승룡 대표는 이혼으로 인해서 가정이 사라졌다. 그의 이혼 경력은 천직이라고 여겼던 성직자 생활을 더 이상 계속할 수 없게 만들었다. 나도 목사이기에 이혼 경력이 목사에게는 사형선고라는 것을 잘 알고 있다. 우리 교단도 이혼한 목사는 담임목사가 될 수 없는 규정을 가지고 있기 때문이다. 지승룡 대표는 목사로서 사형선고에 해당되는 실패를 하게 된다. 그럼 그것으로 인생이 끝나는 것인가? 그렇지 않다. 우리가 믿는 하나님은 당신의 자녀들의 실패를 순금으로 나오는 기회가 되게 하신다고 한다. 그 증거가 지승룡 대표이다. 지승룡 대표는 이런 시련의 과정이 없었다면 지금의 민들레영토라는 카페 제국을 이루지 못했을 것이다.

하나님께서 이렇게 말씀하신다.

우리가 알거니와 하나님을 사랑하는 자, 곧 그의 뜻대로 부르심을 입은 자들에게는, 모든 것이 합력하여 선을 이루느니라(로마서 8장 28절).

하나님은 당신이 사랑하는 자들 가운데 벌어지는 모든 상황들을 움직이셔서, 선한 결과가 되게 하신다. 지극한 악한 상황을 지극히 선한 상황으로 바꾸실 능력이 하나님께 있다. 그래서 우리는 하나님을 믿고 의지해야 한다. 하나님께서 이스라엘 백성들에게 약속하신 곳은 사막과 광야가 아니다. 젖과 꿀이 흐르는 가나안 땅이다. 가나안 땅으로 가는 과정에 광야와 사막을 지나가는 것뿐이다.

마찬가지이다. 하나님께서 우리에게 약속하신 것은 지극히 선한 것이다. 그 선한 축복의 땅으로 가는 와중 속에서 실패의 광야와 사막을 지나갈 수 있다. 실패의 광야와 사막은 우리가 머물러 살 곳이 아니다. 그저 지나가는 장소일 뿐이다.

성경대로 살아도 실패를 이기고 넉넉히 승리할 수 있다.

경건하게 살아도 실패의 용광로 속에서 순금 같은 인생으로 재탄생할 수 있다.

우리 그리스도인들은 실패의 자리에서 무너지지 않아도 된다. 우리 인생을 그렇게 새롭게 도약하게 하시는 전능하신 하나님이 우리 아버지시기 때문이다.

지금의 실패를 발판 삼아 위대한 도약을 하는 그리스도인들이 되기 바란다.

05

시련보다 더 큰 믿음을 가져라

내 영혼아 네가 어찌하여 낙심하며 어찌하여 내 속에서 불안해하는가 너는 하나님께 소망을 두라 그가 나타나 도우심으로 말미암아 내가 여전히 찬송하리로다(시편 42편 5절).

위의 성경 구절은 다윗이 10년 세월 넘는 세월 동안 죽음의 시련을 이겨나가는 과정을 노래한 시편이다.

사울 왕 시대에 블레셋이 이스라엘을 침공했다. 군사력 자체도 이스라엘이 열악했지만, 이스라엘을 공포스럽게 만든 것은 바로 거인 장군 골리앗이었다. 사무엘상 17장 4-7절에 골리앗의 모습일 잘 기록되어 있다.

이 내용을 살펴보면 골리앗은 키가 약 280cm 정도였고, 그가 가지고 있는 전투장비의 무게만 해도 70kg 이상 되었다. 이 골리앗 때문에 이스라엘은 참호 속에 숨어서 나올 수도 없었다.

다윗은 아버지 이새의 심부름으로 형들의 안부를 확인하러 이 전쟁터에 도착한다. 그런데 골리앗이 하나님과 하나님의 군대를 모욕하는 것을 보고 분노한다. 다윗은 약 15세 정도의 어린 나이에 블레셋의 거인 장군 골리앗과 대결하여 그를 죽인다. 그가 사용한 무기는 양치는 목동들이 돌을 던지는 물매였다. 다윗은 물매로 조약돌을 던져 골리앗의 머리를 깨트려 죽게 만든다.

이 일로 다윗은 나라를 구한 영웅이 되었고, 백성들의 칭송을 받게 된다. 그러나 다윗 때문에 자신의 왕위가 위험하게 될 것이라 생각한 사울왕은 그날로부터 다윗을 집요하게 죽이려 한다. 3천 명의 별동대를 조직하여 약 10년 세월을 다윗을 죽이려고 추격한다. 언제 죽을지도 모를 인생의 시련 앞에서 다윗은 죽음의 공포 속에서 불안해한다. 그러나 다윗은 자기를 짓누르는 시련보다 더 큰 믿음을 가지고 그 시련을 이겨낸다. 다윗이 죽음의 시련을 이기게 만든 믿음은 '하나님께서 도와주시면 나는 살 수 있다.'라는 것이다. 이 믿음 가지고 다윗은 10년 넘는 긴 세월동안 이어진 죽음의 시련을 이겨낸다.

이렇게 하나님에 대한 확고한 믿음은 죽음의 시련을 이기게 만든다.
지금 우리가 겪고 있는 시련 중에 가장 심각한 시련이 무엇일까? 현 시대는 경제가 중심인 시대이다. 어떤 문제가 되었든지 결론은 경제문제로 귀결되는 것 같다. 코로나 바이러스 사태가 3년 동안 진행되고 있고, 아직도 여러 변종이 확산중이다. 이 코로나 바이러스의 본질적인 문제가 무엇일까? 치료약이 없는 바이러스가 전 세계적으로 확산되어 사람의 생명과 안전이 위협 당하는 일일까? 아니면 거리두기, 이동금지 조치 등으로 인한 경기침체일까? 러시아가 우크라이나를 침공했다. 이 전쟁의 무게가 세계 평화를 위협하는 것에 더 중요성이 있겠는가? 아니면 세계 경제를 더 극심한 불황으로 몰아가는 경제 문제에 더 중요성이 있겠는가? 전개되는 상황을 보면 결국 돈 문제로 귀결된다. 지금 세계는 '돈' 중심으로 흘러간다.

사람이 살다 보면 다양한 시련과 고난을 겪으며 살게 된다. 모든 조건이 다 충족된 상태로 사는 사람은 없다. 이것이 있으면, 저것이 없고, 저것이 있으면, 이것이 없는 것이 인생이다. 그러나 돈이 없다면 다른 것이 없는 것보다 더 많은 시련을 겪어야 할 것이다. 우리는 뉴스에서 극심한 가난과 빚에 시달리다가 극단적 선택을 하는 사람들의 이야기를 종종 듣는다.

2014년 2월 서울 송파구 석촌동의 단독주택 지하에 세 들어 살던 세 모녀 일가족이 자살로 생을 마감한 사건이 있었다.

당시 60세였던 박 모 씨는 당시 35세였던 큰딸과 그리고 당시 32세였던 작은딸과 함께 살고 있었다. 박 씨는 인근 놀이공원 식당에서 일을 하며 생계를 잇고 있었다. 큰딸은 당뇨와 고혈압을 앓고 있었으나 비싼 병원비 때문에 치료를 제대로 받지 못하고 있었다. 작은딸은 만화가 지망생으로 아르바이트를 하며 돈을 벌고 있었으나 신용불량자가 된 상태였다. 그 이유는 생활비와 언니 병원비를 자신의 신용카드로 부담했기 때문이었다. 아버지는 12년 전 방광암으로 세상을 떠났으며, 어머니인 박 씨가 사실상 집안의 생계를 책임지고 있었다. 사건 발생 한 달 전 어머니가 넘어져 몸을 다쳐 식당 일을 그만두게 되면서 가족 생계유지를 위한 수입이 사라지게 되었다. 지독한 생활고에 시달리던 끝에 집세와 공과금인 70만 원이 든 봉투와 유서를 남긴 채, 일가족이 동반 자살한 사건이다. 유서에는 "마지막 집세와 공과금입니다. 정말 죄송합니다."라고 집주인에게 쓴 내용이 있었다.(서울신문, 2014. 2. 29.)

이 세 모녀 사건은 가난의 시련이 우리에게 주는 비참한 모습일 것이다. 우리가 만일 가혹한 가난의 시련 속에 갇혀 있다면, 이 가난의 시련을 어떻게 극복할 수 있을까? 성경에서 그 해답을 찾을 수 있다.

출애굽기를 보면 이스라엘 백성들이 모세의 인도함으로 애굽을 탈출하여 가나안 땅으로 행진하고 있을 때, 백성들 사이에서 원망이 쏟아지는 장면이 나온다.

이스라엘 자손이 그들에게 이르되 우리가 애굽 땅에서 고기 가마 곁에 앉아 있던 때와 떡을 배불리 먹던 때에 여호와의 손에 죽었더라면 좋았을 것을 너희가 이 광야로 우리를 인도해내어 이 온 회중이 주려 죽게 하는도다(출애굽기 16장 3절).

우리가 애굽에서 살 때에는 비록 노예 생활을 했지만, 굶주리지는 않았다. 이 광야에는 먹을 것이 부족하고, 우리가 고기가 먹고 싶다며 불평하기 시작했다. 이것은 단순한 불평이 아니라, 모세를 향한 집단 항명 사태로 번지고 있었다. 이에 모세는 큰 위협을 느끼고 하나님께 간구한다.

이 모든 백성에게 줄 고기를 내가 어디서 얻으리이까 그들이 나를 향하여 울며 이르되 우리에게 고기를 주어 먹게 하라 하온즉, 책임이 심히 중하여 나 혼자는 이 모든 백성을 감당할 수 없나이다(민수기 11장 13-14절).

최소 200만 명이나 되는 이 무리들이 고기 먹게 해달라고 아우성입니다. 내가 어디 가서 고기를 구해 이 많은 무리를 먹게 합니까? 나는 이 일을 감당할 수 없다고 말한다. 이스라엘 백성들의 상태는 인생을 즐기고, 문화생활도 누리는 것은 고사하고 밥 세끼 먹고 사는 것 자체가 막혀버린 집단 궁핍 상태였다. 한 민족 전체가 집단적으로 궁핍과 결핍에 빠진 이 위기를 하나님은 어떻게 해결해주실까? 하나님은 모세에게 이렇게 말씀하신다.

하루나 이틀이나 닷새나 열흘이나 스무 날만 먹을 뿐 아니라, 냄새도 싫어하기까지 한 달 동안 먹게 하시리니(민수기 11장 19-20절).

200만 명이나 되는 무리가 고기를 한 달 내내 질리도록 먹게 해주시겠다고 약속하신다. 하나님으로부터 이 말을 들은 모세는 즉각 이렇게 말한다.

모세가 이르되 나와 함께 있는 이 백성의 보행자가 육십만 명이온데 주의 말씀이 한 달 동안 고기를 주어 먹게 하겠다 하시오니, 그들을 위하여 양 떼와 소 떼를 잡은들 족하오며 바다의 모든 고기를 모은들 족하오리이까(민수기 11장 21-22절).

성경에서는 사람 숫자는 만 20세에서 만 60세까지의 성인 남자만 헤아린다. 이런 사람이 60만 명이다. 여기에 여자, 어린아이, 노인까지 합치면 최소 200만 명의 무리로 추정된다.

이런 상황이니 모세는 하나님의 약속을 도저히 믿을 수가 없었다.

우리가 가지고 있는 짐승을 다 잡아도 그렇게 할 수 없고, 바다의 고기를 다 잡아도 그렇게 할 수 없다고 말한다. 어떻게 이 많은 무리에게 고기를 한 달 내내 먹게 하시겠다는 겁니까? 하고 의심하며 되묻는다. 이렇게 의심하는 모세에게 하나님은 이 일을 하기에 나의 능력이 부족하냐? 하고 모세를 책망하신다. 그리고 약속하신 것을 이런 방법으로 실현되게 하신다.

바람이 여호와에게서 나와 바다에서부터 메추라기를 몰아 진영 곁 이쪽저쪽 곧 진영 사방으로 각기 하룻길 되는 지면 위 두 규빗쯤에 내리게 한지라(민수기 11장 31절).

하나님께서는 이스라엘 백성들이 있는 방향으로 바람이 불게하시고, 그 바람 따라 메추라기 떼를 몰아 보내셨다. 그리고 이스라엘 백성들 주변으로 두께 두 규빗 정도로 눈 쌓이듯 쌓이게 하셨다. 한 규빗은 45cm이니, 약 1미터 두께로 메추라기가 쌓인 것이다. 하나님은 누구도 상상하지 못할 방법으로 이 궁핍과 결핍의 문제를 해결하신 것이다.

모세는 백성들에게 공급해줄 고기 종류를 2가지로 생각했다. 가축과 생선이다. 군대 표현으로 하면 육군과 해군이다. 그런데 하나님께서는 모세가 생각하지도 못한 공중의 새, 곧 공군을 몰아 보내주신 것이다. 아마도 하나님은 모세를 놀리셨는지도 모른다. "모세야, 네 머리로는 그렇게밖에 생각하지 못하지? 네가 생각하지도 못한 방법으로 고기를 주마" 하셨던 것 같다.

그렇다! 전능하신 하나님은 우리가 생각하지도 못한 방법으로 우리가 겪고 있는 어떤 시련이라도 해결해주실 수 있다. 당연히 가난의 시련 또한 해결해주실 능력이 있다.

10년 전에 우리교회 젊은 P집사가 회사가 부도나는 바람에 갑자기 직장을 잃었다. LED관련 사업체에 있었기에 자기 사업을 하겠다며 대출을 받아 회사를 차렸다. 공장을 얻은 것까지가 전부였다. 다음 단계를 진행할 자본이 더 이상 없었다.

그러던 중에 관청에서 가로등을 LED로 교체하는 사업이 있어 입찰에 응모했는데, 작은 규모의 구간을 맡게 되었다. 이제 물건을 만들어 납품을 해야 하는데, 재료 구입하고, 직원을 채용할 돈이 없었다. 이 문제해결을 위해 함께 기도하며 방법을 찾고 있었다.

당시 대통령은 이명박 대통령이었는데, 중소기업 활성화시킨다고 정부 지원을 대대적으로 펼치고 있었다. 정부에서는 이 지원금을 상반기에 전부 배부하도록 각 지자체에 지시했다. 담당 공무원이 먼저 계약금을 입금하겠으니, 기한 내에 교체작업 완료하라고 P집사에게 전화를 했다. 그런 식으로 먼저 계약금을 입금 받고, 후에 작업 진행하는 방식으로 여러 건의 공사를 추가로 맡게 되었다. 이렇게 P집사는 창업 첫해부터 이익을 내기 시작해서, 이제 사업이 안정되었다.

그리스도인도 부도나서 망할 수 있다. 그리스도인들도 갑자기 직장에서 정리 해고당할 수 있다. 그런 일로 인해서 가난의 시련 속에 끌려들어갈 수 있다. 하나님은 우리 눈앞에 펼쳐지고 있는 시련보다 크고 위대하시다. 우리가 믿는 하나님은 우리가 생각할 수도 없는 방법으로 시련에서 구해주실 수 있다. 예수님께서 '너의 믿음대로 될지어라!'라고 선포하신다. 시련보다 큰 믿음을 가지라. 그리고 시련을 밟고 창공으로 도약하라.

06
___

사막 한가운데서도 축복의 샘물은 터진다

세계 경제가 사막화되어간다.

21세기에 들어와서 짧은 시간 안에 여러 번의 세계 경제 급변사태가 있었다.

2000년대 닷컴버블 사태가 있었다.

인터넷 기술이 발달하면서 미국에서 첨단주로 인터넷과 통신 관련 주가가 각광받으면서 시작되었다. 갓 태동기를 넘어선 인터넷 산업은 그 당시 사람들에게 초유의 관심이었다. 사람들은 인터넷 산업이 기존 산업을 뛰어넘을 수 있을 것이라고 믿었다. 곧이어 시작된 인터넷 사업체들은 막대한 투자자들을 끌어모았다. 그러나 당시의 현실은 그들의 이상을 따라잡지 못했다. 결국 2000년 말기에는 대부분의 닷컴기업이 스스로 파산이나 도산의 길을 선택했다. 이런 와중에서도 살아남아 세계 강자가 된 기업들이 많다.

2008년 소공황이라 불릴 정도로 세계 경제에 타격을 주었던 금융 위기가 있었다. 이때도 수많은 기업과 개인이 파산했다. 그러나 모든 사람이 파산하고 망한 것이 아니다. 이 혼란기에 천문학적 수익을 거둔 기업들도 많다. 이런 경제 혼란을 겪으면서 양극화 문제는 더욱더 심해졌다. 이 말은 세계 경제가 사막화되는 경기 침체 와중에도 상상을 초월하는 규모로 돈 버는 사람이 있다는 말이다.

극심한 경제 불황, 경제사막화 시대에도 세계의 부를 쓸어담는 사람들이 있다. 그럼 하나님은 당신의 자녀들에게 사막과 같은 환경에서 무엇을 해주시는가? 성경을 살펴보자.

애굽에서 노예 생활을 하던 이스라엘 백성들은 하나님이 보내신 모세의 인도로 애굽을 탈출하여 약속의 땅 가나안으로 행진한다. 그러다가 '신' 광야에 속한 르비딤이라는 지역까지 왔을 때, 큰 위기에 부딪힌다.

이스라엘 자손의 온 회중이 여호와의 명령대로 신 광야에서 떠나 그 노정대로 행하여 르비딤에 장막을 쳤으나 백성이 마실 물이 없는지라(출애굽기 17장 1절).

애굽에서 탈출하여 가나안 땅으로 향하는 여정은 광야 길이요, 사막 길이었다. 중동의 광야지역은 사막과 같은 곳이다. 그런 곳에서 최소 200만 명의 무리와 수백만 마리의 가축들이 마실 물이 없게 된 것이다. 가나안 땅을 향해 행진하는 이스라엘 백성들에게 가장 중요한 문제는 먹고 마시는 문제였다. 그들은 농사지을 수 없고 물이 없는 사막을 여행하고 있었기 때문이다.

이런 상황 속에서 이스라엘 백성들은 하나님과 모세를 원망하게 된다.

거기서 백성이 목이 말라 물을 찾으매 그들이 모세에게 대하여 원망하여 이르되 당신이 어찌하여 우리를 애굽에서 인도해내어서 우리와 우리 자녀와 우리 가축이 목말라 죽게 하느냐(출애굽기 17장 3절).

이스라엘 백성들은 눈앞의 절망적인 상황 앞에서 하나님을 원망한다. 그리고 하나님께서 우리를 죽이려고 이곳으로 데려왔다고 불평한다. 이스라엘 백성들은 하나님을 오해하고 있다. 하나님을 죽이는 하나님으로 생각하고 있다.

당신은 인생의 절벽 끝에 서본 적이 있는가? 한 걸음만 더 내딛으면 천 길 골짜기로 떨어져야 하는 절벽 끝에 서본 적이 있는가? 그 절벽 끝에서 하나님을 향해 어떤 반응을 보였는가?

사막과 광야 한복판에서 하나님은 이스라엘 백성들을 향해 무슨 계획을 가지고 계실까?

내가 호렙 산에 있는 그 반석 위 거기서 네 앞에 서리니 너는 그 반석을 치라 그것에서 물이 나오리니 백성이 마시리라 모세가 이스라엘 장로들의 목전에서 그대로 행하니라(출애굽기 17장 6절).

하나님께서는 모세에게 호렙산에 있는 반석을 지팡이로 때리라고 말씀하신다. 그러면 그 반석이 갈라지고, 그 안에서 물이 쏟아져 나올 것이라고 하셨다.

여기서 반석은 설악산 흔들바위 같은 작은 바위가 아니라, 바위로 된 산봉우리라고 성경학자들은 추정한다. 북한산의 인수봉을 생각하면 이해하기 쉬울 것이다. 모세가 하나님 말씀대로 순종했을 때, 반석이 깨지고 생수가 쏟아져 나왔다. 이스라엘 백성들과 가축들은 그 물을 마시고 살게 된다.

여기서 우리가 한 가지 더 생각해보자. 반석에서 생수가 흘러나왔는데, 어느 정도로 흘러 나왔을까? 졸졸졸 흐르는 시냇물이 흘러나왔을까? 물이 터져 나온 양이 얼마나 될까 생각해보라. 이 사건의 상황을 시편에서는 이렇게 설명하고 있다.

광야에서 반석을 쪼개시고 깊은 수원에서 나는 것같이 저희에게 물을 흡족히 마시우셨으며, 또 반석에서 시내를 내사 물이 강 같이 흐르게 하셨으나(시 78편 15-16절).

시편에서는 반석이 터지고 그 반석에서부터 거대한 강물이 터져 나왔다고 기록되어 있다. 시냇물이 졸졸 흐르는 그런 생수가 터진 것이 아니라, 거대한 강물이 터져 나왔다고 한다.

한글 성경에는 강이 하나뿐인 단수처럼 번역되었는데, 원문 성경에는 '강들'이라고 복수로 되어 있다. 아마도 이 반석에서 큰 강줄기가 하나가 아니라, 여러 방향으로 터져 나온 것 같다. 하나님은 은혜는 찔끔찔끔한 은혜가 아니요, 근근이 살게 하는 은혜가 아니다. 하나님은 은혜는 차고 넘치는 은혜이다. 이런 일을 하나님은 사막 한가운데서 행하신 것이다.

나는 약 20년 전에 아내와 초등학교 다니는 아들 형제와 함께 교회를 개척했다. 얼마 되지 않은 가진 돈에서 월세 보증금 1,500만 원을 제외한 전부와 최대한의 대출을 받아서 땅 110평을 구입했다. 그리고 부목사 때 알고 지내던 K장로님의 헌신으로 조립식으로 교회를 건축했다. 성도는 없었고, 가진 돈도 없었다. 우리 가족이 아무것도 안 하고 겨우 밥만 먹고 지내는 비용, 은행이자, 공과금과 교회 유지비 등을 합쳐서 한 달에 사백만 원 정도의 돈이 필요했다. 당시 타고 있던 승용차가 폐차 직전의 차였는데, 난 차를 탈 때마다 운전대를 잡고 "하나님 이 차가 고장 나지 않게 해주세요. 차가 고장 나면 수리할 돈이 없어요." 하고 기도하곤 했다. 전화 요금 청구서가 날아오면 또 기도해야 했다. 하나님 전화 끊어지지 않게 해주세요. 액수를 떠나 모든 공과금 청구서를 놓고 기도해야 할 형편이었다.

당시 우리 가족은 정말 사막 한가운데 덩그러니 던져진 상태였다.

이런 상황에서 내가 할 수 있는 일이 아무것도 없었다. 단지 기도하며 하나님의 도우심을 간구할 뿐이었다. 그런데 교회를 완공한 날부터 한 사람 한 사람, 찾아와서 필요한 곳에 쓰라고 봉투를 주고 갔다. 어떤 사람은 자주 왔고, 어떤 사람은 단 한 번 온 사람도 있다. 그렇게 첫 한 달이 지났는데, 거의 400만 원이었다. 우리 가족도 굶지 않았고, 전화도 끊어지지 않았다. 최소한 현상 유지할 정도의 후원금이 도착했다. 이렇게 찾아 온 사람들 중에 약 70%는 전혀 기대도 하지 않았던 사람들이었다.

이제 한 달이 지났으니, 새로운 한 달을 또 살아야 한다. 저번 달과 같은 기도의 생활을 또 해야 했고, 사람들도 찾아 와서 봉투를 두고 갔다. 그리고 그달 후원금이 약 사백만 원 정도였다. 이렇게 한 달, 한 달을 사는데 처음에는 피가 말랐다. 특히 이자를 내지 못해 교회건물을 은행에 압류 당할까 봐 너무 두려웠다. 내 개인 사업이 망해서 파산하는 것이면 그냥 만세 부르고 손 털면 그만이다. 그런데 이건 하나님의 교회를 망하게 하는 것이라 더 큰 두려움이었다. 그런 생활이 몇 달이 반복되자, 마음속에서 아! 하나님께서 망하게 놔두시지 않겠구나 하는 확신이 왔다. 그리고 그 생활이 몇 달 정도가 아니라, 만 3년 동안 반복되었다. 개척한

지 만 3년이 지나가 성도가 늘어나고 교회 재정도 늘어나기 시작했다. 외부 도움이 없이도 교회가 자립할 수 있게 될 즈음에 거짓말 같이 모든 후원이 거의 동시에 끊어졌다. 외부 후원이 끊어졌을 때에는 우리 교회는 스스로 운영할 수 있는 정도가 된 후였다.

우리가 믿는 하나님은 전능하신 하나님이시다. 전능하신 하나님은 우리를 죽이시는 하나님이 아니라, 살리시는 하나님이다. 전능하신 하나님은 환경의 지배를 받으시는 하나님이 아니라, 환경을 지배하시는 하나님이시다. 우리가 사막 한가운데 있어도, 축복의 생수가 터져 나오게 하셔서 우리를 살리실 수 있는 하나님이시다. 세상이 악해서 성경대로 살면 부자 될 수 없다고 생각하지 마라.

우리는 성경대로 살아도 충분히 부자가 될 수 있다. 경건하게 살아도 충분히 성공할 수 있다. 하나님 자녀인 우리는 악한 세상에서 거룩하게 살아도 충분히 행복하고 즐겁게 살 수 있다. 우리에게 이렇게 해주실 수 있는 하나님을 붙잡으라. 사막에서 축복의 생수가 터질 수 있는 것을 믿고 확신하라.

07

지금 당장 가난과 결별하겠다고 결단하라

여호와께서 아브람에게 이르시되, 너는 너의 고향과 친척과 아버지의 집을 떠나 내가 네게 보여줄 땅으로 가라. 내가 너로 큰 민족을 이루고 네게 복을 주어 네 이름을 창대하게 하리니, 너는 복이 될지라(창세기 12장 1-2절).

하나님은 아브라함을 믿음의 조상으로 선택하시고, 그에게 축복하시기로 작정하셨다. 그리고 아브라함에게 가장 먼저 명령하신 것이 복이 있는 곳으로 떠나라고 명령하신다. 그리고 복의 자리로 떠나기 전에 결별해야 할 것들에 대해 언급하신다. 고향과 결별해야 한다. 가족과 친지

들과 결별해야 한다. 결국 복이 있는 자리로 가기 위해서는 모든 것과 결별해야 한다는 말이다. 그 결별의 범위는 전면적인 것이어야 하고, 그 정도는 철저하고 단호해야 한다. 그래야 복의 자리에서 복의 열매를 거둘 수 있다.

일본의 리츠 컨설팅 대표인 이구치 아키라는 중고등학교 때 왕따를 당해 다섯 번이나 전학을 하며 학교 부적응자로 지냈다. 고등학교 졸업 후 미국에 유학하였으나, 유학에 실패하고 귀국하였다. 귀국 후 직장을 구하지 않고 하루 종일 밥 먹는 시간을 제외하고는 인터넷에 빠져 은둔형 니트족으로 지냈다.

이런 생활을 5개월 정도 지속하던 중 보다 못한 부모님에게 쫓겨나다시피 집을 나서게 된다. 그때 수중에 있던 돈은 고작 30만 원 정도였다고 한다. 그런 그가 8년이 지난 후 직원 한 명을 데리고 연 매출 50억 원, 매출 대비 총 이익이 80%인 회사를 운영하고 있다.

그 아키라가 자신의 성공 경험을 토대로 부자가 되는 방법을 책으로 출간했다. 그의 책에서 가난한 자는 사소한 일부터 바꾸지만, 부자는 큰 일부터 바꾼다고 한다. 부자가 되기 위해 과거를 전부 부정하고 새로운 자신으로 태어나게 해줄 수 있는 환경을 만드는 것이라고 한다. 아키라 대표가 추천하는 가장 좋은 방법은 할 수만 있다면 해외로 떠나는 것이라고 한다. 그래야 인생이 전면적으로 변화될 가능성이 높다고 한다.

— 이구치 아키라, 『부자의 사고 빈자의 사고』

하나님도 아브라함에게 복을 주실 계획을 세우시고, 아브라함이 익숙한 것에서 결별하라고 말씀하신다. 그럼 이 순간 내가 가난과 결별하기 위해서 구체적으로 실천해야 할 일들이 무엇일까?

첫째, 가난한 의식과의 결별이 있어야 한다.

우리로 가난에 머물게 하는 의식과 결별해야 한다. 반드시 가난을 벗어나고야 말겠다고 하는 의지와 결단을 가져야 한다. 구본형 소장은 인문학을 경영학과 접목시켜 사람중심 경영이라는 새바람을 일으킨 변화경영 사상가이다. 그는 1980-2000년까지 한국 IBM에서 경영혁신의 기획과 실무를 총괄하며 기업 조직의 경영 혁신을 이끌었다. 구본형 소장은 안정적인 회사를 그만두고 구본형 변화경영연구소라는 1인 기업을 창업하고 평범한 인물들의 위대한 잠재력을 발굴하고 육성하는 일에 뛰어든다. 구본형 소장은 자기 인생의 이런 결단의 모습을 북해 유전 시추선 사건과 연결하여 설명한다.

1988년 7월 영국 스코틀랜드 근해 북해유전에서 석유시추선이 폭발하여 168명이 희생된 사건이 발생한다. 이 사고 와중에 '앤디 모칸'이라는 단 한사람만 생존하게 된다. 시추선은 완전히 불바다가 되었다. 시추선에 남아 있으면 불에 타 죽는 것은 확실하다. 살길은 차가운 북해 바다로 뛰어드는 것뿐이다. 그러나 바다 위에도 유출된 기름으로 불길이 번져가고 있다. 바다로 뛰어든다 하더라도 빠른 시간 내에 구조되지 않으면 불어 타 죽게 될 것이다. 더욱이 시추선 갑판에서 바다까지의 높이는 50미터나 되었다. 떨어지면서 무슨 일을 당하게 될지 모를 일이다. 그런 상황에서 '앤디 모칸'은 과감히 바다에 몸을 던졌고, 홀로 살아남았다.

— 구본형, 『익숙한 것과의 결별』

구본형 소장은 자기 인생의 혁명과 같은 변화는 이러한 결단을 통과해야 이룰 수 있고, 그 내용을 책으로 저술하며 책 제목을 『익숙한 것과의 결별』이라 한 것 같다.

우리 인간은 주변 상황에 적응하는 데 탁월한 능력을 가지고 있다. 만일 당신의 가난한 상태가 긴 시간 동안 지속되었다면 당신은 가난에 완벽히 적응했을 것이다. 그런 상태라고 한다면 가난에서 벗어나기 위해서 죽을지도 모를 차가운 북해 바다에 몸을 던진 앤디 모칸의 결단이 필요할 것이다. 가난으로부터 벗어나려면 익숙한 가난으로부터 벗어나고자 하는 결단이 있어야 한다.

우리나라의 빈곤의 문제를 다룸에 있어서 박정희 전 대통령을 언급할 수밖에 없다.

박정희 전 대통령의 잘한 부분과 잘못한 부분이 분명히 있다. 난 여기서 가난에서 벗어나는 이야기만을 하고자 한다. 정치적인 문제는 다른 전문가의 판단에 맡긴다. 새마을 운동이 한창 번져나갈 때 난 초등학생이었다. 내 고향은 가난한 농촌마을이었다. 우리 동네에는 기와지붕을 한 집이 한 채, 양철로 지붕을 한 집이 두 채, 그리고 나머지는 모두 초가 집이었다. 그런 동네에 잘살아보세 운동이 번졌다. 동네가 바뀌는 것이 어린 나의 눈에도 보였다. 초가집 지붕이 사라지고, 슬레이트와 양철로 지붕이 개량되었다. 다 쓰러져가는 황토 담장은 벽돌 담장으로 바뀌었다. 좁은 동네길이 넓게 확장되고, 일부는 포장까지 되었다. 당시 어른들은 농촌지도소에서 진행하는 많은 교육을 받았다. 대부분 농산물 품종을 개량하는 것과, 많은 수확을 얻을 수 있는 농법에 대한 교육이었다. 농가의 소득이 높아지고, 동네마다 생기가 넘쳐났다. 어떻게 해서든지 이 지긋지긋한 가난을 벗어나야 한다는 대통령의 의지와 국민들의 염원이 만들어내는 기적을 내 눈으로 보았다. 그 당시 가난에서 벗어나자는 염원은 온 국민의 정신을 갈아 넣은 불덩어리였다. 그리고 그 산업화 시대를 기초로 우리는 세계 10대 경제 대국이 되었다.

『총각네 야채가게』로 유명한 이영석 대표가 있다. 대학을 졸업한 뒤 이벤트 회사에 취직했으나 능력보다는 편법이 판치는 기업문화에 상처만 떠안은 채 그만두었다. 그 후 무일푼으로 오징어 트럭행상을 따라다니며 장사를 배운 그는 트럭 행상으로 독립했다. 행상으로 돈을 모아 1998년에는 서울에 18평짜리 가게를 얻어, 일명 '총각네 야채가게'를 개업했다. 프랜차이즈의 대부분이 외식업종으로 성공한 것에 비해 이영석은 그 누구도 관심 갖지 않던 농수산물로 진출했다. 이 발상의 전환으로 오징어 행상을 따라다니던 장사 왕초보에서 현재는 500억 원 매출의 프랜차이즈 CEO가 되었다.

그는 '살아 있는 맨주먹 신화'라 불리는 명실상부 대한민국 최고의 장사꾼이다. 그에게 장사를 배우고 싶다고 수많은 청년이 찾아오지만, 자기 가게를 얻어 독립하는 사람을 많지 않다고 한다. 대부분은 도중에 그만둔다고 한다.

이영석 대표는 부자가 되고 성공하는 데 가장 중요한 요소가 절박함이라고 한다. 이 절박함이 부자로 가게 하는 결단과 행동을 만들어낸다. 이영석 사장은 15년 동안 새벽 1시 15분에 일어난다고 한다. 보통 새벽 2-5시 사이에 청과물 시장에서 경매가 진행되기 때문이다. 야채 장사를 시작하고 나서는 하루에 3-4시간 정도 잠을 잤다고 한다. 이런 결단이 있어야 부자가 되고 성공할 수 있다고 한다. 아침 일찍 일하는 것을 힘들어하고, 남들보다 더 열심히 일하는 것을 힘들어하고, 바닥부터 시작하는 것을 힘들어하는 것은 누구나 똑같다. 하지만 정말 목숨 걸고 내 인생에서 한번 성공해보겠다고 하는 절실한 결단이 있다면 누구나 성공할 수 있다고 말한다.

－ 이영석, 『인생에 변명하지 말라』

가난에서 벗어나 부와 행복을 얻기 위해서는 익숙한 가난과 결별하고자 하는 단호한 결단과 의지가 있어야 한다.

둘째, 가난에 머물게 하는 사람들과의 결별이 있어야 한다.

하나님도 아브라함을 복되게 하시려고 할 때, 아브라함에게 기존에 있는 인간관계 단절을 요구하셨다. 아브라함이 기존에 맺고 있었던 인간관계가 복이 되지 않기 때문이다.

복 있는 사람은 악인들의 꾀를 따르지 아니하며 죄인들의 길에 서지 아니하며 오만한 자들의 자리에 앉지 아니하고(시편 1편 1절).

시편에서도 복 있는 사람이 가장 먼저 해야 할 일이 복이 사라지게 하는 악인들과 함께하지 않는 것이라고 말씀하고 있다. 가난을 벗어나려할 때, 나를 가난에 머물게 만들고 부를 만들어내지 못하는 인간관계와 결별해야 한다. 목사가 되어서 사람을 돈벌이 수단으로 이용하라고 말한다는 오해를 살 것 같아서 조심스럽다. 이 말은 단순히 돈벌이 되는 사람과 어울리고, 나에게 금전적으로 이익이 되게 주변 사람을 이용하라는 말이 아니다.

단순하게 놀고 즐기는 인간관계, 나에게 부를 얻게 해주지 못하는 인간관계를 정리해야 한다는 것을 의미한다. 부자들은 돈이 돈을 벌게 해주는 것이 아니라고 한다. 사람이 돈을 벌게 해준다고 한다. 그래서 사람을 잘 만나야 한다고 말한다.

천호식품의 김영식 회장은 IMF 시절 잘못된 사업적 판단으로 비전문 분야에 투자해 한순간에 몰락했다. 한 끼 밥값이 없어 소주 한 병에 소시지 하나로 허기를 달래고, 강남역 지하도에서 전단을 돌리곤 했다. 한때 20억 원이 넘는 빚을 지고 심각하게 자살을 고민하기도 했다. 반지를 저당 잡혀 마련한 사업 자금 130만 원으로 재기에 성공하여 한국의 대표적 건강식품 회사인 천호식품의 오너가 되었다.

그는 사업에 성공하고 나서 사업 성공 경험담을 담은『10미터만 더 뛰어봐』라는 책에서 이렇게 말한다.

당신이 지금 어려움에 빠져 있거나, 위기에 처해 있다면 더 많은 사람을 만나야 한다. 사람을 만나야 해결책이 나온다. 그때 일 없는 한가한 사람을 만나지 말라. 일이 잘 되고, 바쁜 사람을 만나라. 이런 사람을 만나기가 쉽지 않을 수도 있다. 그러나 일이 잘 되고 있는 사람을 만나야 알짜배기 정보를 얻을 수 있고, 내 문제를 해결할 수 있는 도움을 얻을 수 있다.

김영식 회장도 나에게 재물을 얻게 해주는 사람을 만나야 부자 될 수 있다고 말한다. 우리가 한정된 시간에 한정된 사람을 만나야 한다. 사업과 연결될 수 있는 사람들이 모인 모임에 참석하고, 사업과 연결될 수 있는 사람과 만나야 한다.

셋째, 우리를 가난하게 만드는 생활 습관과 결별해야 한다.

특별히 돈을 사용하는 습관을 잘 살펴서 나를 가난하게 만드는 생활 습관과 결별해야 한다. 대부분 가난한 사람은 눈앞의 쾌락을 위해 돈을 지출한다. 월급을 받는 날에 오늘은 월급날이다! 오늘은 퇴근 후에 클럽에 가서 놀고, 주말에는 여행가야지! 하는 사람은 돈을 모으지 못할 것이다. 일반적인 상황이라고 한다면 월급의 사용처는 크게 3가지일 것이다. 생활비, 용돈, 저축일 것이다. 요즘은 임시직, 계약직이 많아서 생활비, 용돈을 지출하고 나면 저축할 여유가 없는 사람들도 있을 것이다. 그런 와중에 돈을 사용하는 습관이 계속 가난하게 만드는 습관을 가지고 있다면 이것과 결별해야 할 것이다.

이 시대 청년들의 성향을 표현하는 말 중에 '욜로족'이라는 말이 있다. '인생은 한 번뿐이다'를 뜻하는 'You Only Live Once'의 앞 글자를 딴 용어로 현재 자신의 행복을 가장 중시하며 소비하는 태도를 말한다. 불확실한 미래와 타인을 위해 희생하지 않고, 현재 나의 행복을 위해 소비하는 라이프 스타일이라 할 수 있다. 따라서 욜로족은 내 집 마련이나 노후 준비보다 지금 당장의 삶의 질을 높여줄 수 있는 취미생활, 자기개발 등에 더 많이 투자하는 특징이 있다. 자기 인생을 소중하게 여겨 재미있고, 즐겁게 살고자 하는 욕구는 인간 기본 욕구일 것이다. 그러나 자칫 부를 쌓아 경제적 자유를 얻는 것과는 거리가 먼 생활방식이기 십상이다.

작년에 대학을 졸업한 지인의 아들이, 기계공학을 전공하여 대기업 제조 공장의 공조실에 취직되었다. 그 직장의 상황이 지방대학 졸업한 스펙으로는 입사하기 어려운 좋은 조건이었다. 회사는 전부 자동화 설비가 되어 있어서 사람이 할 일은 거의 없다고 한다. 연봉대비 노동량이 적은 회사이다. 출근해서 기계가 정상으로 작동되는지 점검만 하면 된다고 한다. 회사 전체 설비를 작동시켜야 하기 때문에 토요일에도 출근을 해야 한다. 그러다 보니 특근수당이 붙어서 연봉이 상당히 높았다. 당시 이 회사 공조실에는 다섯 명이 근무하는데, 나머지 분들이 나이가 있어서 3-4년 내에 퇴직하게 된다고 한다. 회사에서는 새로 입사한 이 친구에게 3년만 참아라, 그러면 네가 공조실의 최고참이 되고, 팀장이 된다고 말했다고 한다. 그런데 1달도 안 돼서 그만두었다고 한다. 지인에게 전해들은 이 청년의 퇴사 이유가 놀라웠다. 토요일에 출근하기 때문이라고 했다. 주말에 쉬며, 놀고 싶은데 출근하는 것이 너무 힘들었다고 한다.

　이런 경우를 보고 뭐라고 해야 하나? 이미 나도 꼰대가 되었나 보다. 젊은 세대의 이런 행동이 이해가 안 된다. 이런 성향을 가진 젊은 그리스도인에게 어떻게 진로 지도를 해야 할지 난감했던 적이 있다.

　가진 것 없이 시작하는 사람은 돈이 돈을 버는 시스템이 완성될 때까지는 필연적으로 더 많은 양을 일하고, 더 많은 시간을 일해야 하는 과정을 있어야 한다. 이것은 누가 보아도 상식적인 일이다. 이영석 사장도 평생 2-2-2 법칙을 생활화하며 살았다고 한다. 남들보다 2시간 먼저 출근하고, 2시간 늦게 퇴근하고, 2배로 일한다는 원칙이다. 이영석 사장은 자신이 사장이 되어서도 이 원칙을 가지고 사업한다고 한다. 부모에게 물려받은 것이 많은 사람은 돈 걱정하지 않아도 될 것이다. 그러나 맨손으로 일어서야 하는 사람이 성공할 수 있는 방법은 가난하게 만드는 모든 일과 철저하게 결별하는 '지독함'밖에 없다. 비 그리스도인들은 하나님 없이도 그 지독함 가지고 부자가 되고 성공하기도 한다. 우리 그리스도인들은 전능하신 하나님의 도우심까지 받을 수 있지 않은가? 그렇다면 우리 그리스도인들은 얼마나 쉽게 부자가 되고 성공할 수 있겠는가? 하나님의 백성들이 흘리는 눈물을 하나님께서 존귀하게 여기신다. 지금 가난과 결별하기로 독하게 결단하라. 그 독한 결단이 기쁨으로 부와 행복을 수확하게 하실 것이다.

눈물을 흘리며 씨를 뿌리는 자는 기쁨으로 거두리로다. 울며 씨를 뿌리러 나가는 자는 반드시 기쁨으로 그 곡식 단을 가지고 돌아오리로다 (시편 126편 5-6절).

4장

BIBLICAL WEALTH

부와 행복을
끌어당기는
성경의 원리
8가지

01
—

상황을 바꾸고 싶다면 생각을 바꿔라

내가 가난의 먹구름에 덮여 있다면 어떻게 해야 이 판이 바뀔 수 있을까?

내 형편과 주변 환경이 내 인생을 옭아매는 상황이라면 어떻게 해야 상황이 반전될 수 있겠는가? 상식적으로 생각할 때, 열악한 외부의 환경이 바뀌어야 된다고 생각하기 쉽다.

내가 가난하다면 돈이 생겨야 하고, 내 앞길에 먹구름이 덮였다면 먹구름이 물러가는 환경의 변화가 있어야 되지 않는가? 이것이 일반적인 생각일 것이다. 그러나 하나님은 상황을 바꾸려면 먼저 생각부터 바꾸어야 한다고 말씀하신다.

대저 그 마음의 생각이 어떠하면 그 위인도 그러한즉 그가 네게 먹고 마시라 할지라도 그의 마음은 너와 함께 하지 아니함이라(잠언 23장 7절).

그 사람의 마음에 품고 있는 생각은 사람의 현재의 모습으로 나타난다고 말씀하신다. 성경에 의하면 나의 현재의 모습은 나의 외부적 상황에 따라서 결정되는 것이 아니다. 내 마음의 상태가 현재의 나의 상태를 결정하는 근원이라고 하신다. 만일 현재 나의 상황을 변화시키길 원한다면, 내 마음의 생각을 먼저 변화 시켜야 한다.

전능하신 하나님께서는 이 원리를 누구보다 잘 알고 계신다. 그래서 이스라엘 백성들을 인도하실 때, 환경과 현실을 변화 이전에 먼저 그들의 마음의 생각을 바꿔주신다.

아브라함의 후손들인 이스라엘 백성들은 애굽에서 억류되어 노예 생활을 하고 있었다. 하나님께서는 모세를 보내셔서, 이스라엘 백성들을 전능하신 능력으로 애굽에서 구원하신다. 이스라엘 백성들은 애굽의 노예 생활에서 탈출하여 젖과 꿀이 흐르는 가나안 땅을 향하여 광야와 사막을 행진한다. 그러다가 광야 생활 40년 되던 때에, 최고 지도자인 모세가 죽게 된다. 갑자기 이스라엘의 위대한 지도자 모세가 죽었다. 믿음의 조상 아브라함 때부터 약속되어진 땅, 가나안으로 들어가려고 하는 그 문턱에서 모세가 죽었다.

이 사건이 이스라엘 백성들에게 어떤 충격을 주었을까? 과거에는 우리가 무엇을 해야 하는가? 하는 것을 고민할 필요가 없었다. 하나님께서 모세에게 하라고 하신대로 하면 되었다.

과거에는 어디로 가야 하는지 고민할 필요가 없었다. 모세가 인도하는 대로 따라가면 되었다. 그런데 이제 모세가 없다. 여기저기 술렁거리고 불안과 공포가 이스라엘 백성들을 사로잡고 있었을 것이다. 70세 넘으신 어르신들은 이런 경험을 해보았을 것이다. 강력한 지도력으로 우리나라를 이끌어가던 박정희 대통령께서 돌아가셨을 때, 난 중학생이었다. 내 고향은 가난한 농촌마을이었다. 박대통령의 사망 소식을 듣고 동네 어른들이 밖으로 나와 여기저기 모여서 "이러다 나라 망하는 거 아녀?" 하면서 걱정하던 모습이 지금도 선하다.

모세의 죽음은 이스라엘 백성들에게 있어서 두려움이었고, 절망이었을 것이다.

새로운 지도자가 된 여호수아는 모세가 하던 일을 이제 자기가 해야 한다. 여호수아는 이스라엘 백성들을 이끌고 약속의 땅 가나안으로 들어가야 한다. 아마도 모세의 죽음으로 인한 충격과 두려움은 여호수아에게 가장 크게 부딪혔을 것이다. 이런 상황에서 새로운 지도자가 된 여호수아에게 하나님께서 제일 먼저 하신 말씀이다.

네 평생에 너를 능히 대적할 자가 없으리니, 내가 모세와 함께 있었던 것 같이 너와 함께 있을 것임이니라. 내가 너를 떠나지 아니하며 버리지 아니하리니, 강하고 담대하라. 너는 내가 그들의 조상에게 맹세하여 그들에게 주리라 한 땅을 이 백성에게 차지하게 하리라(여호수아 1장 5-6절).

새로운 지도자가 되어 두려움에 갇힌 여호수아에게 하나님께서 가장 먼저 하신 일은 그의의 마음의 생각을 바꾸어주는 일이었다. 하나님께서 강하고 담대하라고, 여호수아에게 명령하신다. 이것으로 보아 지금 여호수아 마음속은 연약해져 있는 것 같고, 두려움으로 녹아내리고 있는 것 같다.

대략 200만 명으로 추산되는 이스라엘 백성들은 불평불만으로 충만한 자들이다. 이들은 자기들 기분에 맞지 않으면 권위에 도전하고 대적하는 자들이다. 모세가 살아 있었던 40년 내내 모세가 이들에게 시달린 것을 옆에서 보았던 여호수아이다. 그러니 자신이 최고지도자 직책을 맡게 되었을 때, 마음이 두려움으로 녹아내리는 것이 당연할 것이다.

어떻게 해야 이 암울한 상황을 반전시킬 수 있을까? 하나님은 제일 먼저 여호수아의 마음의 생각을 바꾸신다. 연약한 생각으로 흔들리는 여호수아에게 마음을 강하게 하라고 명령하신다. 두려운 생각으로 가득 찬 마음의 생각을 담대함으로 가득 채우라고 명령하신다.

암울한 상황을 바꾸는 일을 하실 때 하나님은 마음의 생각을 바꾸는 일을 가장 먼저 하신다.

지금 여호수아 눈앞에서 살벌한 일들이 펼쳐지고 있다. 지금 눈앞에서 도저히 해결할 수 없는 인생의 풍랑이 몰아치고 있다. 그것을 뻔히 보고도 어떻게 마음이 두려워하지 않고 담대할 수 있는가? 그것을 뻔히 보고도 어떻게 약해지지 않고 마음이 강해질 수 있는가?

하나님께서는 여호수아에게 내가 너와 함께 있을 것이고, 누구도 너를 대적하지 못하게 해주겠다는 것을 확증해주신다. 우리 눈으로 주변 환경에 초점을 맞추면 우리는 연약해지고 무너지게 된다. 그러나 전능하신 하나님을 바라보며, 하나님을 붙잡으면 우리 마음의 생각을 새롭게 할수 있다. 하나님에 대한 믿음과 확신, 바로 그것이 마음을 새롭게 만들어주고, 결국 가나안 땅을 얻게 만들어준다. 하나님께서 주시는 은혜는 능히 우리 생각을 바꾸어주고, 우리 환경을 바꾸어주는 능력이 있다. 그래서 전능하신 하나님을 믿으면 죽을 수밖에 없는 상황에서도 살길이 열리는 것이다.

정길순 작가가『꿈은 나의 인생이 되었다』라는 책을 썼다. 정 작가님은 6.25가 끝난 직후 1954년이라고 하시니 지금 70을 바라보는 나이다. 작가님의 고향은 남한 끝자락 고흥, 전기도 들어오지 않는 시골이다. 지독하게 가난한 가정의 8남매 중에 둘째이자, 맏딸로 태어났다. 아버지는 도박에 중독되어 가출을 밥 먹듯이 하여 가정에 전혀 도움이 안 되었다고 한다. 정 작가님은 가난 때문에 초등학교만 졸업하고 중학교에 진학하지 못했다. 온갖 막일을 하시며 자녀들을 키우던 어머니를 도와 어린 나이에 집안을 돌보고, 동생들을 키우며 살았다. 작가님이 20대 되던 때 갑자기 어머니께서 돌아가시는 바람에 밑으로 동생 여섯 명을 먹여 살려야 하는 처녀 가장이 되었다.

그 이후로 이어지는 필설로 다 표현할 수 없는 고난과 환난의 소용돌이가 몰아치기 시작한다. 열 명이 짊어져도 다 짊어질 수 없을 정도로 무거운 인생을 짐을 지고, 가난을 벗고 성공하기 위해 몸부림치며 살아간다. 정 작가님이 이렇게 가혹한 가난과 싸우며 살면서 가장 먼저 한 일이 바로 자기의 생각을 바꾸는 일이었다고 한다. 부정적 생각을 버리고, 긍정적 생각으로 마음을 채우는 일을 매일 의식을 치루는 듯이 치열하게 반복하고 또 반복했다고 한다. 생각과 의식을 바꾸는 일은 정 작가님에게는 일종의 전쟁이었을 것이다. 왜냐하면 눈에 보이는 현실은 가혹한 현실뿐이었기 때문이다.

그렇게 마음의 생각을 바꾸고, 성실과 정직함으로 장사를 시작한다. 점점 가난의 굴레에서 벗어나기 시작하면서 학교를 다니지 못한 아쉬움 때문에 40대에 공부를 시작한다. 검정고시를 통해 고졸 자격을 얻었다. 이어서 대학원에 진학하여 석사 학위를 획득하고, 50대에 공인중개사 자격시험에 합격하게 된다. 지금은 성공한 사업가가 되어 경제적 자유를 누리며 풍요로운 인생을 살고 있다. 정 작가님은 이렇게 생각의 전환을 이루는 일에 기독교와 성경이 큰 힘이 되었고, 기도가 큰 원동력이 되었다고 한다.

전능하신 하나님을 믿고 성경 말씀대로 순종할 때, 하나님의 능력이 나타나는 기적이 일어난다. 지금도 이 원리를 적용하여 성공하는 그리스도인들이 있다. 전능하신 하나님이 살아 계시기 때문이다. 전능하신 하나님은 당신이 택한 백성들과 함께하신다. 그리고 하나님의 본심은 우리에게 은혜를 주시고 축복하시는 것이다. 하나님을 믿는 믿음으로 우리 내면에 있는 두려운 생각, 연약한 생각, 부정적인 생각을 몰아내자.

지금 가난하다면 가난이 주는 어두운 생각들을 바꾸어야 한다. 지금 현실이 암울하다면 그 암울함이 주는 어두운 생각들을 바꾸어야 한다. 하나님께서 은혜를 주시면 기적이 일어난다는 것을 확신하자. 다시 한 번 기억하자. 지금의 상황을 바꾸려면 먼저 마음의 생각을 바꾸어야 한다.

02
___

믿고 확신하라

우리가 이 땅에서 부와 행복을 은혜로 받기 위해서 무엇을 믿고 무엇을 확신해야 할까? 나는 2가지를 믿고 확신해야 한다고 생각한다.

첫째, 하나님께서 불가능한 것이 없는 전능하신 하나님이시라는 것을 믿어야 한다.

둘째, 전능하신 하나님께서 나에게 풍성한 물질을 주신다는 것을 믿어야 한다.

먼저, 첫 번째, 하나님께서 전능하신 분이시라는 것을 믿고 확신하는 문제를 다루어보자.

하나님께서 전능하신 분이라는 것은 성경 맨 첫 페이지부터 강조하신다. 말씀만으로 온 우주를 창조하시는 내용으로 성경은 시작하기 때문이다. 하나님께서 전능하시다는 개념은 우리가 실감 있게 체감하기 힘든 개념이다. 그렇지만 우리의 현 상황 속에서 하나님의 전능하심을 가장 실감 있게 체감할 수 있는 길이 천문학을 배우는 것이라 생각한다. 놀라지 말라. 전문가 수준으로, 대학교 학위 받는 수준으로 공부하라는 말이 아니다. 유튜브 동영상을 시청하는 것만으로도 얼마든지 하나님의 전능하심을 현실감 있게 배울 수 있다. 천문학에 관한 10-20분짜리 동영상들이 유튜브에는 수천 개씩 올라와 있다. 잠자기 전에 이런 동영상 2-3개씩 보라. 우주의 광대함, 우주의 신비함, 우주의 위대함을 수박 겉핥기 식으로라도 알 수 있다. 기술이 발달해서 관측 가능한 우주의 크기도 점점 커지고 있다. 현재는 반지름 약 460억 광년까지 관측가능하다고 한다. 지름으로 따지면 920억 광년이다. 이 공간 밖에 무엇이 있는지 인간의 기술로는 알 수 없다. 이 공간 안에 은하가 약 2조 개 정도 있는 것으로 추정된다. 그리고 우주가 지금도 팽창중이어서 은하가 빛의 속도보다 빠르게 팽창 중이라고 한다. 천문학 동영상을 보면서 우주를 창조하신 능력과, 우주를 운행하는 능력을 묵상하게 되면 하나님의 전능하신 능력을 이해하는 데 상당한 도움이 된다.

이런 전능하신 하나님께서 이 작은 지구에 사는 80억 인구 중에 하나인 내 인생을 복되게 변화시키는 것은 아무것도 아닐 것이다.

개인의 삶 속에서 작은 기적들을 경험하는 것은 하나님의 전능하심을 믿고 확신하는데, 매우 유익하다. 신혼 때 아내가 임신을 하였는데, 임신 초기에 심한 복통을 느껴 고통스러워했다. 부랴부랴 병원에 가서 검사를 해보니, 자궁 외 임신이라고 했다. 수정란이 자궁 밖에 있다고 한다. 의사는 이대로 두면 위험하니 수술을 해서 제거해야 한다고 했다. 난 의사에게 생각할 시간을 얼마나 줄 수 있느냐고 물으니 15일 안에 결정을 해달라고 했다. 아내를 데리고 집에 돌아온 나는 알고 있는 지인들에게 상황을 설명하고 기도해달라고 부탁했다. 그때부터 15일 동안 나와 아내는 작정 기도에 돌입했다. 이런 일을 처음 겪는 나는 아내를 살려달라고 해야 하는지, 아이를 살려달라고 기도를 해야 하는지도 몰랐다. 기도를 하는 중에도 마지막 순간에 수술을 하면 아내는 살 수 있다는 생각에 안도감이 들기도 했다.

그러던 중 한 권사님께서 전도사인 나를 꾸짖으셨다. "하나님은 전능하신데, 왜 하나만 살릴 생각을 하세요. 둘 다 살려달라고 기도하세요?" 하고 나를 책망했다. 권사님의 말을 듣고 정신이 번쩍 들었다.

그래서 그날부터 우리는 기도를 바꾸었다. 아내와 아이 둘 다 살려달라고 기도하고 15일 후 산부인과 병원에 갔다. 의사는 다시 한번 초음파 검사를 해보자고 한다. 검사를 진행하면서 의사는 "이상하네, 이상하네." 하고 고개를 갸우뚱거린다. 이유를 물으니 보름 전에 자궁 밖에 있던 수정란이 자궁 안에 들어가 제대로 착상을 했다고 한다. 그래서 첫 아들이 태어나게 되었다. 병원을 나서면서 난 의사에게 처음 진단한 내용으로 진단서를 끊어달라고 했다. 그리고 그 진단서를 앨범에 보관했다. 1년 후에 아들 백일 때 아들 사진을 찍어서 그 사진을 진단서 옆 칸에 같이 넣어 지금까지 보관하고 있다. 이런 일들은 우리 일상에서 겪을 수 있는 하나님의 전능하신 능력에 대한 작은 경험들이다. 이런 경험들이 반복되면 하나님의 전능하신 능력에 대한 확신이 견고해진다.

열왕기하 6-7장은 아합 왕과 엘리사 시대에 아람 나라가 쳐들어와 나라가 망할 정도로 궁지에 몰린 때를 배경으로 한 사건이다. 이 전쟁에서 아람에 오랫동안 포위를 당한 이스라엘 백성들은 엄청난 물가 폭등 속에 살아야 했다. 식량이 바닥나서 백성들이 자녀까지 잡아먹는 비참한 상황까지 이르게 된다. 성경은 당시 물가, 특히 식량 물가를 이렇게 기록하고 있다.

아람 사람이 사마리아를 에워싸므로 성중이 크게 주려서 나귀 머리 하나에 은 팔십 세겔이요 비둘기 똥 사분의 일 갑에 은 다섯 세겔이라 하니 (열왕기하 6장 25절).

나귀 머리 하나에 은 팔십 세겔이고 비둘기 똥 4분의 1 갑에 은 다섯 세겔이라고 한다.

은 1세겔은 당시 노동자 4일 품삯이었다고 한다. 나귀는 구약 성경의 부정한 동물에 속해서 먹을 수 없는 동물이다. 그런 부정한 동물의 머리만 80세겔, 즉 노동자 320일 품삯에 거래되었다. 현재 가격으로 환산하면 노동자 하루 일당을 10만 원으로만 잡아도 3200만 원에 해당된다. 비둘기 똥은 콩 쭉정이일 것으로 성경학자들은 추정한다. 그 명칭이 비둘기 똥이라고 불렸으니, 사람이 먹을 수 있는 것은 아닐 듯하다. 그런 것도 한 움큼이 200만 원에 거래된 것이다. 이런 상태에서 백성들은 자녀들을 잡아먹는 상황까지 몰리게 된다.

또 이르되 무슨 일이냐 하니 여인이 대답하되 이 여인이 내게 이르기를 네 아들을 내놓아라 우리가 오늘 먹고 내일은 내 아들을 먹자 하매, 우리가 드디어 내 아들을 삶아 먹었더니 이튿날에 내가 그 여인에게 이르되 네 아들을 내놓아라 우리가 먹으리라 하나 그가 그의 아들을 숨겼나이다 하는지라(열왕기하 6장 28-29절).

지금 눈앞에서 이런 가혹한 환경이 펼쳐지고 있다. 이스라엘의 수도였던 사마리아 성은 아람에 완전히 포위되어 멸망 직전이다. 오랜 시간 굶주린 백성들은 눈이 뒤집혀 자식들까지 잡아먹고 있다. 이런 일들을 우리가 겪고 있다고 가정해보자. 우리 마음이 어떤 상태일 것이라고 생각하는가? 이런 상태에서 우리가 부자가 되고, 행복을 누리는 일이 생길 수 있겠는가? 우리는 역사 속에서 실제로 이런 일을 겪었다. 6.25 전쟁이 끝나고 그 폐허 속에서 그나마 먹고 살만큼 되었을 때가 1970년대였다. 전쟁이 끝나고 굶주림을 면하는 때까지 20년이 넘는 세월이 걸렸다.

지금 우리 상황이 사면초가에 빠져 죽고, 망할 수밖에 없는 상황이라면 어떻게 해야 하는가? 우리가 이런 상황에 있을 때, 하나님은 우리에게 무엇을 해줄 수 있을까?

이스라엘이 이런 상황에 있을 때, 하나님께서 엘리사 선지자를 보내 이런 예언을 하게 하셨다.

엘리사가 이르되 여호와의 말씀을 들을지어다 여호와께서 이르시되 내일 이맘때에 사마리아 성문에서 고운 밀가루 한 스아를 한 세겔로 매매하고 보리 두 스아를 한 세겔로 매매하리라 하셨느니라(열왕기하 7장 1절).

내일 상상할 수도 없는 일이 벌어질 것이라고 예언한다. 폭등한 물가가 폭락하게 될 것이고, 최고급 곡식들이 헐값에 팔리게 될 것이라고 말한다. 지금 눈앞에의 현실은 부정한 동물인 나귀 머리 하나에 3,200만 원에 거래되고 있다. 콩 쭉정이 한 움큼에 200만 원에 거래된다. 돈 없고, 힘없는 일반 백성들은 굶주림에 지쳐 자기 자식을 잡아먹고 있다. 그런 상황에서 어떻게 내일 최고급 곡식이 헐값에 거래되고, 하늘같이 치솟은 물가가 바닥으로 폭락하게 될 수 있는가? 이 말을 들은 한 군대지휘관이 이런 말을 한다.

그때에 왕이 그의 손에 의지하는 자 곧 한 장관이 하나님의 사람에게 대답하여 이르되, 여호와께서 하늘에 창을 내신들 어찌 이런 일이 있으리요 하더라. 엘리사가 이르되 네가 네 눈으로 보리라. 그러나 그것을 먹지는 못하리라 하니라(열왕기하 7장 2절).

엘리사 선지자가 예언을 하자, 왕이 의지하는 군대장관이 말한다. 아마도 경호 대장으로 추정된다. 하나님께서 하늘에 창문을 내고 곡식을 비같이 쏟아부어도 그런 일이 어떻게 생길 수 있겠습니까? 하는 의심하고 믿지 않았다. 그럼 이렇게 아무도 믿지 못할 엄청난 일들을 하나님께서는 어떤 방법으로 성취하시는가?

이는 주께서 아람 군대로 병거 소리와 말 소리와 큰 군대의 소리를 듣게 하셨으므로, 아람 사람이 서로 말하기를 이스라엘 왕이 우리를 치려하여 헷 사람의 왕들과 애굽 왕들에게 값을 주고 그들을 우리에게 오게 하였다 하고 해질 무렵에 일어나서 도망하되 그 장막과 말과 나귀를 버리고 진영을 그대로 두고 목숨을 위하여 도망하였음이라(열왕기하 7장 6-7절).

엘리사 선지자가 예언한 다음날 저녁 무렵에 아람 군대가 진을 치고 있는 하늘 위에서 엄청나게 큰 군대가 행군하는 소리가 들리게 하신다. 아람 군사들이 이 소리를 듣고 이스라엘을 구원하기 위한 외국의 군대들이 몰려오는 것으로 알았다. 그래서 자기들이 가지고 있던 전쟁물자, 전투장비, 식량 등 모든 것을 그대로 놔두고 몸만 도망갔다. 이스라엘 백성들은 화살 한발 쏘지 않고 아람 군대의 물자를 그대로 획득하게 되었다. 한순간에 이스라엘은 식량뿐 아니라, 생필품이 넘쳐흐르게 되었다. 곡식은 넘쳐나고, 물가는 바닥으로 떨어졌다.

한순간에 먹고사는 일이 해결되었다. 그것도 차고 넘치게 해결되었다.

하나님은 이 일을 어떻게 해결하셨는가? 단 한 방에 해결하신다. 하늘에서 군대가 행진하는 소리가 나게 하시는 것으로 끝냈다.

난 지금 요행수를 바라며 살라고 말하는 것이 아니다. 우리가 믿는 하나님은 불가능한 것이 하나도 없는 전능하신 분이다. 그리고 전능하신 하나님은 당신의 백성들을 얼마든지 부요하게 만들어줄 수 있다. 아무것도 없는 절망 속에서도 풍성하게 만들어주실 수 있는 분이라는 것을 말하려는 것이다. 하나님께서 불가능한 것이 없는 전능하신 분이라는 것을 믿고 확신하라. 하나님께서 상상하지도 못할 방법으로 당신을 축복하실 수 있다는 것도 믿고 확신하라. 전능하신 하나님께서 하시면 된다!

03

구하고, 찾고, 두드리라

구하라 그리하면 너희에게 주실 것이요. 찾으라 그리하면 찾아낼 것이요. 문을 두드리라.

그리하면 너희에게 열릴 것이니. 너희가 악한 자라도 좋은 것으로 자식에게 줄 줄 알거든 하물며 하늘에 계신 너희 아버지께서 구하는 자에게 좋은 것으로 주시지 않겠느냐(마태복음 7장 7,11절).

그리스도인이 부와 행복을 얻는 방법 중에 하나가 바로 기도하는 것이다. 하나님을 향하여, 구하고, 찾고, 두드리는 것이다. 앞장에서 언급한 것과 같이 하나님께서 우리를 향한 본심은 은혜 주시고, 축복하시는 것이다. 성경 본문에서 하나님께서 우리의 아버지시니, 하나님께 구하면 좋은 것으로 주겠다고 말씀하신다. 우리의 가난이 100% 기도하지 않았기 때문은 아닐 것이다. 그러나 부와 행복을 위해 하나님께 구하지 않은 것이 우리 가난의 상당한 영향을 끼쳤을 것이다. 성경은 이렇게 분명하게 말씀한다.

너희는 욕심을 내어도 얻지 못하여 살인하며, 시기하여도 능히 취하지 못하므로 다투고 싸우는도다. 너희가 얻지 못함은 구하지 아니하기 때문이요(야고보서 4장 2절).

우리가 원하는 것을 얻지 못하는 것은 구하지 않았기 때문이라고 하신다. 부와 행복을 소원하는가? 하나님께 구하라. 언제까지 구하는가? 얻을 때까지 구해라. 하나님께 찾으라. 언제까지 찾는가? 찾을 때까지 찾아라. 하나님께 두드려라. 언제까지 찾는가? 찾을 때까지 찾아라. 성공 철학이나, 동기부여 서적들을 읽어본 사람들은 잘 알고 있을 것이다. 성공하기 위한 방법, 목표를 달성하기 위한 방법들을 살펴보라. 원하는 목표와, 꿈을 정하고 매일 백 번씩 쓰고, 크게 읽어라. 혹은 목표 달성과 관련된 그림이나 사진을 사방에 붙여놓고 무의식에 각인시켜라. 부정적인 생각을 몰아내고 긍정적인 생각으로 채우라, 등의 방법들을 사용하고 있다. 이런 방법을 사용해서 내면의 힘을 강화시켜 목표를 달성하고 성공하는 사람들이 주변에 많다. 이들은 인생의 절벽의 끝자락에서 포기하지 않고, 나는 할 수 있다고 자신의 내면을 의식화하는 것만으로도 부와 성공을 이루었다.

그런데 그리스도인은 하나님을 믿는 믿음을 가지고 이런 작업을 하지 않는다. 하나님은 살아 계시다. 살아 계신 하나님은 전능하셔서 불가능한 것이 없다.

전능하신 하나님은 나를 사랑하셔서 가장 좋은 것을 주신다는 진리를 생각과 무의식 속에 각인시키지 않는다. 그러니 하나님께 구하지 않는 것이고, 설혹 구한다고 해도 부와 행복이 결실할 정도로 구하지 않는다. 하나님께 제대로 구하면, 하늘 문이 열린다. 하나님을 믿고 간구하는 이것이 우리에게 부와 성공을 가져다주는 문을 열어줄 수 있다.

예전에 건국대학교 농과대학 학장을 지냈던 류태영 박사가 있다. 그가 자신의 삶의 과정을 자서전으로 엮어 『나는 언제나 꿈꾸는 청년이고 싶다』라는 책으로 써냈다. 류태영 박사가 네덜란드에 유학하게 된 과정을 이렇게 설명한다.

류태영 박사는 정말 가난한 산골 시골에서 태어났다. 그리고 초등학교 5학년 때 예수를 믿게 되었다. 예수님을 믿은 후부터 산골마을에서 살면서도 새벽기도에 나가기 시작했다. 그리고 시골에서 중학교를 졸업하고 고등학교는 서울에서 다녔다. 집에서 학비를 보내주지 못했기 때문에 류태영 박사는 구두 닦기를 하면서 학교에 다녔다. 그렇게 사는 와중에도 새벽기도는 빠지지 않고 다녔다. 그러던 어느 날 그는 유학이라는 말을 듣게 되었다. 유학이 무엇인지도 모르고 유학을 가면 좋을 것 같아서 하나님께 유학을 보내 달라고 기도하며 유학에 대한 그림을 하나하나 그려 가지 시작했다.

류태영 박사는 빌립보서 4장 13절에, "내게 능력주시는 자 안에서 내가 모든 것을 할 수 있느니라."라는 말씀을 확신하며 기도했다. 그리고 어느 나라에서 공부를 해야 할지를 결정해야 했다. 류태영 박사는 가난한 한국 농촌을 잘 사는 농촌으로 만들고 싶어 농업으로 선진국가가 된 덴마크로 유학을 떠나기로 결심했다. 그리고 서툰 영어로 편지를 썼다. 한국 농촌을 잘 살게 만들기 위한 자신의 꿈을 적었고, 그 꿈을 이루기 위해서는 덴마크에서 공부를 해야 한다고 적었다. 그런데 문제는 편지를 쓰기는 썼지만 그 편지를 누구에게로 보내야 할지를 몰랐다. 그는 고민을 하다가 그 편지를 덴마크의 가장 높은 사람에게 보내기로 결심하고 당시 덴마크 왕 프레드릭 국왕에서 그 편지를 보냈다. 그리고 그가 편지를 보내고 40일이 지난 후 덴마크 국왕의 보좌관에게서 답장이 왔다. 류태영 박사가 덴마크의 왕실 장학생에 선발이 되어 장학금을 받고 공부할 수 있게 되었다는 내용이었다. 그리고 편지에는 덴마크까지 가는 비행기 표가 들어 있었다고 한다. 류태영 박사는 그곳에서 농학을 연구하고 귀국해서 건대 농학대학 교수가 되었고 학장까지 지냈다.

지금도 한 나라의 왕이 허락하면 일이 된다. 왕이 허락하는데 누가 말리겠는가? 우리가 믿는 하나님은 만왕의 왕이시다. 온 우주를 다스리고, 통치하시고, 운행하시는 만왕의 왕이시다. 왕 되신 하나님께서 허락하시면 된다. 주변 환경이 어떻게 전개되는지는 것과 상관없다. 왕이 허락하면 된다. 부와 행복을 위해 만왕의 왕께 구하라. 그러면 된다.

교회에서 성도들의 신앙을 지도하다 보면, 성도들 가운데 하나님께 구하라는 기도에 대하여 잘못 알고 있는 경우가 종종 있다. 그것은 아무것도 안 하고 기도만 하면 되는 것으로 오해하는 경우이다. 하나님을 향하여 구하고 찾으라는 것이 인간의 책임을 면제시켜주는 말이 아니다. 풍랑 속에 휘말린 배가 있다고 하자, 이 풍랑에서 빠져나갈 때 한 손은 하늘을 향해 들고 기도해야 한다. 그리고 한 손은 노을 저어야 한다. 이 두 가지가 온전히 균형을 이루어야 한다.

구하라, 찾으라, 두드리라는 말씀은 양면성이 있다. 한 면으로는 하나님을 향하여 구하고, 찾고, 두드리는 것이다. 또 한 면으로는 나를 향하여 구하고, 찾고, 두드리는 것이다. 해결해야 할 문제를 앞에 두고 어떻게 하면 해답을 찾을 수 있는지, 나도 기도하며 구하고 찾고, 두드려야 한다. 이 양면이 다 충족되어야 한다.

난 개인적으로 우리나라의 입지전적 인물 가운데 고 정주영 회장을 제일 좋아한다. 그의 일대기에 대한 책들을 보면 거의 공통적으로 나오는 일화가 6.25 당시 전사한 유엔군 전사자들의 묘역을 부산에 조성할 때 있었던 사건이다. 이 유엔군 묘역에 미국의 대통령이 참배할 계획이 세워지자 주한미군 측에서 이 공사를 입찰에 붙이면서 잔디밭을 조성해야 한다는 조건을 붙였다고 한다. 그 한겨울에 잔디밭을 조성해야 한다는 조건을 만족시킬 수 없어 지원하는 업체가 없었다고 한다. 미 8군 측은 정주영 회장에게 사람을 보내 이 일을 맡아달라고 했단다. 정주영 회장은 꼭 잔디가 아니더라도 푸른 풀로 덮여 있기만 하면 되느냐고 물었다. 미군 측은 잔디가 아니어도 좋다 푸른 풀로 덮이면 된다고 말했다. 만일 정주영 회장이 이 공사만 완료해주면 처음 책정된 공사비의 세 배를 주겠다고 약속했다. 정주영 회장은 이 한겨울에 어떻게 푸른 풀로 단장하는가? 하고 고민하다가, 한겨울에 새싹이 나는 보리를 생각하게 된다. 그리고 주변에 있는 보리밭을 전부 매수해서 유엔군 묘역을 보리로 덮었다고 한다. 한겨울에 푸른 보리로 단장된 완성된 묘역을 보고 미군 관계자들은 연신 '원더풀'을 외쳤다고 한다.

— 권영욱, 『결단은 칼처럼 행동은 화살처럼』

이런 행동이 바로 문제를 해결하기 위해서 자신을 향해 구하고, 찾고, 두드리는 모습이다.

만일 복권이 당첨되어 부와 행복을 얻게 해달라고 하나님께 구하고, 두드리고 있다면 최소한 복권은 사놓고 기도해야 하지 않는가? 하나님을 향해서 구하고, 찾는다는 것이 자신은 아무것도 하지 않는 것을 의미하는 것이 아니다.

교회를 개척하고 경제적 형편이 어려웠던 나는 큰아들이 고3 학생이 되었을 때에 국립대학을 목표로 공부하라고 했다. 큰아들도 가정 형편을 아는 터라, 자기도 그럴 생각이라고 했다. 그렇게 해서 아들은 지방의 국립대학을 졸업을 했다. 대학을 졸업을 하고 아들도 취업 지옥이라는 것을 경험했다. 계약직으로 대기업에 취업하기도 했는데, 갑질을 엄청나게 당했다고 한다. 견디기 힘든 인격 모독에, 온갖 허드렛일까지 도맡아 했다고 한다. 그렇게 아들은 3개월 만에, 계약직도 힘들다는 대기업에서 퇴사를 했다. 그날부터 아르바이트를 하면서 여기저기 이력서를 내는데, 오라는 곳이 하나도 없었다. 나중에는 내가 생각하기에도 '대학 졸업하고 저런 곳에도 이력서를 내나?' 하는 생각이 들 정도로 열악한 회사에도 이력서를 보냈다. 그런데도 회사에서 연락이 없다. 이것이 스트레스가 되었는지, 아들은 탈모가 시작되었다. 머리가 뭉텅뭉텅 빠져나가는 게 내 눈에도 보였다. 저러다가 잘못하면 소림사 스님이 될 수도 있겠다고 생각될 정도였다. 아버지가 되어 옆에서 그런 모습을 보고 있으니 마음이 짠했다.

어느 날 아들은 자기가 정말 가고 싶은 회사가 있는데, 경쟁력이 너무 높아 걱정된다고 말했다. 그 회사는 유통업계 강자였는데, 신입 초봉이 월말 상여금까지 합치면 대략 5천만 원 조금 넘는다고 했다. 나와 아내는 취업 스트레스 때문에 아들이 너무 힘들어해서 작정 기도를 시작했다.

그리고 아들에게 성경을 읽어보면 항상 하나님께서 은혜를 주시는 자가 승리하는 것으로 되어 있다. 그러니 너의 스펙을 생각하지 말고, 하나님이 은혜를 주시면, 합격할 수 있다고 믿고 기도하라고 말했다.

아들을 필요한 서류들을 준비하고, 자기소개서를 쓰는 데 며칠을 고민하며 매달렸다. 수정하고 또 수정하는 작업을 반복했다. 드디어 1차 서류 전형에 합격을 하고, 면접을 보고 왔다. 우리는 아들에게 면접 어땠냐고 물으니 떨어질 것 같다고 말한다. 이유를 물으니 다른 지원자들의 출신 학교가 서울 지역의 중급 이상의 대학이었고, 지방대는 자기뿐이었다고 한다. 그리고 결정적인 것은 면접관 중 한 사람이 아들 성적표를 보더니 '자네는 왜 이렇게 공부를 안 했나? 성적이 자네가 꼴찌야.'라고 했단다. 이런 소리를 들으니 아들은 틀림없이 불합격이라고 생각했다. 아들아, 내 생각은 다르다. 불합격시키려면 뭐 하러 성적을 언급해? 그냥 떨어뜨리면 되지. 합격시켜줄 거니까, 앞으로 잘하라는 의미일 것 같다고 말했다. 우리 가족은 합격자 발표 날까지 기도에 집중했다. 아들은 결국 그 회사에 합격했다. 이것이 구하고, 찾고, 두드리는 자들이 받는 축복의 열매이다.

이것이 구하고, 두드리는 기도의 능력이다. 하나님을 향해 구하고, 찾고 두드리는 일에 집중하라. 이것이 하늘 문을 열리게 만든다.

04

바른 길이 가장 빠른 지름길이다

그런즉 너의 하나님께로 돌아와서 인애와 정의를 지키며 항상 너의 하나님을 바랄지니라. 그는 상인이라 손에 거짓 저울을 가지고 속이기를 좋아하는도다. 에브라임이 말하기를 나는 실로 부자라 내가 재물을 얻었는데 내가 수고한 모든 것 중에서 죄라 할 만한 불의를 내게서 찾아낼 자 없으리라(호세아 12장 6-8절).

하나님께서 이스라엘을 책망하신다. 너희는 나에게 돌아와 인애(仁愛)와 정의를 지키라고 하신다. 이스라엘 백성들이 하나님 앞에서 지켜야 할 인애(仁愛)와 정의가 무엇인가? 바로 정직한 상거래를 하는 것이다.

저울추를 속이지 말고, 상거래시 사용하는 도량형을 속이지 말라는 것이다.

우리가 사는 시대는 정직하게 살면 부자 될 수 없는 시대인 것 같다. 사업을 하거나, 자영업을 하는 사람들은 한결같은 말을 한다. 한국에서는 법대로 하면 돈 벌 수 없다고 말한다. 이런 말들이 일상이 되었다면, 우리나라 사업계에서 진행되는 상거래 속에 얼마나 많은 불법과 탈법, 편법이 난무하는지 짐작할 수 있다.

산업경제 시대에서 금융 중심의 경제시대로 들어서면서 불법적인 금융 사건으로 피해액이 수천 억, 혹은 조 단위의 사건들이 심심찮게 등장한다.

2022년 올해 들어와서 은행 직원들의 횡령 사건이 부쩍 많이 등장하는데, 횡령 금액이 상상을 초월한다. 우리은행이 한 직원이 600억 원대 횡령한 사건, 광주시 한 지역 농협 직원 이 40억 원을 횡령한 사건, 파주에서 농협 직원이 76억 원 상당을 빼돌린 사건 등이 있다.

수많은 사람을 생지옥으로 밀어 넣고 수십억, 수백억의 부당 이익을 챙기는 사건들을 보고 있으면, 누가 법대로 돈 벌어도 부자가 될 수 있다고 생각하겠는가?

이렇게 부정과 부패가 난무하는 시대에 하나님께서 그리스도인들에게 요구하는 것은 무엇인가? 하나님께서는 부자가 되고, 성공하고자 하는 목적이 무엇인가? 하는 내면의 동기(動機)조차도 거룩해야 한다는 것을 요구하신다. 하나님께서 주시는 부와 성공을 얻기 위해서는, 동기와 목적도 선해야 한다.

당연히 선한 동기로 꿈꾸고 갈망하는 부자가 되고, 성공하기 위한 방법, 실행 사항까지도 선해야 한다는 것이다. 하나님께서 호세아 선지자를 통해서 이스라엘 백성들 사이에서 부정한 상거래, 불법한 경제행위를 책망하신다. 그런 불법한 행위를 버리고 정직함을 가지고 하나님께 돌아오라고 명령하신다.

아사가 왕이 되었을 때, 아사가 하나님 앞에서 행한 태도를 이렇게 기록하고 있다.

아사가 그의 조상 다윗 같이 여호와 보시기에 정직하게 행하여(열왕기상 15장 11절).

아사가 하나님 앞에서 정직하게 나라를 통치했다고 한다. 이때 구스(현재 에티오피아로 추정됨)의 세라 왕이 100만 대군을 이끌고 유다 왕국을 침공한다. 구스 왕의 100만 대군을 감당할 수 없었던 아사왕은 구스 군대를 이길 힘이 없으니, 하나님께 구원해달라고 기도하며 출전한다. 그리고 전쟁의 결과가 이렇게 기록되어 있다.

여호와께서 구스 사람들을 아사와 유다 사람들 앞에서 치시니 구스 사람들이 도망하는지라. 아사와 그와 함께 한 백성이 구스 사람들을 추격하여 그랄까지 이르매 이에 구스 사람들이 엎드러지고 살아남은 자가 없었으니 이는 여호와 앞에서와 그의 군대 앞에서 패망하였음이라 노략한 물건이 매우 많았더라(역대하 14장 12-13절).

하나님께서 적은 유다 군대가 구스의 100만 대군과 싸워 이기게 하셨다. 이 전쟁에서 유다 왕국은 단순하게 승리한 것에 그치지 않았다. 구스의 100만 대군이 전쟁을 치르기 위해서 가지고 왔던 전쟁 물자들을 그대로 전리품으로 획득하였다. 성경은 전리품이 엄청 많았다고 기록한다. 하나님 앞에서 정직하게 살아가는 아사 왕에게 하나님께서 전쟁에서 승리하게 하셨다. 뿐만 아니라, 상상할 수도 없이 막대한 전리품을 노획하게 하셔서, 나라의 재정도 넘치게 하셨다. 한 나라를 아무렇지도 않게 재정적으로 부유하게 만드실 수 있는 하나님께서 한 개인을 부자가 되게 하고, 성공하게 만들어주는 것은 얼마나 쉬운 일이겠는가?

성경대로 사업해도 부자가 될 수 있다는 것을 증명한 한국의 롤 모델은 이랜드 박성수 회장일 것이다. 이랜드에는 18가지 이랜드 스피릿이 있는데 가장 위에 올라와 있는 것이 하나님 중심, 믿음 중심, 말씀 중심이다. 박성수 회장은 이화여대 앞에서 2평 가게를 임대해서 티셔츠 판매로 창업할 때부터 성경대로 사업하기로 결심하고 창업한다. 부정부패가 만연한 시대 속에서 성경적 가치를 지키며 사업하는 것이 얼마나 힘들었을지 짐작이 충분히 간다.

  이랜드에는 관청과 공무원을 관리하는 대관(對官)부서가 없다고 한다. 물론 관청 인허가를 담당하는 부서는 있지만 이것은 순전히 행정적 업무를 추진하는 부서이다. 우회적인 방법으로 평소 관공서와 좋은 관계를 유지하기 위해서 공무원을 접대하고 관리하는 부서가 없다는 말이다. 그래서 이랜드는 관청에 책잡힐 일은 하지 않는다는 것이 불문율이라고 한다.

  이랜드가 서울 창전동 신사옥으로 이전했을 때, 관청에서는 입주 허가를 내주지 않았다고 한다. 시간이 계속 지연되어 빨리 허가를 해주어야 이사를 하지 않느냐고 항의를 하자, 담당직원은 구청장님에게 인사라도 하라고 했단다. 관청에서 요구하는 것을 진행하지 않자 관청에서는 온갖 점검을 핑계대로 수시로 점검을 나왔다고 한다. 이와중에 각종 명목의 벌금 고지서가 날라왔다고 한다. 그래도 벌금을 낼지언정 관청과 타협하지 않자, '털어도 먼지 안 나오는 회사'라는 인정을 받게 되었다고 한다.

  한번은 이랜드 그룹의 부동산 개발 담당 부서에 국세청의 세무감사팀이 들이닥쳤다고 한다. 그런데 국세청 조사는 예상외로 싱겁게 끝났다. 이랜드의 장부가 너무 깨끗해서 조사관들조차 감탄했다고 한다. 이것은 관청을 상대로 당당하게 처신하려면 무슨 일이 있어도 책잡힐 일은 하지 말아야 한다는 생각을 끝까지 고수한 결과이다. 박성수 회장은 그렇게 성경대로 정직하게 사업한 결과로 이랜드를 2022년 현재 재계 서열 47위의 대기업으로 키워냈다.

  ― 차기현, 『이랜드 2평의 성공신화』

하나님께서 말씀하신 바른 길, 바른 방법대로 사업해도 충분히 부자가 될 수 있다. 아니, 바른 길이 가장 빠르고, 가장 안전하게 부자가 되고, 성공하는 길이라고 확신한다. 성경에 그렇게 기록되어 있고, 그런 방법으로 성공한 그리스도인들이 주변에 많기 때문이다. 난 개인적으로 10평 정도 되는 국수가게라도 운영해보고 싶은 마음이 굴뚝같다. 나는 하나님을 믿는다. 그래서 하나님께서 물질 축복을 받는 방법이라고 말씀하신 대로, 순종하면 부자가 될 수 있다고 믿는다. 물론 사람마다, 업종마다 금액의 차이는 있겠지만, 하나님 약속대로 돈 벌 수 있다고 믿는다. 난 성직자로 약 30년 정도 사역했다. 장사하는 성도와 사업하는 성도들을 많이 만나보았다. 이들 중 많은 경우 성경대로 사업하면 돈 벌기 어렵다고 생각하는 듯했다. 심지어는 분식집을 하는 성도에게 전도지를 무한 제공할 테니 가게에 비치해두고 손님들에게 전도하라고 했다. 하나님께서 그 가게를 축복하실 것이라고 확신 있게 말했다. 그런데 그 성도가 그러다가 단골손님들 기분 상하게 할까 봐 못 하겠다고 말하는 것을 듣고 놀란 적이 있다. 그래서 나는 직접 국수 장사라도 해보고 싶은 것이다. 성경대로 장사하면 진짜 돈을 못 벌게 되는지 확인하고 싶기 때문이다.

그런데 우리 주변에 하나님께서 말씀하시는 바른 방법, 바른 길로 가면서 부자가 되고 성공하는 사람들이 많이 있다. 본인이 목사이기도 하면서, 세계적인 건축 설계회사 '팀하스'의 회장인 하형록 회장도 바른 길이 가장 빠른 길이라고 단호히 말한다.

3남 1녀 중 차남으로 태어난 하형록 회장은, 목회자인 부모님의 헌신으로 부산 한센병 환자 촌에서 어린 시절을 보냈다. 초등학교 6학년 때, 아버지를 따라 미국 필라델피아로 오게 됐다. 과학과 공학 쪽에 관심이 많던 그는 펜실베이니아 대학교와 동 대학원 건축학과를 졸업했다. 그 후 최고의 주차 빌딩 건축 설계 회사인 '워커사'에 입사해 스물아홉의 나이에 중역의 자리에 오를 정도로 성공가도를 달렸다. 그가 33살 때 '심실빈맥'이라는 심장질환을 앓게 된다. 심장이 불시에 빠른 속도로 계속 뛰어 죽을 수도 있는 무서운 병이 찾아온 것이다. 그는 2년간 생명을 위협하는 절박한 위기의 순간들을 넘기면서, 하나님을 만났다. 심장 이식 수술에 성공하여 건강을 찾은 그는 '우리는 어려운 이들을 돕기 위해 존재한다.'라는 사훈을 가진 '팀하스'를 창업한다.

하회장이 그가 하나님의 앞에서 정직이라는 가치를 잡은 것 때문에 오히려 사업의 문이 열린 경험을 이렇게 말한다.

한 대학에서 1,000−1,500대 규모의 주차 빌딩 설계를 맡겼다. 계약을 체결하고 기초 공사를 하는데 주차장 부지 밑으로 도시의 보일러관이 묻혀 있는 것을 알게 되었다. 시공 다시 하려면 엄청난 공사비를 추가 부담해야 한다. 학교 측에서는 우리가 미리 확인하지 않은 책임을 지라고 말했다. 원래는 공사를 요청하는 학교 측에서 미리 확인하고 우리에게 알려주어야 하는 사항이었다. 그렇지만 나도 확인하지 않은 책임이 있어서 나도 잘못한 점이 있다고 인정했다. 그랬더니 학교 당국자가 난 이 학교에 근무하면서 수많은 건축업자를 만나보았는데, 잘못했다고 인정하는 업자는 당신이 처음이라고 말했다. 그 이후에 이 직원은 이런 정직한 회사와 계속 거래를 해야 한다며 학교를 설득했고, 우리는 큰 손해를 보지 않은 상태에서 원만하게 공사를 마감했다. 이 사건은 우리 회사가 정직한 회사라는 인정을 받게 하는 계기가 되었다.

    – 하형록, 『성경대로 비즈니스 하기』

  바른 길을 가는 것, 그것이 바로 부와 행복을 얻게 하는 성경의 원리이다!

05

거룩하게 갈망하라

너희는 욕심을 내어도 얻지 못하여 살인하며 시기하여도 능히 취하지 못하므로 다투고 싸우는도다. 너희가 얻지 못함은 구하지 아니하기 때문이요. 구하여도 받지 못함은 정욕으로 쓰려고 잘못 구하기 때문이라(야고보서 4:2절).

위의 성경 구절은 맹목적인 욕심과 탐욕이 만들어내는 일을 경고하고 있다.

사람들은 욕심을 내어도 자기가 원하는 것을 얻을 수 없기 때문에 살인을 한다. 시기하고 질투를 해도 얻을 수 없기 때문에 싸우고 다툰다.

탐욕은 자신이 원하는 것을 충족하기 위해서는 어떠한 수단과 방법도 가리지 않게 만든다.

지금 우리가 살고 있는 세상의 모습을 그대로 보여주는 것 같다. 만인이 만인을 대상으로 생존의 투쟁을 하는 밀림이 되었다. 내 욕심을 만족시키기 위해서라면 무슨 짓이든 한다. 천륜이라고 여겼던 부모와 자식 관계 속에서도 돈 때문에 일어나는 비극적인 사건들이 빈번하게 일어나고 있다.

이렇게 탐욕이 홍수같이 세상을 뒤덮는 시대에 성도들은 원하는 것을 어떻게 얻는가? 앞장에서 언급한 것과 같이 하나님께 얻는다. 소원하는 바를 하나님께 얻게 하는 가장 대표적인 행위가 기도이다. 그리스도인이 기도하는 하는 하나님은 가장 좋은 것으로 주시는 우리의 아버지라고 말씀하신다.

너희가 악한 자라도 좋은 것으로 자식에게 줄 줄 알거든 하물며 하늘에 계신 너희 아버지께서 구하는 자에게 좋은 것으로 주시지 않겠느냐 (마태복음 7장 11절).

성경은 모든 사람이 악하다고 말씀하신다. 아담과 하와가 하나님 말씀에 불순종해서 선악과를 먹게 된 이후로 사람의 본성이 죄에 오염되었다. 이렇게 타락한 죄의 본성을 가지고 있는 악한 자라고 하더라도, 자녀들에게는 좋은 것으로 주려는 것이 아버지의 본성이다.

오래 전, 1999년에 한국 교포 중에 미국 법정에서 징역 271년을 선고 받은 사람이 있었다. 그런데 이 아들이 재판이 완료되기도 전에 아들을 한국으로 빼돌리려고 했다가 아버지 강 모 씨도 함께 구속된 사건이 있었다. 아버지 강 씨는 미국에서 무역업으로 성공해 한인사회에서 성공한 사업가로 인정받고 있었다고 한다. 반면에 아들은 미국 LA에서 갱 단원으로 활동하면서 여성 네 명을 집단 성폭행하고 금품을 빼앗은 혐의로 기소되어 배심원 평결에서 유죄가 인정되었다. 그때 강 씨는 미국 법원이 형을 선고하기 직전 보석금 220만 달러(한화 25억)을 내고 아들을 석방시킨 뒤에, 아들을 몰래 한국으로 빼돌렸다. 그러자 미국 법원은 죄질이 나쁘다며 이례적으로 피고인이 재판에 출석하지 않은 상태에서 271년의 징역형을 선고했다. 아버지 강 씨는 아들을 한국으로 도피시킨 뒤 호적 공무원 두 명에게 2천만 원을 주고 아들을 이모의 아들로 호적에 올리고 주민등록증을 새로 발급 받았다. 강 씨의 아들은 2000년 10월에 국내에서 대마초를 피우고 무면허로 운전을 하다가 적발되는 바람에 신분이 들통 나게 된다. 아들은 미국 법무부로부터 한미 범죄인 인도조약에 따라 미국에 넘겨지게 되었고 아버지도 함께 구속되었다.

– 중앙일보, 2001. 7. 5.

악한 아버지도 자식에게 어떻게든 좋은 것으로 주려고 한다. 우리의 하나님 아버지께서는 지극히 선하신 아버지시다. 그런 하나님도 자녀들의 간구하는 것에 허락해줄 수 없는 경우가 있다. 그것이 바로 오직 정욕적인 목적으로 구할 때이다. 정욕적인 목적으로 구한다는 말이 무슨 뜻일까? 이 책의 주제에 맞게 생각해보자. 돈을 벌어 부자가 되고, 사회에서 성공하는 문제와 연결해보자. 우리가 돈을 벌어 부자가 되고, 성공하려고 하는 목적이 무엇인가? 이것은 이런 내면의 동기(動機)와 연결되는 문제이다. 돈을 벌어 부자가 되려고 하는 목적이 오직 자신의 탐욕과 욕심을 만족시키려고 하는 것뿐이라고 한다면, 하나님께서 그 사람의 기도에 응답하시지 않는다는 말이다.

비 그리스도인들도 돈 자체를 목적으로 삼으면 큰 부자가 될 수 없다고 말한다.

『부자의 사고, 빈자의 사고』의 저자 '이구치 아쿠라'는 리츠 컨설팅 대표이사이다.

저자는 학창시절에 집단 따돌림, 잦은 전학을 경험하며 인생에 절망했다. 뉴욕으로 유학을 갔으나 결국 대학교를 중퇴한 후 일본으로 돌아왔다. 온갖 실패와 좌절을 경험한 저자는 사고방식을 바꿈으로써 실제로 전 재산 30만 원의 폐인에서 젊은 나이에 연봉 10억 원의 부자가 되었다. 그 과정에서 부자가 될 수 있는 가장 빠르고 안전한 방법이 돈을 버는 기술과 노하우를 습득하는 것이 아니라 부자의 사고방식을 갖는 것이라는 것을 알고 그 깨달음을 책으로 출간한 것이다. 우쿠라 자신도 가난에서 벗어나기 위해서 치열하게 살았지만, 정작 자신의 삶의 목적은 돈이 아니었다고 한다. 돈은 인생의 목적이 아니라, 자기가 목표로 삼은 이상을 현실화하는 도구에 불과하다고 말한다.

앞에서 한번 언급한 『부의 해부학』을 쓴 라이너 지텔만 박사는 부모로부터 재산을 상속받지 않고도 큰 부를 축적한 사람들을 '부의 엘리트'라고 정의한다. 그리고 이들이 어떻게 그렇게 큰 부를 얻게 되었는지 45인을 심층 연구해서 그 결과를 『부의 해부학』이라는 책으로 출간했다. 지텔만 박사가 이들에게 조사한 항목 중에는 '돈이 당신들의 목표였는가?'라고 묻는 항목이 있었다. 그런데 이들 중 대부분은 돈 자체보다 돈을 가진 것으로 얻을 수 있는 자유를 더 중요한 것이라고 대답했다. 돈은 자신들의 목표를 이루는 수단에 불과하다고 말한다.

한국에서 짧은 시간에 베스트셀러에 오른 『더 해빙』의 이서윤 작가는 일곱 살에 운명학에 입문해 동서양의 고전을 마스터하고 오랜 기간 한국의 경제계 리더들을 자문해왔다고 한다. 이미 고등학생 때부터 자신을 찾아오는 부자들의 자문에 응했고, 그녀에게 자문을 구하는 이들은 대기업의 오너와 주요 경영인, 대형 투자자 등 상위 0.01%에 해당하는 부자들이었다고 한다. 돈에 대한 간절함이 지나치면 이것이 독이 되어 오히려 돈이 모이지 않는다고 말한다. 돈 자체에 대한 갈망과 욕망만 있다면 돈이 모이지 않는다는 논리이다.

그렇다면 그리스도인들은 부자가 되고 성공하는 것을 갈망하면 안 되는 것인가?

부자가 되고 성공하는 것은 좋은 것이다. 하나님께서 당신의 자녀들을 위해서 주시는 선물이다. 전도서에 이런 말씀이 있다.

또한 어떤 사람에게든지 하나님이 재물과 부요를 그에게 주사 능히 누리게 하시며 제 몫을 받아 수고함으로 즐거워하게 하신 것은 하나님의 선물이라(전도서 5장 19절).

그러기에 그리스도인들이 부자가 되고 성공하기를 소원해도 되는 일이다. 앞장에서 살펴본 바와 같이 하나님의 본심은 당신의 자녀들을 축복하시는 것이다. 그리스도인들은 돈 벌어 부자가 되고자 하는 그 동기를 거룩하게 만들면 된다. 왜 부자가 되기를 원하는지, 왜 성공하기를 원하는지, 그 목적을 거룩하게 만들면 된다.

모든 그리스도인의 인생의 최종 목적이 무엇인가? 성경은 이렇게 말씀하고 있다.

그런즉 너희가 먹든지 마시든지 무엇을 하든지 다 하나님의 영광을 위하여 하라(고린도전서 10장 31절).

그리스도인들은 무엇을 하든지, 그 인생의 결과로 하나님의 이름이 높아지고 찬송을 받게 해야 한다. 이것이 모든 그리스도인의 최종 목적이다. 부자가 되고자 하는 목적과, 성공하고자 하는 목적을 바로 이 성경 말씀에 부합되게 하면 된다.

돈을 많이 벌어 큰 부자가 되고자 하는 소원이 있다고 하자. 부자 되고자 하는 목적이 하나님께서 기뻐하시는 일에 마음껏 헌신하고, 복음을 전하는 선교와 전도에 물질로 후원하며, 가난한 자들을 섬기기 위한 것이라면 지극히 거룩한 욕망이다.

자기 정욕을 위해서 간구하는 것과, 하나님께서 기뻐하시는 것을 간구하는 것의 차이가 무엇인지 2차 대전 때 군종 목사로 참전한 '웨이스 윌라드' 목사님의 경험을 묵상해보면 많은 울림이 있을 것 같아 소개한다.

진주만 기습공격으로 한때 수세에 몰려 있던 미군이 태평양 지역에서 일본군을 몰아내면서 수많은 상륙작전을 치렀다. 그중에 가장 짧은 시간에 가장 많은 사상자를 낸 전투가 1943년 11월에 치른 타라와 섬 상륙작전이었다. 전투는 3일간 진행되었다. 섬에 주둔하고 있던 일본군은 거의 전원이 전사하고, 일본군 17명과 한국인 강제 징용자 129명만이 살아남아 미군의 포로가 됐다. 미군의 피해도 상당한 수준이었다. 3일 동안 1,001명이 전사, 2,101명이 부상당했다. 거의 같은 기간에 1942년 8월부터 이듬해 2월까지 8개월 동안 벌어진 과달카날 전투의 지상군 전사자가 1,768명이었던 것에 비하면 실로 엄청난 피해였다.

상륙작전이 있던 전날 밤 15명의 사병들이 '윌라드' 목사님에게 기도해달라고 찾아왔다. 목사님은 먼저 한 사람씩 돌아가면서 기도하게 한 후 자기가 마지막에 기도하겠다며 사병들에게 기도를 시켰다. 여러 가지 다른 내용이 있었지만 15명 전원이 공통되는 기도 제목이 있었다. 전투가 끝난 후 월라드 목사님이 전하는 15명의 병사들의 공통적인 기도의 내용은 다음과 같았다.

주님 내일 저희는 상륙작전을 하게 될 겁니다. 장교들의 말에 의하면 혈투가 전개될 것이라고 합니다. 우리 병사들 중 많은 사람들이 죽을 것입니다. 만일 누군가가 죽어야 한다면 기독교인들이 먼저 죽게 하옵소서. 이미 예수를 믿는 자들은 죽어서 천국에 가게 될 것입니다. 아직 예수를 믿지 않는 자들을 살게 하셔서, 그들이 예수를 믿을 수 있는 기회를 주옵소서.
— 레잇 앤더슨, 『예스보다 더 좋은 하나님의 기도 응답』

하나님께서 기뻐하시는 목적을 위해서 부자 되기를 욕망하라. 이런 경우라면 부자가 되는 한계를 두지 말라. 거룩한 욕망이라면 마음껏 달라고 기도해라. 그렇게 해도 된다.

06

나누고 베풀라, 더 채워진다

티끌 모아 태산!

이 말은 부자가 되는 방법을 알려주는 가장 오래된 격언일 것이다. 틀린 말은 아닐 것이다. 부자가 된 많은 사람들이 자신들이 부를 축적하여 부자가 된 방법 중에 하나라고 말한다.

빈손인 상태에서 눈사람을 만들려면 처음에 한 움큼의 눈을 딱딱하게 만들고 어느 정도 크기가 될 때까지는 계속 굴려야 할 것이다. '티끌모아 태산!'이라는 말이 틀린 말은 아닐 것이다. 한동안은 모아야 부(富)가 불어날 수 있겠다. 그러나 성경은 하나님께서 주시는 부(富)의 축복을 받는 정 반대의 말씀을 하고 있다.

흩어 구제하여도 더욱 부하게 되는 일이 있나니 과도히 아껴도 가난하게 될 뿐 이니라 구제를 좋아하는 자는 풍족하여질 것이요 남을 윤택하게 하는 자는 자기도 윤택하여지리라(잠언 11장 24-25절).

하나님께서는 과도히 아끼고 모아도 가난하게 되는 일이 있다고 하신다. 반면에 나누어주고, 베푸는 자가 더 풍족해질 것이라고 말씀하신다. 하나님께서는 부(富)를 나누는 자들에게 더 많은 부(富)를 주겠다고 약속하신다. 추가로 그의 인생이 윤택하게 만들어주겠다고 약속하신다.

'어떻게 사는 것이 기부하며 사는 인생인가?'라는 질문에 빠지지 않고 등장하는 사람이 있다. 그는 바로 석유 왕 록펠러일 것이다. 우리는 인생의 후반부에 막대한 돈을 기부하는 록펠러 모습에 익숙하다. 그러나 록펠러가 재산을 형성하던 초기에는 무척 잔혹한 방법으로 재산을 축적한 것으로 유명하다.

군사독재 정권시절에 민주화 운동에 가담하고, 후에 사회단체 활동을 했던 '허인회' 씨가 록펠러와 그의 재단의 어두운 부분을 파헤쳐『그들은 어떻게 권력이 되었는가』라는 책을 썼다. 허 작가는 이 책을 통해 록펠러의 잔혹한 탐욕을 잘 고발했다. 록펠러가 초기에 재산을 모아가는 과정은 피도 눈물도 없는 전쟁과 같았다.

석유회사를 운영한 그는 경쟁사 스물여섯 개 가운데 스물두 개를 헐값에 인수해 정유 산업을 평정했는데, 그 과정에는 협박과 직원 매수, 압력이 동원되었다고 한다. 사업을 확장해가는 과정에서 정치권 매수, 경쟁업체 협박, 문어발식 확장, 중소기업 기술 유출, 주가 조작 등 그야말로 악덕 기업주라는 오명에서 벗어나지 못할 짓을 해왔다. 그중에서도 가장 씻을 수 없는 치명적인 사건이 바로 1913년 러드로의 학살 사건이다. 록펠러가 인수한 콜로라도 석탄, 철강에서 노동쟁의를 진압하는 과정에서 유혈사태가 벌어졌다.

이 진압 작전에 콜로라도 주 방위군과 회사에 고용된 민병대가 이들을 공격해서 40명이 숨지고 지하실에서 여자 두 명, 어린아이 열한 명이 사망하게 되었다. 이것을 보면 사업 초기의 록펠러는 부를 축적하기 위해서는 어떠한 일이라도 서슴지 않는 냉혹한 인간이었음에 틀림없다.

그가 55세 되던 해 불치병을 얻어 1년 이상 살지 못한다는 판정을 받게 된다. 그가 최후 검진을 위해 휠체어를 타고 병원에 들어가서 기다리던 중에 시끄러운 소리에 정신을 차려보니 입원비 문제로 다투는 소리였다. 병원 측은 병원비가 없어 입원이 안 된다며 입원을 거절한다. 환자의 어머니는 자기 딸을 입원시켜달라고 울면서 하소연 하고 있었다. 록펠러는 비서를 시켜 소녀가 치료 받도록 조치했고, 병원비를 지불하고 누가 지불했는지 모르게 했다. 그가 은밀히 도운 소녀는 기적적으로 회복이 되어 건강해졌고, 그 모습을 지켜보던 록펠러는 얼마나 기뻤던지, 후에 그의 자서전에서 그 순간을 이렇게 표현했다. "저는 살면서 이렇게 행복한 삶이 있는지 몰랐습니다."

그는 이때부터 나눔의 삶을 살기로 작정한다. 신실한 기독교인이었던 어머니에게 어릴 때부터 정확한 십일조의 교육을 받은 그는, 십일조 드리기를 시작했고, 수익의 십일조를 계산하는 직원만 무려 40명의 인원을 두었다고 한다. 그는 죽기 전까지 교회, 대학, 도서관 건립, 등에 천문학적인 돈을 기부했다. 기부의 삶을 통해서 1년도 못 산다는 판정을 받은 그는 나눔의 삶을 살면서 98세까지 평안하게 살았다. 그가 진정한 그리스도인으로 회심한 것이 아니라고 의심하는 사람들이 더러 있다. 그러나 적어도 나누어주는 자가 부자가 되고, 윤택한 삶을 살게 될 것이라는 성경의 말씀을 체험하며 살았던 것은 맞는 말인 것 같다.

하나님께서는 우리가 부(富)를 어떻게 사용하시기를 원하시는가?

누가복음 9장에 보면 '오병이어' 기적이라고 하는 사건이 기록되어 있다. 예수님께서 광야에 계실 때 군중이 모여들었다. 이 무리가 장정만 오천 명이라고 한다. 성경에서 사람의 숫자는 만 20세에서 60세까지의 남자만 헤아린 숫자이다. 여자, 노인, 아이들까지 합치면 대략 이만 명 정도로 추산되는 군중이 모인 것이다. 저녁이 되었을 때, 제자들은 사람들을 해산시켜 각자 먹을 것을 해결하게 하자고 예수님께 건의한다. 이 말은 예수님께서 이렇게 대답하신다.

예수께서 이르시되 너희가 먹을 것을 주라 하시니 여짜오되 우리에게 떡 다섯 개와 물고기 두 마리밖에 없으니 이 모든 사람을 위하여 먹을 것을 사지 아니하고서는 할 수 없사옵나이다 하니(누가복음 9장 13절).

예수님은 제자들에게 너희들이 주라고 말씀하신다. 이 말을 들은 제자들은 우리는 떡 다섯 개와 물고기 두 마리밖에 없습니다. 그래서 우리는 이 많은 무리를 먹여 살릴 수 없다고 말한다. 이에 예수님은 그 작은 것을 손에 들고 하늘을 우러러 축복하고 감사기도 드린다. 그런 후에 떡과 고기를 떼어내신다. 예수님 손에서 음식이 끝도 없이 쏟아져 나온다. 그런데 예수님은 기적으로 만들어진 엄청난 양의 음식을 군중들에게 받아 가라고 말씀하시지 않는다. 성경은 이렇게 기록되어 있다.

예수께서 떡 다섯 개와 물고기 두 마리를 가지사 하늘을 우러러 축사하시고 떼어 제자들에게 주어 무리에게 나누어 주게 하시니(누가복음 9장 16절).

예수님은 굶주리고 있는 이만 명의 사람들에게 먹을 것을 제자들에게 가져다주라고 명령하셨다.

예수님은 전능하신 능력으로 어린아이의 도시락이었던 떡 조각 다섯 개와 작은 물고기 다섯 마리로 엄청난 양의 음식을 만드셨다. 그리고 떡과 고기를 제자들에게 주시고, 제자들로 하여금 사람들을 먹이게 하셨다. 이것이 하나님께서 세상을 축복하시는 방식이다.

하나님은 성도들을 축복하시고, 은혜를 받은 성도들로 하여금 하나님의 축복을 세상에 나누어주기를 원하신다. 하나님은 교회를 축복하시고, 은혜 받은 교회로 하여금 하나님의 축복을 세상에 흘려보내게 하시는 것을 원하신다. 하나님은 성도와 교회를 하나님의 축복을 나누어 주는 축복의 통로로 사용하시기를 원하신다. 그 일을 하려면 성도와 교회에 부어질 축복의 분량이 얼마나 커야 하겠는가? 예수님께서 제자들에게 주신 음식의 분량이 얼마 정도였을까?

먹고 다 배 불렀더라 그 남은 조각을 열두 바구니에 거두니라(누가복음 9장 17절).

이만 명의 사람들은 겨우 시장기만 면할 정도의 음식을 받은 것이 아니다. 성경은 모두 다 배불리 먹고 열두 광주리가 남았다고 기록한다. 동일한 내용을 기록하고 있는 요한복음 6장에서는 사람들이 원하는 대로 음식을 주었다고 기록되어 있다. 2만 명의 사람들이 조금씩 배급 받은 것이 아니라, 원 없이 먹고도 남는 분량을 제자들에게 제공해주셨다. 예수님께서는 이 엄청난 분량의 축복을 제자들에게 주시고, 제자들이 사람들에게 나누어 주길 원하셨다. 하나님께서 당신의 자녀들에게 주시고자 하시는 축복의 분량을 이렇게 말씀하신다.

기록된 바, 하나님이 자기를 사랑하는 자들을 위하여 예비하신 모든 것은 눈으로 보지 못하고 귀로 듣지 못하고 사람의 마음으로 생각하지도 못하였다 함과 같으니라(고린도전서 2장 9절).

하나님께서 택하신 자녀들에게 주시려고 준비하신 축복의 분량은 생각하지도 못할 엄청난 것이라고 하신다.

나누어주는 삶을 사는 것을 통해 더 많은 부를 얻고, 더 윤택한 삶을 살게 되는 것은 그리스도인들에게만 해당되는 것일까? 부자 되는 원리에 대해서 책을 쓴 많은 성공 철학자, 동기부여가들의 저서들을 보면 거의 공통적으로 부(富)는 나눌 때 더 커진다고 말을 한다. 앞에서 언급한『더 해빙』이라는 책에서도 부와 행운을 끌어당김에 있어서 상생(相生)의 원리가 중요하다고 말한다. 돈을 벌고 부자가 되어 나 혼자 잘 먹고, 잘 살려고 하는 사람에는 큰 부가 모이지 않는다고 한다. 공동저자 중 한 명인 이서윤 씨는 주역의 말을 인용하여 설명한다. 적선지가(積善之家) 필유여경(必有餘慶). 선행을 쌓은 집에 반드시 경사스러운 일이 있다는 내용이다. 비 그리스도인들도 부와 재물을 나누면, 나눌수록 더 커진다는 것을 경험적으로 안다. 그래서 나누고 베푸는 일에 열심을 내고, 결과적으로 더 많은 부와 재물을 얻는다.

하나님께서 택하신 자녀들에게 알려주신 부와 재물을 얻는 방법을 정작 택함 받은 자녀들은 사용하지 않고 가난하게 산다. 반면에 비 그리스도인들은 하나님을 믿지 않지만, 부자 되는 이 방법을 사용하여 엄청난 부와 재물을 누리면서 살고 있다. 하나님의 자녀들은 성경적으로 살아도 충분히 부자가 될 수 있다. 그리스도인들은 경건하게 살아도 충분히 성공하고 출세할 수 있다. 돈과 성공을 위해서 하나님을 떠나고, 신앙을 버리지 않아도 된다. 이제 돈 벌어서 나와 내 자녀들, 행복하고 즐겁게 살자는 편협함을 벗으라. 우리가 하나님께 받을 수 있는 축복의 분량은 상상초월이라고 성경은 말씀하신다. 이 축복을 받아 부와 행복을 세상에 흘려보내는 축복의 통로가 되는 꿈을 꾸고 도전하라.

07

감사가 인생을 더 풍요롭게 한다

감사로 제사를 드리는 자가 나를 영화롭게 하나니 그의 행위를 옳게 하는 자에게 내가 하나님의 구원을 보이리라(시편 50편 23절).

하나님께 대한 감사는 또 다른 축복을 끌어당긴다.

하나님께 감사를 하면 할수록 감사할 수밖에 없는 일들이 늘어난다. 위 성경구절에 감사를 드리는 자가 하나님을 영화롭게 한다고 하신다. 우리가 하나님께 감사를 드리면 하나님께서 기뻐하신다. 전능하신 하나님께서 우리의 감사에 기뻐하시니, 또 다른 은혜가 부어지는 것이 당연하다.

이스라엘 백성들이 지켜야 할 3대 절기(명절)이 있다. 유월절과 맥추절과 초막절이다.

첫째, 유월절은 이스라엘 백성들이 애굽의 노예 생활에서 탈출하게 된 날을 기념하며 감사하는 절기이다.

둘째, 맥추절은 유월절에서 유월절부터 제 50일째 되는 날에 지킨 절기로 밀을 거두고 첫 이삭을 드리며 감사하는 절기이다.

셋째, 초막절은 가을의 추수로서, 올리브, 포도, 무화과 등의 과일을 거두고, 이것을 감사하며 지키는 절기이다.

신명기 16장 전체는 이 세 개의 감사 절기를 지키라는 하나님의 명령을 설명하고 있는데, 이 세 개의 감사 절기를 지켜야 할 이유를 이렇게 설명하신다.

아빕월을 지켜 네 하나님 여호와께 유월절을 행하라 이는 아빕월에 네 하나님 여호와께서 밤에 너를 애굽에서 인도하여 내셨음이라(신명기 16장 1절).

각 사람이 네 하나님 여호와께서 주신 복을 따라 그 힘대로 드릴지니라(신명기 16장 17절).

이스라엘 백성들이 하나님 앞에서 감사절을 지켜야 하는 이유는 2가지이다.

첫째, 하나님께서 너를 애굽의 노예생활에서 구원해주었으니, 하나님께 감사절을 지켜야 한다.

둘째, 하나님께서 가나안 땅을 선물로 주시고 그 땅에서 소산물을 주셨으니, 하나님께 감사절을 지켜야 한다. 하나님은 억지로 감사하라고 하시지 않는다. 감사할 수밖에 없는 일을 먼저 주시고 감사하라고 말씀하신다. 이스라엘 백성들에게도 먼저 은혜를 베푸셨다. 애굽의 노예 생활에서 구원해주셨고, 가나안 땅을 선물로 주셔서, 소산물을 얻게 하셨다. 그러니 감사하라고 요구하시는 것이다.

하나님께 감사절을 지켜야 할 당연한 근거로 제시한 조건들을 보면 모두 과거에 받은 은혜를 기억하고 감사하라고 하신다. '감사하라'는 말을 들으면 지금 뭔가 좋은 것을 받았을 때 하는 것이 아닌가? 하고 생각하기 쉽다. 그러나 성경 속에서 감사의 출발점은 과거에 받은 은혜를 기억하고 감사하는 것이다. 하나님은 우리가 과거에 받았던 은혜를 잊지 않고 가슴에 기억하며 살기를 원하신다.

과거에 받았던 은혜를 기억하는 것에는 큰 유익이 있다. 과거에 그 어려운 때에 하나님의 은혜로 그 고난을 이겨 나온 발자취를 기억하면 그냥 감사가 나온다. 과거에 받았던 은혜를 기억하며 감사하면 지금의 이 고난에서도 나로 하여금 이기게 하시라는 확신이 서게 한다. 과거의 은혜에 대한 감사가 현재의 고난을 이기게 하는 힘과 능력을 준다. 그래서 감사는 새로운 축복을 끌어당기는 동아줄과 같은 것이다.

당신은 누군가에게 오랜 시간을 배려해주고, 호의를 베풀어본 적이 있는가? 그리고 그 사람이 내가 자기에게 그 오랜 세월을, 그렇게 많이 호의를 베풀어준 것에 대해서 전혀 기억하고 있지 않다면 기분이 어떻겠는가? 호의를 베풀 때에만 두꺼비 파리 잡아먹듯이 날름 받아먹고, 그 뒤에는 까맣게 잊는 사람이 있다면 그 사람을 어떻게 하겠는가? 다시는 호의를 베풀고 싶지 않을 것이다. 그래서 하나님께 감사드릴 때에는 작은 것에도 호들갑 떨며 감사하는 것이 좋다. 우리가 다른 사람에게 선물을 줄 때, 사소한 것인데 상대방이 너무 좋아하면 주는 쪽이 기분이 좋아진다. 그런 사람에게는 뭐래도 더 주고 싶지 않겠는가? 하나님과 우리 사이에도 그런 것 같다. 하나님께 감사할 때에는 오버 액션해도 된다. 호들갑을 떨면서 감사해보라. 놀라운 일이 벌어진다. 이렇게 작은 일에도 호들갑을 떨면서 감사하게 되면, 우리 마음이 진짜 따뜻해진다. 가식적으로 감사하는 것이 아니라, 하나님께 진심으로 감사한 마음이 된다. 그리고 그 뒤에는 감사할 일들이 계속 이어진다. 그것도 놀라운 방법으로….

난 약 20년 전에 아내와 두 아들과 함께 교회를 개척했다. 교회를 개척하는 대부분의 목사들이 그렇듯이 나도 얼마 되지 않는 나의 전 재산과, 한도까지 꽉 채운 은행 대출을 받아 110평의 땅을 구입해서 개척을 했다. 교회는 세워졌지만 성도들이 없고, 나와 아내도 다른 직업을 가지고 있지 않았으니 수입은 하나도 없다. 은행 이자와 교회 운영비, 우리 가정 생활비 등을 고려하면 아무것도 하지 않고 밥만 먹고사는데도 한 달에 400만 원의 돈이 필요했다. 이때부터 내핍 생활이 시작되었다. 사람이 없이 살면 궁상 맞는 일들이 더 많이 생기는 것 같다. 밥상에 반찬이 계속 채소만 나온다. 하루는 밥을 먹다가 아이들에게 '얘들아, 젓가락질 조심해서 해라, 이러다가 밥상에서 뱀 나오겠다.'라고 말했다. 밥상이 온통 채소밭이니 뒤적거리다가 뱀 나올 것 같다는 농담이었다. 그 말을 하니 갑자기 고기가 먹고 싶어진다. '야! 여기다 삼겹살 구워서 상추 싸 먹으면 정말 좋겠다.'라고 말했다가 쫓겨날 뻔했다.

나는 우리가 살아 있는 중에 기독교에 대한 핍박의 날이 올 수 있다고 믿는다. 그래서 아내와 아이들에게 우리가 감옥에 끌려가서 고문을 당한다면 어떤 고문이 제일 힘들 것 같은지 자주 이야기한다. 아내는 전기 고문이 너무 무서울 것 같다고 말한다. 전기 고문을 계속 당하면 신앙을 지킬지 자신이 없다고 말한다. 큰아들은 이 질문에 곰곰이 생각해보더니, "아빠, 나는 밥 안 주고 굶기는 고문을 당하면 못 견딜 것 같아."라고 말해서 우리는 폭소를 터트렸다.

나는 아들에게 "야! 이놈들아 고문을 해도 밥은 먹여가며 고문해라." 하고 고문하는 사람들에게 소리치라고 말했다. 그랬더니 아들은 그러다가 더 오래 굶기면 어떻게 하냐고 말해서 우리는 배꼽을 잡고 한참이나 웃었다.

이런 아들놈이 한동안 고기를 먹지 못하고 채소만 먹었으니 고기가 얼마나 먹고 싶었을까?

그런데 바로 그날 오후에 청년 때 양육하던 제자가 "목사님! 공돈 생겨서 입금했습니다. 생활에 보태 쓰세요." 하고 전화를 했다. 전화를 받고 득달같이 마트로 달려가서 삼겹살 사서 저녁에 구워 먹었다. 삼겹살 먹으면서 우리 가족은 하나님은 정말 기가 막히시다. 어떻게 고기 먹고 싶다고 하자마자 고기 먹게 해주시냐? 하며 즐겁게 식사했다. 이렇게 우리는 삼겹살 한 판에도 온 가족이 호들갑을 떨면서 하나님께 감사한다.

비단 우리 가족만 이렇게 사는 것이 아니다. 하나님을 신실하게 믿는 사람들은 대부분 이렇게 산다.

연변과기대 교수와 평양과기대창립 부총장을 지낸 정진호 교수가 그의 책 『멈출 수 없는 하늘의 열정』에서 연변과기대 교수들의 에피소드를 소개했다. 그 중에 조현직 교수의 부인 윤인봉 사모의 경험담을 이렇게 소개했다.

중국에 온 지 2주가 되었다. 그동안 거의 매일 아이들 앞에서 눈물을 삼키며 혼자 찔끔거렸다. 미국에서 너무 편하게 살아온 탓으로 이곳의 부엌이며 화장실 더러운 방바닥 등 모든 것이 괴로웠다. 특히 수도를 틀면 쏟아지는 붉은 흙탕물은 나를 우울하게 만들었다. 어느 날 평소보다 더 붉은 흙탕물을 받아놓고 빨래도 해야 하고, 아이들 목욕도 시켜야겠는데 그런 더러운 물에 아이들을 씻기려니 가슴이 아팠다. 그날 저녁 드디어 참았던 울음을 터트렸다. 아이들과 남편 앞에서 엉엉 울어버렸다. 남편과 함께 이곳에 온 것이 실수인 것 같았다. 나 같은 사람을 보내신 하나님이 실수하신 것 같았다. 비싼 돈 들여서 이사를 마쳤으니 다시 돌아갈 수도 없고 서러워서 엉엉 울었다.(중략)

여기는 여름이면 며칠씩 물이 끊어지기 일쑤이다. 일주일 째 물이 안 나오니 싱크대에 설거지 거리가 산더미처럼 쌓여 있고, 화장실에서는 파리 떼가 들끓고 있다. 더구나 애들을 이 더위에 씻기지 못하니 몸에서 지독한 땀 냄새가 나기 시작했다. 그래서 너무 힘든 나머지 방바닥에 주저 앉아 "주님 왜! 저를 이런 곳에 보내셨나요?" 하며 통곡하고 있었다. 갑자기 부엌에서 물이 쏟아지는 소리가 들려 달려가 보니 수도꼭지에서 시뻘건 흙탕물이 쏟아지고 있었다. 그 수돗물을 보며 나도 모르게 "하나님 감사합니다. 하나님 감사합니다. 흙탕물이라도 주셔서 감사합니다!" 소리를 연발하며 서둘러 설거지를 하였다.

이런 이야기들이 구질구질하게 들리는가? 나와 내 가족은 이런 사건들을 지난 20년 동안 수도 없이 겪었다. 나는 내 인생이 구질구질하다고 생각하지 않는다. 난 하나님이 좋아서 죽을 지경이다. 하나님께 감사하면 감사드릴 일들이 끊임없이 이어진다. 감사는 하나님 듣기 좋으라고 아부하기 위해서 하는 것이 아니다. 감사는 또 다른 축복을 끌어오는 동아줄과 같기에, 나를 위한 일이다. 감사는 하나님을 위해서 해드리는 일이 아니다. 내 인생을 더 복되게 하고, 더 풍성하게 만드는 일이다. 감사는 결국 나를 위한 일이다. 그러니 열심을 내서 감사하고, 호들갑을 떨면서 감사하라. 또 다른 축복이 몰려온다!

08

하나님이 주인이 되게 하라

모든 지킬 만한 것 중에 더욱 네 마음을 지키라 생명의 근원이 이에서 남이니라(잠언 4장 23절).

독일의 철학자 프리드리히 니체는 서구 문화에 하나님의 부재가 확산되면서 돈이 하나님을 대체할 것이라 내다보았다. 이 시대 가장 영향력이 있는 복음주의 목회자 중에 한 사람으로 꼽히고 있는 팀 켈러가 『내가 만든 신』이라는 책에서 니체의 글을 인용했다.

어떤 사람은 왜 거짓된 저울추를 쓰고 다른 사람은 왜 시가 이상의 보험을 든 뒤 자신의 집에 불을 지르는가? 상류층의 4명 중 3명이 합법적 사기를 일삼는 이유는 무엇인가? 이 모두는 무엇에서 비롯되는가? 정말 무엇이 부족해서가 아니다. 그들의 생존은 전혀 위태롭지 않다. 그들을 밤낮 충동질하는 것은 재산이 불어나는 속도가 너무 더딘 것에 대한 지독한 조바심이고, 돈더미에 대한 지독한 동경과 애착이다. 전에는 하나님을 사랑해서 하던 일을 이제는 돈이 좋아서 한다.

중세 시대는 인간의 삶이 신 중심으로 움직인 시대였다. 이제 중세 시대를 벗어나, 인간이 역사의 주인이 된 근대시대를 살던 니체는 돈이 새로운 신이 될 것이라고 예상했다.

이런 현상은 우리나라도 예외는 아니다. 장래 하고 싶은 일이나, 직업에 대한 우리나라 10대들이 선호하는 것들을 살펴보자. 교사, 공무원, 아이돌, 유튜버 등이다. 안정적으로 돈을 벌거나, 짧은 시간 내에 큰돈을 벌 수 있다는 이유 때문이다. 우리나라 10대들도 세상에서 살려면 돈이 가장 중요한 것이라고 벌써부터 눈치챈 것이다.

2009년 11월 9일에 강남에서 한번 살아보겠다는 욕망에 빠진 10대가 억대의 보험금을 노리고 어머니와 누나를 청부살해하는 패륜 범죄를 저질러 충격을 준 적이 있다. 17세의 장 모 군이 보험금 약 3억 원을 타내려고 동네 후배를 시켜 자기 집에 불을 질러 어머니와 누나를 살해하게 만든 사건이다.

후배 김 군은 장 군의 사주를 받고 새벽에 장 군의 집에 침입해 거실에 휘발유를 뿌리고 라이터로 불을 질렀다. 그 결과 방에서 잠을 자던 장 군의 어머니와 누나를 불에 타 숨지게 했다. 장 군은 만일 아버지가 살아서 나오려 하면 흉기로 찔러 살해하라고 부탁했다고 한다. 다행히 범행 당시 장 군의 아버지는 집을 비워 화를 피할 수 있었다. 장 군은 또 김 군이 범행하는 동안에 여자 친구와 강원도 휴양지로 놀러가 사진을 찍고는 이를 인터넷 게시판에 올려 알리바이를 만들어 범행을 은폐하려는 치밀함까지 보였다고 한다.

장 군은 경찰에서 범행동기에 대해 "보험금을 받으면 강남에서 한번 살고 싶었다."라고 진술한 것으로 알려졌다. 이 사건이 10대가 저지를 수 있는 범죄라고 누가 상상이나 하겠는가?

거의 전 세계적 현상이기도 하지만, 우리나라 보건복지부 통계를 보면 정신질환, 특히 우울증환자가 기하급수적으로 급증하고 있다. 그 원인이 되는 요인들이 여러 가지가 있을 수 있지만, 정신질환 계통의 질병이 급증하는 것은 산업사회의 산물로 보는 견해가 우세하다. 우울증은 과거 농경사회 속에서는 많지 않았던 질병이다. 고도로 발달한 산업사회 속에서, 경제활동으로 인한 스트레스와 압박이 정신질환 계통의 질병을 급격하게 증가시키는 것으로 보고 있다.

– 박민영, 『인문학 세상을 읽다』

결국 우리는 날마다 돈! 돈! 돈! 하고 목 놓아 부르다가 돈 때문에 돌아 버리는 시대 속에 살고 있는 셈이다.

이런 시대에 성경은 돈에 대해서 무엇이라고 말씀하시는가? 성경학자들은 하나님께서 돈에 대해 언급한 부분이 3,200번 정도라고 말한다. 신약시대에 예수님께서 진리를 교훈하실 때 비유를 이용하셨다. 예수님께서 말씀하신 비유가 38편인데, 그중에 22편이 돈에 관한 비유이다. 돈에 관한 전체의 이야기 중 약 30%는 축복으로서의 약속으로 주신 말씀이고, 약 70%는 조심하라는 경고로 주신 말씀이다. 성경은 돈은 정말 좋은 것이지만, 위험한 것이라고 말씀하고 있다.

그렇다면 돈이 가지고 있는 위험성이 무엇인가? 첫째, 돈은 매우 강한 중독성을 가지고 있어서 위험하다.

부하려 하는 자들은 시험과 올무와 여러 가지 어리석고 해로운 욕심에 떨어지나니 곧 사람으로 파멸과 멸망에 빠지게 하는 것이라. 돈을 사랑함이 일만 악의 뿌리가 되나니 이것을 탐내는 자들은 미혹을 받아 믿음에서 떠나 많은 근심으로써 자기를 찔렀도다(디모데전서 6장 9-10절).

돈이 왜 위험한 것이라고 성경이 말하는 것인가? 마약과 같이 사람을 중독되게 하는 성향이 있기 때문에 위험하다고 경고하신다. 우리는 마약에 중독된 사람이 그 올가미에서 벗어나는 일이 쉽지 않은 일이라는 것을 잘 알고 있다. 성경은 돈에 이런 강력한 중독성이 있는 것이라고 경고한다.

돈은 그 효용가치가 너무 탁월해서 사람마다 좋아하고, 사람들마다 죽고 못 살게 만드는 힘이 있다. 그러다 보니 정당하지 않은 것, 허용되지 않은 것까지 소유하고 싶은 욕망에 빠지게 만든다. 위의 성경 본문은 그런 탐욕적 성향을 가진 사람을 억지로 부자가 되려고 하는 사람이라고 표현했다. 수단과 방법을 가리지 않고 부자가 되려는 사람, 수단과 방법을 가리지 않고 돈을 벌려고 하는 사람에게 자신의 인생이 무너지게 만드는 위험에 빠질 수 있다.

앞의 성경 구절은 돈이 일만 악의 뿌리라고 말하지 않는다. 돈 자체가 나쁜 것이라고 말하지 않는다. 돈을 사랑하는 것이 일만 악의 뿌리라고 말씀하고 있다. 결국 돈을 신처럼 섬기는 사람에게 문제가 있는 것이다. 만일 당신이 돈을 많이 벌어 부자가 되고 싶은 꿈이 있다면, 하나님께 기도하며 열심히 일하라. 그리고 꼭 부자가 되어라. 하나님은 그렇게 해주실 수 있는 충분한 능력이 있으시다. 그러나 조심해야 할 것이 있다. 돈이 가지고 있는 중독성에 중독되지 않아야 한다. 돈에 중독이 되면, 돈을 더 소유하기 위해 물불을 가리지 않게 된다. 성경대로 살아도 충분히 부자가 되고 성공할 수 있다. 하나만 명심해라. 하나님이 당신의 주인이 되어야 한다.

돈이 가지고 있는 두 번째 위험성은 돈이 가지고 있는 다스리고 지배하려는 능력이다. 돈은 사람을 지배하고, 통제하려는 성향이 있다. 그래서 신처럼 섬김을 받고, 왕처럼 다스리고 통치하려고 한다.

한 사람이 두 주인을 섬기지 못할 것이니 혹 이를 미워하고 저를 사랑하거나 혹 이를 중히 여기고 저를 경히 여김이라 너희가 하나님과 재물을 겸하여 섬기지 못하느니라(마태복음 6장 24절).

돈은 단지 사물일 뿐이다. 사람의 삶을 편리하게 하고, 유용하게 만들기 위한 도구일 뿐이다. 사람들이 사물에 불과한 돈에 엄청난 의미를 부여하기 시작한 것이 문제이다. 이제 돈이 사람 목숨보다 귀하게 되었다. 돈은 신처럼 높임을 받게 되었고, 섬김을 받게 되었다. 그러자 이제 돈이 권세를 부리기 시작해서 사람을 노예로 부리기 시작한다.

돈이 인생의 중심이 되고, 돈이 신이 된 사람은 결국 하나님을 버리게 된다고 성경은 경고한다. 돈과 재물을 하나님보다 더 좋아하기 때문에 하나님의 다스림을 거절하고, 돈이 이끄는 대로 따라가게 만든다. 그래서 돈은 위험한 것이다.

여기에서 우리에게 다른 의문이 생긴다. 요즘 같은 치열한 경쟁시대에, 성경대로 살아서 부자가 되고 성공할 수 있겠는가? 우리는 앞에서 하나님의 본심이 무엇인지 살펴보았다.

또한 어떤 사람에게든지 하나님이 재물과 부요를 그에게 주사 능히 누리게 하시며 제 몫을 받아 수고함으로 즐거워하게 하신 것은 하나님의 선물이라(전도서 5장 19절).

앞에서도 언급했지만 우리를 향한 하나님의 본심은 성도들을 축복하시는 것이다. 하나님께서는 어떤 사람들에게 은혜와 축복을 주시는가? 돈에 노예가 되지 않고, 하나님을 주인 삼은 사람들에게 주신다.

그러므로 염려하여 이르기를 무엇을 먹을까 무엇을 마실까 무엇을 입을까 하지 말라. 그런즉 너희는 먼저 그의 나라와 그의 의를 구하라 그리하면 이 모든 것을 너희에게 더하시리라(마태복음 6장 31, 33절).

오늘 본문은 우리에게 먹고 마시고 입는 문제, 의식주 문제, 재물 문제가 하나님보다 앞서서는 안 된다고 말씀하고 있다. 의식주(衣食住)라고 하는 생존에 가장 필수적인 문제 앞에서도, 먼저 하나님을 앞세우라고 말씀한다.

성경은 우리에게 하나님을 바로 섬기기 위해서는 의식주를 포기하라고 말씀하지 않는다. 먹고사는 것을 택하든지, 하나님을 택하든지 둘 중에 하나를 택하라고 말씀하지 않는다. 이것은 양자택일의 문제가 아니라, 우선순위의 문제이다. 하나님을 주인이 되게 하라, 그러면 먹을 것, 마실 것 넘치도록 주겠다는 것이 하나님의 약속이다.

하나님이 주인이 되게 하라는 말씀에 순종하며 사업한 박성수 사장은 2평짜리 구멍가게에서 시작해서 지금 재계서열 45위 대기업 '이랜드'의 총수가 되었다. 하나님이 주인이 되게 하라는 말씀에 순종하여 현승원 씨는 작은 학원 영어 강사로 시작했다. 그러나 창업 9년 만인 2019년, 3,300억의 기업 가치를 인정받은 에듀테크 기업 '디쉐어'의 의장이 되었다. 성경대로 살아도 충분히 부자가 될 수 있다. 경건하게 살아도 충분히 성공할 수 있다. 하나님께서 주인이 되게 하라. 그러면 하나님께서 일하신다.

5장

BIBLICAL WEALTH

부자가
되는 길은
열려
있다

하나님의 능력은 모든 약점을 덮는다

당신이 부자가 되거나 성공하지 못하는 것이 자신의 무능력 때문이라고 생각하고 있는가?

베를린 자유대학교 역사학 교수이자, 성공한 사업가이기도 한 라이너 지텔만 박사가 『부의 해부학』이라는 책을 썼다. 이 책은 부의 성공을 이룬 45명의 백만장자들의 성공 비결을 연구한 보고서이다. 이 책에서 지텔만 박사는 부(富)의 초 엘리트가 되는데, 출신학교나 가정환경 배경은 필수적인 요소가 아니었다고 말한다. 우리나라에서 성공을 위한 최고의 조건이라고 생각하는 것은 학벌과 금수저 집안에서 태어나는 가정 환경 요소라고 한다. 만일 우리가 이 2가지를 가지고 있지 못하다면 부자 되고, 성공하기 힘들다고 생각하기 쉽다.

우리가 생각하는 대로 학벌이 좋지 않은 것과, 집안이 금수저 집안이 아니면 부와 성공을 얻을 수 없는 것인가? 다른 사람과 비교해서 탁월한 재능과 능력이 없으면 부와 성공을 얻을 수 없는 것인가? 지텔만 박사의 연구에 의하면 세계적으로 부의 성공을 이룬 사람들의 성공 원인을 분석해보면 출신학교나 태어난 가정 환경이 크게 영향을 미치지 않았다고 한다.

부와 성공을 이루는 부분에서 하나님을 믿는 신앙의 세계 속에서는 어떤 원리가 작동될까? 신앙의 세계 속에서도 개인의 천부적 재능과 가정 환경적 요인이 부와 성공을 얻는 데 절대적인 필요조건이 되는 것인가?

앞 장에서 언급한 정길순 작가의 인생을 살펴보면 개인의 탁월한 스펙과 능력이 부와 성공을 이루는 절대 조건이 아니라는 것을 알 수 있다.

저자는 6.25가 끝난 직후 1954년 생(生)이라고 하니, 지금 70을 바라보는 나이다. 저자의 가정환경은 더 이상 바닥으로 떨어질 곳이 없는 형편이었다. 남한 끝자락 고흥, 전기도 들어오지 않는 시골 마을에서 지독히 가난한 가정의 8남매 중에 둘째이자, 맏딸로 태어났다. 아버지는 도박에 중독되어 가출을 밥 먹듯이 하여 가정에 전혀 도움이 안 되었다. 온갖 막일을 하며 자녀들을 키우던 어머니를 도와, 초등학교만 졸업하고 동생들을 보살피며 어린 시절을 다 보낸다. 저자가 20대 되던 때 갑자기 어머니께서 돌아가셔서 자기 밑으로 6명의 동생들을 먹여 살려야 하는 처녀 가장이 된다. 그 뒤로 이어지는 필설로 다 표현할 수 없는 고난과 환난의 소용돌이가 몰아친다. 열 명이 짊어져도 다 짊어질 수 없을 정도로 무거운 인생의 짐을 짊어지고 살아야 했다. 극심한 가난의 짐과 여섯 동생들의 인생을 짊어지고 살아야 하는 저자를 지탱해준 것은 기독교 신앙이었다.

눈앞의 현실에 무너지지 않고 하나님을 의지하며 살아가는 저자에게, 하나님도 길을 열어주신다. 가난으로 학교를 다니지 못한 아쉬움 때문에 40대에 검정고시를 통해 고등학교 졸업 자격을 얻었다. 거기서 멈추지 않고 대학을 졸업하고, 대학원까지 진학하여 석사 학위까지 획득하게 된다. 그리고 50대에 공인중개사 시험에 합격하여 직업의 전환을 이루어 부동산 사업으로 성공하여 경제적 자유를 누리며 살고 있다.
　- 정길순, 『꿈은 나의 인생이 되었다』

정길순 작가에게는 학벌이라는 스펙과 좋은 가정환경이라고 말할 수 있는 조건 자체가 없었다. 남녀 차별이 심했던 시대에 여자의 몸으로, 초등학교밖에 졸업하지 못했고, 여섯 명의 어린 동생들을 먹여 살려야 했다. 이런 열악한 환경은 정 작가의 인생을 축복하시는 하나님의 능력을 가로막지 못한다. 결국 하나님의 능력은 우리가 가지고 있는 모든 약점을 덮고, 성공하는 인생을 살게 하는 데 전혀 부족함이 없다.
　만일 우리가 육신의 장애를 가지고 있어도 하나님은 우리를 승리하는 인생으로 만드실 수 있다. 사사(士師)들이 이스라엘을 다스리던 시대에 에훗이라는 사람이 사사(士師)가 되었다. 그 당시 시대 배경을 성경은 이렇게 말한다.

이스라엘 자손이 또 여호와의 목전에 악을 행하니라 이스라엘 자손이 여호와의 목전에 악을 행하므로 여호와께서 모압 왕 에글론을 강성하게 하사 그들을 대적하게 하시매(사사기 3장 12절).

당시 이스라엘은 모압 왕에게 조공을 바치며 그의 지배를 받고 있었다. 이런 국가적인 위기의 때에 이스라엘을 구원하게 할 지도자로 선택한 에훗에 대해 성경은 이렇게 설명하고 있다.

이스라엘 자손이 여호와께 부르짖으매 여호와께서 그들을 위하여 한 구원자를 세우셨으니, 그는 곧 베냐민 사람 게라의 아들 왼손잡이 에훗이라(사사기 3장 15절).

에훗은 왼손잡이였다고 한다. '왼손잡이'라고 번역된 원어의 의미는 '오른 손을 쓰지 못하는 자'란 뜻이다. 에훗은 오른손을 제대로 사용할 수 없는 장애인이었다. 18년 동안 지속된 모압 왕 에글론의 식민 지배를 끝내고 이스라엘을 구원하기 위해서 세운 지도자가 오른 팔을 제대로 쓰지 못하는 장애인이었다. 장애인 사사(士師) 에훗이 이런 일을 하게 된다.

에훗이 그에게로 들어가니 왕은 서늘한 다락방에 홀로 앉아 있는 중이라. 에훗이 이르되 내가 하나님의 명령을 받들어 왕에게 아뢸 일이 있나이다 하매, 왕이 그의 좌석에서 일어나니, 에훗이 왼손을 뻗쳐 그의 오른쪽 허벅지 위에서 칼을 빼어 왕의 몸을 찌르매, 칼자루도 날을 따라 들어가서 그 끝이 등 뒤까지 나갔고 그가 칼을 그의 몸에서 빼내지 아니하였으므로 기름이 칼날에 엉겼더라(사사기 3장 20-22절).

에훗을 모압 왕에게 공물을 바치고 물러나는 상황에서, 모압 왕에게 독대를 신청하게 된다. 모압 왕은 식민지 지도자가 독대를 신청하는데도 주변의 경호원들을 모두 물리치고 흔쾌히 허락한다. 모압 왕과 단 둘이 남게 된 에훗은 칼로 모압 왕을 암살하는 데 성공한다. 모압 왕은 왜 이렇게 위험한 결과를 가져올 수 있는 요청을 허락했을까? 아마도 모압 왕은 에훗이 오른 팔을 쓰지 못하는 장애인이었기 때문에 긴장을 풀었던 것 같다. 그렇다면 에훗이 가지고 있는 육체의 장애는 모압 왕의 경계심을 푸는 역할을 하게 되었고, 모압 왕의 암살 성공으로 이어지게 된다. 에훗이 모압 왕의 암살에 성공함으로 이스라엘은 독립을 하게 되었고, 그 이후 80년의 태평성대를 이루게 된다.

에훗은 모압에게 속박당하는 나라를 구하는 영웅이 된다. 에훗이 나라를 구하는 큰일을 감당함에 있어서 그가 가지고 있던 육체적 장애는 단점이 아니라, 결정적인 장점으로 역할을 한다. 전능하신 하나님께서는 당신의 백성들이 어떤 열악한 환경 속에 있든지, 어떤 약점을 가지고 있든지 그것을 가장 좋은 것으로 바꾸실 수 있다.

　알고 지내는 선배 목사님의 고향 선배들 중에 고등학교를 졸업한 선배들은 전부 도시로 직장을 얻어 나갔다고 한다. 대학을 진학한 선배들은 교사나 공무원이 되었고, 공부는 잘했지만 집안이 가난한 선배들은 상업고등학교를 졸업하고 은행이나 회사에 들어갔다. 그렇게 동기들이 모두 도시로 떠날 때, 한 선배는 오갈 데가 없어서 고향에 남았다.

　그 선배는 집안도 가난했지만, 본인도 그다지 똑똑해 보이지 않고 어리숙했다고 한다. 갈 곳이 없던 선배는 고향에 혼자 남아서 농사일을 했다. 허리띠를 졸라매어 돈이 조금 모이면 값싼 산자락 땅을 사서 개간했다. 그리고 복숭아를 심었다. 그 일이 30년 계속되었다. 그 와중에 그 시골 교회를 지킨 것은 이 선배 한 사람뿐이었다고 한다. 선배는 가난한 농부로 살면서도 교회를 돌보는 일에 열심을 다했다. 이제 그 선배들이 전부 70살이 넘었다. 공부 잘해서 공무원하고, 학교 교사를 한 선배들은 은퇴했다. 퇴직금으로 집 한 채 사고, 연금으로 생활한다. 돈에 쪼들려 살지는 않지만, 그렇다고 큰 부자도 아니다. 그런데 중학교만 겨우 졸업하고, 그것도 똑똑하지도 못해서 시골에 혼자 남아서 농사지으며 살았던 선배는 큰 과수원 주인이 되었다. 70살이 넘은 지금도 매년 2억 이상의 순수익을 거두는 부농이 되었다. 인근 지역에서 제일 부자라는 소리를 듣고 있다.

많은 그리스도인들이, 특히 젊은 그리스도인들이, 경쟁력 있는 스펙이 없고, 학벌도 안 좋고, 집안도 흙 수저 집안이라서 부자가 되고 성공할 수 없다고 생각하는 것 같다. 성경대로 살아서는 부자가 되고, 성공하기 힘들다고 판단한 것 같다. 그래서인지 젊은 세대가 교회를 떠나는 비율이 갈수록 증가한다. 돈을 얼마나 버는가? 하는 것이 성공의 척도가되는 것은 아니다. 그럼에도 불구하고 당신이 돈 많이 벌고, 성공하는 것이 꿈이라고 한다면 굳이 하나님 떠나지 않아도 된다. 우리가 경쟁력 있는 스펙이 없어도, 약점만 가득한 인생이라도 전능하신 하나님은 이 모든 것을 덮고 당신을 성공자로 만들어주실 수 있기 때문이다.

하나님께서 이사야 선지자 입을 통해서 말씀하신다.

너희는 이전 일을 기억하지 말며 옛날 일을 생각하지 말라. 보라 내가 새 일을 행하리니 이제 나타낼 것이라 너희가 그것을 알지 못하겠느냐 반드시 내가 광야에 길을 사막에 강을 내리니(이사야 43장 18-19절).

전능하신 하나님은 모든 것을 새롭게 하실 수 있는 능력이 있다. 새롭게 하시는 하나님의 능력이 우리에게 부어지면 아무리 구질구질한 인생이라도 전혀 새로운 인생이 될 수 있다.

이전까지의 실패와 패배의 기억들은 다 날려버리라. 전능하신 하나님께서 나의 약점을 강점으로 바꾸셔서, 풍성한 인생으로 바꾸실 수 있다는 것은 확신하라.

실행하지 않는 꿈은 허상이다

꿈과 비전은 처절한 실행을 통해서 결실한다.

론다 번이 쓴 책『시크릿』에서 말하는 바라봄의 법칙은 자칫하면 사람들을 함정에 빠트리기 쉽다. 이 책은 2007년 '아마존' 최고의 화제작으로 출간하자마자 아마존 베스트셀러 목록에 올랐다. 오프라 윈프리 쇼에 소개되어, 폭발적인 반응 때문에 오프라 윈프리 홈페이지마저 마비될 지경이었다고 한다. 이 책은 미국에서 가장 짧은 시간에 많이 팔린 베스트셀러가 된다.

그녀가 말하는 원하는 것을 얻는 3단계 과정이 있다. 첫째, 구하라. 둘째, 믿어라. 셋째, 받아라. 첫 단계는 우주에게 자신이 원하는 것을 달라고 요청하는 일이다. 자신이 뭘 원하는지 분명하게 결정하는 것으로 이미 구한 것이다. 두 번째 믿기 단계에는 3가지 행동이 있다. 행동하기, 말하기, 생각하기이다. 이때는 요청한 것을 이미 얻은 것처럼 가정하고 행동해야 한다. 이미 받았다는 파장을 전송하면, 끌어당김의 법칙에 따라 사람과 사건과 환경을 끌어당겨 실제로 받게 된다고 한다. 세 번째는 받는 단계이다. 원하는 것이 이루어졌을 때 일어날 감정을 앞서 느끼는 과정이 포함된다. 지금 좋은 기분을 느끼면, 원하는 것을 받아들이는 주파수대로 가게 된다는 것이다.

그런데 『시크릿』은 상상과 바라봄이 가져오는 엄청난 힘을 너무 강조한 나머지, 아무것도 하지 않고 그저 간절하게 바라보기만 해도 원하는 것을 얻을 수 있다는 식의 오해를 낳게 되었다. 실제로 론다 번은 이 책을 출간한 이후로 엄청난 거부를 이루었는데, 그녀는 바라고, 상상하는 것만으로 돈을 번 것이 아니다. 그에게 수입을 준 것은 그가 쓴 책의 판매였고, 그녀의 강연이었고, 그녀의 DVD 판매 수익금이었다. 단지 상상한 것만으로 수입이 생긴 것이 아니다. 그가 책 쓰고, 강연하고, DVD제작해서 판매한 그녀의 행동과, 실행을 통해서 수익이 생긴 것이다. 그래서 실행이 뒤따르지 않으면 꿈은 허상일 수밖에 없다.

이지성 작가도 그의 베스트셀러 『꿈꾸는 다락방 1』에서 성공의 원리로 R=VD라는 기법을 주장했다. R은 Realization, 실현, 성취라는 뜻이다.

V는 Vivid 생생하게 라는 의미이다. D는 Dream, 꿈이다. 즉 생생하게 꿈꾸면 이루어진다는 공식이다. 『꿈꾸는 다락방 1』이 출간되고 베스트셀러가 되면서 이지성 작가도 조롱성 질문들을 많이 받았던 것 같다.

그가 한 독자에게 이런 질문을 받았다.

"나는 당신이 하라는 대로 생생하게 꿈을 꾸었습니다. 그런데 오히려 반대의 결과가 나왔습니다. 도대체 어떻게 된 일이죠?"

알고 보니 이 독자는 '꿈꾸는 다락방' 1편을 읽고 주식에 대해서 알지도 못하는 상태에서 주식에 투자를 했다고 한다. 그리고 자기가 산 주식이 오르기를 생생하게 꿈꾸었다고 한다. 그런데 주식 가격이 폭락해서 많은 손해를 보았다고 한다.

한 독자는 이런 메일을 보냈다.

"저는 군것질을 매우 좋아합니다. 덕분에 몸무게가 장난이 아닙니다. 그런데 오늘 작가님의 책을 읽고 희망이 생겼습니다. 생생하게 꿈꾸면 이루어진다는 공식이 다이어트에도 효과가 있을 것이라는 확신이 들었습니다. 제가 지금처럼 먹고 싶은 음식을 마음껏 먹으면서도 S자 몸매를 생생하게 꿈꾸면 날씬해질 수 있는 거죠?"

이런 행동들을 한 사람들의 항의성 메일을 많이 받아서인지 『꿈꾸는 다락방 2』에서는 꿈만 꾸고 노력은 하지 않는다면 꿈을 이룰 수 없다는 내용을 많은 지면을 할애해서 설명한다. 생생하게 꿈꾸는 것은 우리 안에 있는 잠재의식을 폭발 시켜주어 어떤 장애물 앞에서도 주저앉지 않고 도전하게 만들어준다. 그리고 포기하지 않고 집중하고, 몰입하며 도전하는 그 처절한 노력이 꿈을 현실화 시켜주는 것이라고 말한다.

　– 이지성, 『꿈꾸는 다락방2』

우리나라 속담에 감나무 밑에서 입 벌리고 홍시 떨어지를 기다린다는 말이 있다. 바라봄의 법칙, 혹은 끌어당김의 법칙이라고 하는 방법들이 허상을 추구하게 만드는 역기능을 하고 있는 것 같다. 우리가 알아야 할 것은 생생하게 꿈꾸는 것과 처절한 노력과 실행은 동전의 양면과 같다는 것이다. 생생하게 꿈꾸는 것은 무의식을 폭발시켜준다. 그래서 어떤 절망적인 상황에서도 포기하지 않고 도전하게 하는 내면의 힘을 준다. 그리고 꿈꾸는 있는 것을 실제로 결실하게 만들어주는 것은, 처절하고 간절한 행동과 실천이다. 실천이 없으면 바라고 꿈꾸는 것도 허상에 불과하다.

'오리슨 마든'은 경력이 다채롭다.

1850년에 뉴햄프셔 주 시골에서 태어나 세 살 때 어머니를, 일곱 살 때 아버지를 잃었다. 양부모를 다 잃은 뒤 10년 동안 농장을 전전하며 온갖 잡일을 했다. 하루 종일 손에서 피가 나도록 돌을 옮기고 밤에도 쉬지 못하고 설거지와 청소를 해야 했다. 채찍질이나 폭행을 다는 것은 다반사였고, 밥도 제대로 먹지 못하고 노예처럼 일만 했다. 그러던 그가 독학으로 공부하여 보스턴 로스쿨을 졸업하고, 하버드 대학에서 의학박사 학위를 받았다. 그러나 그는 사업에 뛰어들어 성공한 호텔 경영자가 되었다. 그는 자신의 성공한 경험을 『부의 비밀』이라는 책으로 출간했다. 그 책에서 그는 사람의 마음가짐이 부를 이루는 데 가장 중요하다고 말하고 있지만, 꿈꾸는 것을 실현 시키는 것은 결국 실행뿐임을 말한다.

그 어떤 것보다 인생을 무기력하게 하고, 용기를 잃게 하는 것은 꿈을 실현하기 위해 노력하지 않고 그저 장밋빛 미래를 몽상하는 것이다. 노력도 하지 않고 기대만 품는 것이 당신의 정신을 타락시키고, 진취적인 기상을 파괴 시켜버린다.

마든이 30대에 자신의 꿈을 실현하여 거부가 된 것은 적극적이고, 긍정적인 사고방식을 가진 것만으로 이룬 것이 아니다. 어려서부터 거의 노예와 같은 비참한 생활을 하면서도 꿈을 포기하지 않고 도전했던 그의 처절한 실행 때문이었다.

지혜의 책이라고 알려져 있는 성경 중 잠언에서는 3가지 부류의 인간들을 책망하신다.

첫째, 음행하는 자. 둘째, 어리석은 자. 셋째가 게으른 자이다. 게으른 자의 인생의 결말에 대해 성경은 이렇게 말씀하신다.

게으른 자는 마음으로 원하여도 얻지 못하나 부지런한 자의 마음은 풍족함을 얻느니라(잠언 13장 4절).

게으른 자는 마음으로 간절히 원하고 아무것도 하지 않는 자들은 얻는 것이 하나도 없다. 그 이유는 마음으로 간절히 원하고, 행동하는 것이 하나도 없기 때문이다. 마음이 간절히 원하는 것이 현실화되게 하는 것은 열정적인 실행뿐이다. 반면에 마음의 원하는 것은 결국 부지런한 자에게 돌아가서 그의 인생을 풍족하게 만들어준다고 하신다. 부지런한 자의 특징은 늘 움직이는 것이다. 자신이 원하고, 목표로 삼은 것을 얻을 때까지 쉬지 않고 일한다. 그 수고로움이 결국은 꿈과 목표를 이루게 하고, 그의 인생을 풍성하게 만들어주는 것이다.

그리스도인들이 하나님을 믿는 신앙생활을 통해 약속된 축복을 열매를 누리지 못하게 하는 것도 동일한 이유이다. 하나님을 믿는 믿음과 인간의 실행의 책임에 균형을 잃어버리는 것이다. 하나님께서 필요한 것을 공급해주시겠다고 약속하신다. 그렇지만 먹는 것은 자기가 먹어야 하는데, 이것을 구분을 못하는 경우가 많다.

부목사 사역을 할 때, 학생들을 지도하다 보면 아무래도 진로와 성적 문제 때문에 많은 상담을 한다. 아이들은 성적 오르기를 간절히 원한다. 성적 향상을 위해서 부모도 기도하고, 아이도 기도한다. 그런데 놀라운 것은 기도만 한다. 공부는 성적이 오를 정도로 하지 않는다. 성적이 오르게 되는 문제에서 하나님께서 해주실 수 있는 일은 공부할 수 있는 지혜, 기억력, 암기력, 이해력 등을 선물로 주시는 것이다. 실제로 성적이 오르게 하는 것은 하나님께서 도와주실 줄로 믿고, 자신이 쌍코피 터지게 공부하는 것을 통해서 성적이 오르는 것이다. 그런데 자기가 해야 할 공부도 하나님이 해주시기를 바라는 경우가 있다. 이래서야 성적을 올리고자 하는 목적을 달성할 수 있겠는가?

불경기가 오랜 시간 지속되다 보니 원치 않게 직장에서 퇴직해야 하는 성도들이 있다. 나이가 어중간해서 새 직장을 얻을 수가 없어, 창업을 하는 경우가 있다. 그런데 기도하고 분식집 열면 장사 되는 줄 알고 있다. SBS에서 2018년에서 2021년까지 약 4년간 방영된 백종원 씨의 골목식당이라는 프로그램이 있었다. 당시 전체 자영업 중 폐업 업종 1위 '식당'이었다. 하루 평균 3,000명이 식당을 시작하고, 2,000명이 식당을 폐업하던 때였다. 백종원 씨의 말에 의하면 모든 식당은 나름의 걱정과 문제를 갖고 있고, 천 개의 가게가 있다면, 천 개의 상황이 있다고 한다. 이 방속은 요식업 대선배 백종원 대표가 각 식당의 문제 케이스를 찾아내고 해결 방안을 제시하여 식당을 시작하는 사람들에게 '교본'이 되어주었던 프로그램이었다. 그 방송을 통해 백종원 씨는 식장을 창업하려면 원하는 업종의 가게에서 최소한 6개월 이상은 일을 해보고 창업하라고 말한다. 그리스도인들도 너무 단순하게 생각하는 경향이 있다. 기도만 하면 하나님께서 라면까지도 맛있게 끓여주는 줄 알고 있다. 맛있는 라면은 당신이 끓여야 한다.

죄가 되지 않는 것이라면 어떤 꿈이라도 좋다. 직업의 귀천도 가리지 말고, 큰 꿈을 꾸고 기도하며 도전해라. 하나님을 믿고 기도하며 나가는 그리스도인들에게 하나님께서 반드시 은혜를 주신다. 그러나 하나님의 은혜는 당신의 치열한 삶의 투쟁과 함께 진행될 것이다. 실행으로 나타나지 않는 꿈은 허상에 불과하다. 당신이 가진 것 없이 출발해야 한다면 날마다 울며 부와 성공의 씨를 뿌려라. 하나님께서 웃으며 그 열매를 거두게 하실 것이다.

축복 받는 일에 나이는 숫자일 뿐이다

의인은 종려나무 같이 번성하며 레바논의 백향목 같이 성장하리로다. 이는 여호와의 집에 심겼음이며 우리 하나님의 뜰 안에서 번성하리로다. 그는 늙어도 여전히 결실하며 진액이 풍족하고 빛이 청청하니(시편 92장 12-14절).

부와 성공을 이루는 데 나이는 상관없다는 것을 증명할 때 KFC의 창업주 '커널 샌더스'의 성공이야기가 단골처럼 회자된다. KFC는 세계적으로 가장 많이 알려진 치킨 브랜드 중의 하나이다. KFC의 창업주 커널 홀랜드 샌더스는 여섯 살에 아버지를 잃고 극심한 생활고 때문에 열 살의 나이에 농장 일을 시작으로 페인트공, 타이어 영업, 유람선, 주유소 등 닥치는 대로 일했다. 돈을 모은 샌더스는 40세에 미국 켄터키 주의 '코빈'이라는 작은 도시에 주유소를 차리게 된다. 주유소는 샌더스의 친절과 성실함으로 번창하게 된다. 평소 요리에 자신 있었던 샌더스는 자신이 경영하는 주유소 뒤에 작은 창고를 개조해 자신만의 조리법으로 만든 닭튀김을 만들어 팔기 시작했다. 얼마 지나지 않아 주유소를 찾는 손님들보다 식당을 찾는 손님이 많아지자 주유소를 없애고 본격적으로 요식업에 뛰어들었다.

사업이 날로 번창해가던 중에 식당에 화재가 발생하며 힘겹게 이룬 모든 것을 한순간에 잃어버리고 만다. 이런 절망적인 상황에도 불구하고 샌더스는 닭튀김 조리법을 개발해 도로변에 '샌더스 카페'를 열어 다시 일어서게 되었다. 이제는 누가 봐도 '성공했다'라는 평가를 받을 때쯤 그가 경영하는 식당 옆에 고속도로가 놓이게 된다. 마을은 고속도로 반대편으로 옮기게 되고 결국 식당을 찾는 손님은 아무도 없게 되었다. 미처 손을 써볼 틈도 없이 식당은 경매에 넘어가고 샌더스는 또다시 수중에 돈 한 푼 없는 알거지가 된다. 그때 그의 나이 65세였다. 한때 잘 나가던 식당을 정리하고 그의 수중에 남은 돈은 사회보장금으로 지급된 105불이 전부였다. 샌더스는 낡아빠진 자신의 트럭을 타고 자신이 개발해온 독특한 조리법을 팔아보기로 했다. 트럭에서 잠을 자고 주유소 화장실에서 면도를 하며 자신의 비법 소스를 팔기 위해 미국 전역의 식당을 찾아

다녔다. 영업을 위해 찾아가는 식당마다 그의 소스를 반기는 사람은 없었다. 무려 1,008번이나 거절당하고, 마침내 1,009번째 만에 자신의 조리법을 받아들인 식당을 만났다. 그것이 바로 오늘날 KFC 1호점의 탄생 순간이었다.

65세에 사업이 완전히 망하고, 남은 재산이라고는 낡은 트럭 한 대와 자신이 만든 소스 비법뿐이었다. 그것만 가지고 샌더스는 70세가 다 된 나이에 새로운 사업에 도전하여 부와 성공을 거머쥐었다. 부와 성공을 이루는 것에 나이는 장애물이 아님을 알 수 있다.

전 세계 기부 문화를 이끌고 있는 워렌 버핏과 빌 게이츠가 롤 모델로 삼은 사람이 있다. '척 피니'라는 사람이다. 척 피니가 유일하게 승인한 자서전을 아일랜드 언론인 '코너 오클레어리'가 『아름다운 부자 척 피니』라는 제목으로 출간했다. 지금 우리가 사는 이 시대는, 돈을 가장 빨리, 더 많이 벌 수 있는 방법에 몰두해 있다. 돈은 이제 단순한 물질이 아니다. 돈은 그 어느 것보다 인간을 지배하는 지배력이 강력한 힘을 가지고 있는 신적 존재가 되었다. 이런 때에 우리에게 돈의 본질이 무엇인지, 돈의 가치가 무엇인지 생각하게 하는 책이다.

빌 게이츠, 워런 버핏 등 기부를 많이 한 억만장자 부자는 많다. 하지만 살아 있을 동안에 모든 재산을 기부해야 한다는 계획을 세우고 실제로 전 재산 80억 달러(약 10조원) 내놓은 사람은 미국의 척 피니가 처음이고 아직까지도 유일하다고 한다. 일반적인 사람들이라면 피니가 돈을 버는 과정에 더 관심이 있을 수도 있을 것이다. 그런데 책의 3분의 2 이상은 피니의 기부활동에 맞춰져 있다. 미국이나 전 세계에서 대부분은 개인이 죽은 후 유산을 갖고 진행하는 '생후 기부'였다. 하지만 피니는 자신이 살아 있을 때 모든 부를 환원하겠다는 '생전 기부' 원칙을 만들었고 이를 끝까지 실천했다.

그의 기부는 다른 사람과 2가지가 크게 달랐다. 첫째는 일찍이 모든 재산을 자선재단으로 옮기고 '모든 돈은 살아 있을 때 기부하겠다'는 의지를 실천했다는 것이다. 둘째는 기부할 때 자신의 이름을 내세우지 않았다는 것이다. 피니는 소리 소문 없는 기부자로 유명하다. 내가 기부한 것이 밝혀지면 기부를 끊겠다고 말했다고 한다. 기부금을 받는 측에 누가 기부했는지 묻지도 말고, 말하지도 말라고 요구한다. 이것은 그의 이름이 빌 게이츠 등과 달리 잘 알려지지 않은 이유가 됐다.

이 책은 2013년에 쓰였다. 실제로 지난 2020년 포브스지에 보도에 따르면 피니는 총 기부액이 80억 달러를 달성한 후 자신의 '애틀랜틱 필랜스로피 재단'을 해체했다. 척 피니가 1931년 생이라고 하니 척 피니가 약 10조 원이나 되는 돈을 생전에 기부하고 재단을 해체했을 당시의 나이가 91세였다. 만일 당신이 지금 다른 사람들보다 늦었다고 생각하고 있거나, 혹은 나이가 많아서 새로운 도전이 힘들다고 생각한다면 KFC의 샌더스와 척 피니를 생각해라. 한동안 유행했던 말대로 나이는 숫자일 뿐이다.

하나님 나라에서는 나이와 성공이 어떤 연관을 가지고 있을까?

하나님도 크고 위대한 일을 이루시는데, 젊은 사람들만 사용하시는 것은 아니다. 하나님은 다양한 사람을 사용하셔서, 하나님의 놀라운 일들을 성취하신다.

선지자의 대명사로 불리는 엘리야 선지자는 길르앗 지역 '디셉'이라는 동네에 살다가 하나님께 부름 받는다(열왕기상17편 1절). 이 디셉 지역은 가나안 땅 지역이 아니고 요단강 건너편 지역, 이스라엘 본토 밖에 벗어나 있는 지역이다. 그러니까 당시 세계 속에서 그래도 문명이 발달하고 문화생활을 영위할 수 있는 도시에서 동떨어진 외진 지역에서 살고 있었다. 요즘 말로 말하면 '시골 촌놈'이라 할 수 있는 사람이다. 아모스 선지자는 드고아 산간지역의 척박한 땅에서 짐승들을 키우는 목자 생활을 하다가 선지자로 부름 받았다. 예수님의 열두 제자들 중의 대부분은 가난한 어부들이었다. 하나님은 요즘 표현대로 하면 경쟁력 없는 사람들을 선택하시고, 그들에게 능력을 부어주셔서, 그 시대를 하나님 앞에 바로 세우는 일에 사용하셨다. 이것을 보면 하나님께서 어떤 사람을 불러서 하나님의 큰일들을 이루어 나가실 때, 사람의 나이, 경력, 등 우리가 흔히 말하는 외적인 스펙은 고려하지 않으신다는 것을 알 수 있다. 하나님께서는 전능하시니, 능력이 없으면 능력을 주시면 되고, 지혜가 없으면 지혜를 주시면 그만일 뿐이다.

모세는 하나님의 위대한 선지자 겸, 정치지도자이다. 하나님의 보내심을 받아 애굽에서 노예 생활을 하던 이스라엘 민족을 해방시키고, 가나안 땅까지 인도한 모세의 일대기는 크게 3단계 구분할 수 있다.

첫 번째 단계는 출생에서 애굽의 왕실에서 제왕의 훈련을 받았던 40대까지이다. 이 시기에 모세는 최고의 엘리트 훈련을 받았고, 최고의 스펙을 쌓았던 시기였다. 당시 애굽의 왕은 이스라엘 민족의 번성을 막기 위해서 잔인한 정책을 시행하고 있었다. 이스라엘 백성들은 출산을 할 때 남자 아이가 태어나면 나일강에 버려 죽여야 했다. 그런데 모세의 부모들은 모세를 버릴 때 방수처리를 하여 갈대 상자를 만들고 그 안에 모세를 담아 강에 흘려보냈다. 마침 애굽 왕의 무남독녀 공주가 강에서 목욕을 할 때 이 갈대상자를 발견하고 모세를 자기 아들로 입양하고 애굽의 왕실에서 키운다. 이렇게 애굽의 왕족이 되어 모세는 40년 동안 애굽의 제왕학을 배우게 된다. 이때 당시의 모세의 모습을 성경은 이렇게 표현한다.

모세가 애굽 사람의 모든 지혜를 배워 그의 말과 하는 일들이 능하더라(사도행전 7장 22절).

모세는 애굽 사람의 모든 지혜를 배웠다고 한다. 고고학 발굴에 의하면 이 당시 애굽의 왕족들과 귀족들의 자녀들은 '태양신전'이라고 알려진 신전에 설치된 일종의 대학에서 교육을 받았다고 한다. 이 태양신전 학교에서 모세는 애굽의 왕족들과 귀족들의 자녀들과 함께 문학, 수학, 천문학, 정치학, 외교학 등을 배웠을 것이다. 또 모세는 말에 능했다고 한다. 아마도 정치가로서 필요한 웅변술, 대화법, 토론술 등에 능통했던 것 같다. 게다가 모세는 '하는 일들'에 능했다고 기록하고 있다. 여기서 '하는 일들'이라고 번역된 내용은 몸과 행동으로 하는 것들을 표현하는 것으로 본다. 아마도, 사교적 예의범절, 교약, 무술, 군사학 등을 배웠을 것이다. 이렇게 모세는 40세 될 때까지 성공가도를 달린다. 그러나 이렇게 탁월한 기량을 가지고 있었을 때에 하나님께 쓰임 받지 못한다.

모세의 인생 두 번째 단계는 40년간의 광야 도피 생활이다.

모든 기량이 출중했던 모세가 나이 40세 되었을 때에 자기 동족인 이스라엘 백성들이 강제 노동을 하고 있는 현장을 둘러보러 나간다. 그 현장에서 애굽의 감독관이 이스라엘 백성을 가혹하게 학대하는 것을 보고 그를 죽여 모래에 묻어 숨긴다. 나중에 이 사실이 발각되어 체포될 위기에 처하자 모세는 미디안 광야로 도망가게 된다. 여기에서 미디안 제사장인 르우엘 집에 신세를 지게 되고, 그의 딸 십보라와 결혼하여 장인의 가축들을 돌보는 목동 생활을 40년 동안 하게 된다.

모세의 인생 세 번째 단계는 40년 동안 이스라엘 백성들을 약속의 땅 가나안으로 인도하는 선지자요, 민족의 지도자 생활을 하는 120세까지의 기간이다. 하나님께서는 80세 할아버지가 된 모세에게 찾아오셔서, 애굽에 가서 이스라엘 백성들을 구원하여 아브라함에게 약속한 가나안 땅으로 데리고 가라는 사명을 주신다. 그리고 출애굽기는 80세가 된 할

아버지 모세가 하나님의 능력으로 큰 기적을 일으키며 이스라엘 백성들을 구원해내는 이야기가 펼쳐진다. 40년 후에 이스라엘 백성들을 가나안 땅 입구까지 인도한 모세는 여호수아에게 대임을 맡기고 세상을 떠나게 된다. 그때 모세의 나이 120세였다. 신명기서에서는 모세의 마지막을 이렇게 묘사한다.

모세가 죽을 때 나이 백이십 세였으나 그의 눈이 흐리지 아니하였고 기력이 쇠하지 아니하였더라(신명기 34장 7절).

모세는 120세에 죽었으나, 눈도 흐리지 않았고, 기력이 정정했다고 말씀하고 있다. 모세의 일대기를 통해서 하나님께서 우리에게 말씀하시는 바는, 하나님의 은혜와 축복을 받는 일에 있어서 나이는 상관이 없다는 것이다. 하나님께 받은 은혜로 온 세상을 변화시키고, 온 세상에 하나님의 축복을 흘려보내는 일을 함에 있어서 나이는 전혀 장애가 되지 않는다.

그리스도인이여! 나이나 그 외에 다른 외적인 조건의 열악함 때문에 주저앉지 말라. 어떤 형편이 되었든지 하나님의 은혜가 부어지면 된다. 하나님께서 은혜를 주시면 죽을 수밖에 없는 상태에서도 살길이 열린다. 그러니 하나님의 은혜를 받는 일에 집중하라. 지금도 90의 나이에 척 피니 같이 사는 사람이 있다. 하나님의 축복을 받는 일에 나이는 그저 숫자에 불과하다! 하나님께서 은혜를 주시면 부와 성공을 얻는 길이 활짝 열린다는 것을 믿고 확신하라!

04

행동하지 않는 것은 부를 내쫓는 것이다

네가 좀 더 자자, 좀 더 졸자, 손을 모으고 좀 더 누워 있자 하니, 네 빈궁이 강도 같이 오며 네 궁핍이 군사 같이 이르리라(잠언 24장 33-34절).

앞장에서 실행으로 옮기지 않는 꿈은 허상이라는 것을 말했다. 이것을 다른 말로 표현하면, 행동하지 않는 것은 부를 내쫓는 것과 같다고 할 수 있다.

앞에서 언급했던 일본의 리츠 컨설팅 대표인 이구치 아키라는 중고등학교 때 왕따를 당해 다섯 번이나 전학을 하며 학교 부적응자로 지냈다.

고등학교 졸업 후 미국에 유학하였으나, 유학에 실패하고 귀국하였다. 귀국 후 직장을 구하지 않고 하루 종일 밥 먹는 시간을 제외하고는 인터넷에 빠져 은둔형 니트족으로 지냈다. 이런 생활을 5개월 정도 지속하던 중 보다 못한 부모님에게 쫓겨나다시피 집을 나서게 된다. 그때 수중에 있던 돈은 고작 30만 원 정도였다고 한다. 집에서 나와 친구 집에 얹혀사는 첫날부터 사업거리를 찾기 시작했다. 유학에 실패하고 집에 있을 때에는 아무것도 할 생각을 하지 않고, 방구석에만 처박혀 먹고, 자고, 인터넷 서핑 속에 파묻혔다. 집에서 쫓겨나게 되자 생존 본능이 발동하게 되었고, 이것이 무엇이라도 행동하게 만들었다. 그리고 8년이 지난 후 사업에 성공하여 사업의 본거지를 미국에 옮겨 글로벌 사업을 진행하고 있다. 아키라 대표는 무엇을 목표로 하든지 첫발을 내딛지 않으면 아무것도 달라지지 않고, 아무 일도 일어나지 않는다고 말한다. 무언가 할 수 없는 이유가 있다면 그것을 할 수 있는 이유로 만들어서 먼저 행동해야 한다. 일단 시작하고 경험을 쌓아나가는 것이 성장을 위한 지름길이라고 말한다.

— 아구치 아키라, 『부자의 사고 빈자의 사고』

최근 청년들의 삶의 모습을 욜로(YOLO)라는 말로 표현하고 있다. 욜로는 'You only live once'의 첫 글자로 된 약자이다. 한번 사는 인생 제대로 즐기자는 의미이다. 인생은 한 번뿐이니 지금 이 순간을 즐기라는 것이다. 욜로족들은 '지금', '당장', '현재'의 행복을 중요하게 여기는 특징이 있다. 주로 20~30대를 중심으로 형성되고 있는 욜로족들은 현재의 행복을 위해 아낌없이 투자하고 소비한다. 욜로 문화가 사회에 등장하게 된 배경에는, 미래에 대한 불확실성을 꼽을 수 있다. 저성장, 청년실업 등 불안함이 지속되다 보니 지금 현재의 행복만이라도 지키고 싶다는 마음이 강하게 자리 잡게 된 것으로 사회학자들은 보고 있다.

무엇이든지 자신이 선택하고, 자신의 인생을 살아가는 것이지만, 부모에게 물려 받은 것이 많다면 이렇게 욜로족으로 살아도 될 것이다. 그러나 가진 것이 없다고 한다면 이런 삶의 방식을 택해서는 가난에서 벗어날 수 없고, 경제적 자유를 누릴 수 없다. 재물이 모이고, 성공하게 만들어주는 행동을 싫어한다면 어떻게 부를 얻을 수 있겠는가?

'총각네 야채가게'의 이영석 대표는 대학을 졸업한 뒤 이벤트 회사에 취직했으나 능력보다는 편법이 판치는 기업문화에 상처와 좌절만 떠안은 채 그만두었다. 그 후 무일푼으로 오징어 트럭행상을 따라다니며 장사를 배운 그는 트럭행상으로 독립해서 노점 행상을 시작했다. 행상으로 번 돈을 모아 1998년에는 서울에 18평짜리 야채가게(일명 '총각네 야채가게')를 개업했다.

노점상을 거쳐 전국 40여 개의 점포를 가진 대규모 농산물 판매 기업으로 성장시킨 이영석 대표는 창업세미나에 강사로 자주 초빙이 된다고 한다. 그런데 회의에 가서 질의응답 시간에 창업 지원자들의 모습을 보면 너무 쉽게 가려고 하는 사람들이 많다고 한다. 커피전문점을 창업하려고 한다면서 커피에 대해서 아는 것이 없다. 한국에서 커피전문점으로 성공한 가게를 방문해보았냐고 물으면 묵묵부답이다. 커피 원산지에 따라서 커피 맛이 어떻게 다른지 알고 있느냐고 물어도 말이 없다. 창업을 하겠다고 하면서 준비하고 있는 것이 없다. 커피 전문점을 창업해서 성공하고 싶다면 우리나라에서 커피를 제일 잘 내리는 집, 커피 원두를 가장 잘 아는 사람, 커피전문점 중에서 인테리어가 가장 예쁜 집 등, 분야를 여러 개로 나누어 6개월이든 1년이든 가서 배워야 한다. 그래야 시행착오를 줄일 수 있고, 성공 가능성을 높일 수 있다고 한다. 창업을 하겠다고 하면서 몸으로 하는 일을 하려고 하지 않는다고 한다. 창업을 돈만 투자하는 것이 전부인 것으로 알고 있다. 그나마 돈에 여유가 있는 사람이면 다행이지만, 대출을 받아서 창업하는 경우라면 인생이 무너질 수도 있는 위험한 일이라고 경고한다.

　– 이영석, 『인생에 변명하지 마라』

나는 아이들에게 어려서부터 공부하든지, 일하든지 둘 중에 하나를 하라고 가르쳤다. 큰아들은 대학에 진학하고 나서 방학 때마다 아르바이트를 하게 했다. 나는 주로 건설현장에서 막노동하는 일을 많이 시켰다. 어떤 경우에는 집 주변에서 건축하는 현장이 있으면 건축업자를 만나 내 아들 일할 자리 좀 있겠냐고 물어서, 아들을 내보낸 적도 있었다. 둘째 아들은 아버지가 가난하게 목회하는 것이 안쓰러웠는지 중학교 들어가면서부터 자기는 대학 안 가고 장사해서 돈 벌고 싶다고 말했다. 처음에는 공부 안 한다고 회초리질도 많이 했었는데, 결국은 아들의 뜻을 받아주었다. 그래서 둘째는 중학교 2학년 때부터 고등학교 졸업할 때까지 5년 동안 아르바이트를 하며 학교에 다녔다. 난 지금 자식들 앵벌이 시켜서 먹고살았다고 말하려는 것이 아니다. 이렇게 몸으로 하는 노동의 경험을 하게 되니까 아들들은 몸으로 일하는 것에 겁을 내지 않는다. 그리고 현장 노동의 경험을 통해 일머리가 생겨서 어떤 일이든지 곧잘 해낸다. 난 아들들에게 어려부터 사업을 하라고 동기부여해왔다. 우리는 가진 것이 없으니 비용이 많이 드는 수도권을 피하고 지방에서, 다른 사람들이 꺼리는 3D 업종으로 사업을 하라고 가르쳤다. 지금은 두 아들이 직장 생활을 하며 사업 자금을 모으고 있는 중이다. 앞으로 일이 어떻게 진행될지 모르겠다. 하지만 아들들은 몸을 던져야 한다는 말이 무슨 뜻인지 알고는 있다. 실제로 우리에게 부와 성공을 얻게 해주는 것은 바로 실행력, 그것이다.

출간되자마자 선풍적인 인기를 끌었고, 지금도 스테디셀러인 김성호 솔로몬연구소 대표가 쓴 『일본전산 이야기』라는 책이 있다. '일본전산'이라는 일본 기업의 성공 요소들을 연구 분석한 책이다. 김성호 대표는 일본전산 창업자인 나가모리 시게노부 사장의 독특한 경영철학을 중요한 성공 포인트로 보고 있다.

일본전산은 소형초정밀 분야 세계 최고 기술을 가지고 있다. 1973년 3명의 직원으로 허름한 창고를 빌려 창업을 했다. 책이 출판되던 당시

2009년 기준, 계열사 140개에 직원 13만 명, 매출 8조 원의 거대 기업이 되었다. 일본전산의 모토는 첫째, 즉시 한다. 둘째, 반드시 한다. 셋째, 될 때까지 한다는 것이다. 회사의 핵심가치가 오로지 행동과 실천에 집중되어 있다.

초창기 일본전산이 지명도가 없던 시절 입사 지원을 하는 사람이 없었다고 한다. 지원하더라도 다른 회사 여러 곳에 지원했다가 떨어진 사람들만 지원했다. 학벌도 없고, 실력도 없는 사람들이 대부분 지원했다. 나가모리 사장은 학벌도 없고, 실력도 없는 지원자들을 상대로 기상천외한 방법으로 사원을 채용했다고 한다.

어떤 해에는 지원자들을 식당에 모아놓고 식사를 하게 한 다음, 밥을 빨리 먹는 순서대로 채용했다고 한다. 합격선을 10분으로 정해놓고 가장 빨리 식사를 한 33명을 입사시켰다고 한다. 식당에서 식사하는 것이 입사 시험의 전부였다. 이런 방식으로 채용한 이유를 나가모리 사장은 밥 빨리 먹는 놈이 일도 빨리 하기 때문이라고 한다.

또 한 번은 화장실 청소를 시켜서 얼마나 청소를 깨끗하게 하는가? 하는 것으로 선발한 적도 있다고 한다.

나가모리 사장은 밑바닥 일을 제대로 할 수 있어야 모든 일을 잘할 수 있다고 말한다. 실제로 지원자들 중에 모욕감을 표현하며 그냥 돌아간 사람들도 많았다고 한다.

또 다른 해에는 오래달리기 시험을 치렀다고 한다. 오래 달리기에서 먼저 들어온 순서대로 채용했다고 한다. 이 방법을 시도한 이유는 중간에 포기하지 않고 끝까지 달려갈 수 있는 사람을 뽑기 위한 것이었다고 한다.

일본전산의 초기 사원들은 다른 회사에는 절대로 입사할 수 없었던 낙오자들이 대부분이었다. 그런데 이런 사람들이 입사 후에, 현장에 들어가서 문제를 해결할 때까지 몸으로 부딪혀 나갔다. 일본전산 사람들은 생각을 오래 하지 않는다. 먼저 행동한다. 행동하면서 생각한다. 그리고 될 때까지 한다. 문제가 있다면 반드시 해결하는 것이 회사의 문화로 자리 잡았다. 그 결과로 일본 최고의 기업이 세워지게 된 것이다. 물론 이 사원들도 후에 일본 최고의 엔지니어라는 명예와 부를 얻게 된다.

성경도 우리에게 행동하지 않는 것은 가난을 불러온다고 말씀하신다.

네가 좀 더 자자, 좀 더 졸자, 손을 모으고 좀 더 누워 있자 하니, 네 빈궁이 강도 같이 오며 네 궁핍이 군사 같이 이르리라(잠언 24장 33-34절).

게으른 자의 모습을 묘사하고 본문에서 세 번이나 사용되어 반복되고 있는 단어는 '좀 더'이다. 게으른 자는 조금만 더 누워 있자, 조금만 더… 하면서 일어나지 않는다.

그들은 잠에서 깨는 것도 누운 자리에서 일어나는 것도 거부하고 좀 더 졸기를 바란다. 성경은 이렇게 게으른 자가 겪게 될 결과적 참상에 대하여 매우 생생하게 제시하고 있다. 즉 '빈궁'과 '궁핍'을 의인화하여 주어로 사용하고 '강도같이'와 '군사같이'란 직유법을 사용하여 게으른 자가 여기서 벗어날 수 없음을 강조하고 있다.

하나님께서 누구에게 복을 주시는가? 신명기에는 이렇게 나온다.

거기 곧 너희의 하나님 여호와 앞에서 먹고 너희의 하나님 여호와께서 너희의 손으로 수고한 일에 복 주심으로 말미암아 너희와 너희의 가족이 즐거워할지니라(신명기 12장 7절).

하나님께서 손으로 수고한 일에 복을 주신다고 말씀한다. 손으로 수고한 일이 없는 것에 대해서 복주심이 없다. 그래서 실행하지 않는 것은 가난과 궁핍을 불러오고, 손으로 수고하는 것에 하나님의 축복이 임한다. 하나님의 약속을 믿고, 부와 성공을 불러오는 일들을 힘써 행하라. 그것이 가난을 몰아내고 풍요로움을 불러올 것이다.

05

멘탈을 견고하게 만들라

험악한 현실에 부딪혀도 멘탈이 무너지지 않는 방법은 주변 환경을 바라보지 말고, 하나님께 집중하는 것이다. 사울이 왕이었던 시절에 블레셋 족속과 전쟁이 벌어졌다. 이 전쟁에서 이스라엘 군사들은 두려움에 빠져 참호 속에서 나오지도 못하고 숨어 있었다. 그 이유는 블레셋 족속의 선봉대장 골리앗 때문이었다. 골리앗이 어떤 사람인지 성경은 이렇게 표현하고 있다.

블레셋 사람들의 진영에서 싸움을 돋우는 자가 왔는데 그의 이름은 골리앗이요 가드 사람이라. 그의 키는 여섯 규빗 한 뼘이요. 머리에는 놋

투구를 썼고 몸에는 비늘 갑옷을 입었으니 그 갑옷의 무게가 놋 오천 세겔이며 그의 다리에는 놋 각반을 쳤고 어깨 사이에는 놋 단창을 메었으니 그 창 자루는 베틀 채 같고 창날은 철 육백 세겔이며 방패 든 자가 앞서 행하더라(사무엘상 17장 4-7절).

성경은 골리앗의 외형과 그의 무장 상태를 자세히 묘사한다. 골리앗의 키는 여섯 규빗 한 뼘이다. 당시 한 규빗은 45cm이니 골리앗의 신장은 최소 280cm였다. 거인족이었다. 그의 갑옷의 무게는 놋 5천 세겔인데, 약 57kg이다. 그의 창의 무게는 손잡이 무게를 제외하고 창날 무게만 육백 세겔 약 7kg이었다. 그 외 다른 부속품들까지 합치면 골리앗의 개인 무기 무게만 약 70kg에 육박한다. 이런 거인이 완정무장을 하고 매일 이스라엘 백성들에게 한판 붙자고 조롱한다. 이 골리앗의 모습을 보고 이스라엘 백성들 전체가 멘탈이 나갔다. 두려워서 전쟁의 의지가 완전히 사라졌다. 참호 속에 숨어서 40일이 지나도록 숨어 지낸다.

다윗은 나이가 약 15세 정도로 어린 나이여서 이 전쟁에 참여하지 못하게 된다. 어느 날 아버지가 다윗을 불러 전쟁터에 나간 형들의 생사여부를 알아오라고 심부름을 보낸다. 다윗이 이 전투현장에 도착했을 때 마침 골리앗이 나와서 하나님을 조롱하고, 이스라엘 군대를 모욕하고 있었다. 그런데도 사울 왕 이하 이스라엘 전 군대가 두려워서 그냥 숨어 있기만 했다. 이 모습을 본 다윗은 이방인 골리앗이 하나님과 하나님의 군대를 조롱하는 것에 분노해서 자신이 출전하겠다고 왕에게 말한다. 다윗을 본 사울 왕은 골리앗과 싸우려 하는 다윗을 만류한다. 그런데도 다윗은 하나님께서 자기를 보호해주시기에, 자기가 반드시 골리앗을 죽일 것이라고 확신하며 출전하게 해달라고 요청한다. 이에 사울 왕이 출전을 허락하자, 다윗은 전투 준비를 한다. 다윗이 골리앗과 싸우러 나갈 때 지참한 전투 무기들의 목록을 성경은 이렇게 기록하고 있다.

손에 막대기를 가지고 시내에서 매끄러운 돌 다섯을 골라서 자기 목자의 제구 곧 주머니에 넣고 손에 물매를 가지고 블레셋 사람에게로 나아가니라(사무엘상 17장 40절).

3m에 육박하는 거인 골리앗, 70kg 정도의 개인 전투 장비로 무장한 골리앗과 싸우러 나가는 다윗의 전투 도구는 목동이 양치하는 데 사용하는 막대지팡이, 돌을 던지는 물매, 그리고 냇가에서 주은 조약돌 다섯 개가 전부였다.

그런데 다윗이 가지고 있는 강력한 전쟁 도구가 있었다. 그것은 다윗의 정신이었다. 다윗의 멘탈이 앞에 있는 모든 장애물을 돌파할 수 있는 최고의 상태였다. 거인 골리앗 앞에서 사울 왕도, 성인 군사들도 전부 멘탈이 붕괴되어 참호에 숨어버렸다. 이스라엘의 왕과 군대 전체의 멘탈이 무너진 것은 블레셋 군대와 그 선봉장인 골리앗을 모습을 보고 멘탈이 눌렸기 때문이다.

그런데 이제 청소년인 다윗이 흔들림 없는 멘탈을 유지할 수 있었던 이유가 무엇이었을까?

다윗이 블레셋 사람에게 이르되 너는 칼과 창과 단창으로 내게 오거니와 나는 만군의 여호와의 이름 곧 네가 모욕하는 이스라엘 군대의 하나님의 이름으로 네게 나아가노라. 오늘 여호와께서 너를 내 손에 넘기시리니 내가 너를 쳐서 네 목을 베고 블레셋 군대의 시체를 오늘 공중의 새와 땅의 들짐승에게 주어 온 땅으로 이스라엘에 하나님이 계신 줄 알게 하겠고 또 여호와의 구원하심이 칼과 창에 있지 아니함을 이 무리에게 알게 하리라 전쟁은 여호와께 속한 것인즉 그가 너희를 우리 손에 넘기시리라(사무엘상 17장 45-47절).

어린 다윗은 골리앗에게 너는 칼과 창으로 무장하고 나에게 오지만, 나는 여호와 하나님 이름을 의지해서 너에게 나간다. 하나님께서 너를 내 손에 넘겨줄 것인데, 내가 너의 목을 베고, 블레셋 군대를 새와 들짐승의 먹이로 줄 것이라고 선포한다. 어린 다윗의 멘탈이 전능하신 하나님께 고정되니 그 외적인 환경이 어떤 상황이 되든지 흔들리지 않게 된 것이다. 이 싸움이 어떻게 결말이 났을까?

다윗이 손을 주머니에 넣어 돌을 가지고 물매로 던져 블레셋 사람의 이마를 치매 돌이 그의 이마에 박히니 땅에 엎드러지니라(사무엘상 17장 49절).

다윗은 만일을 대비하여 조약돌 다섯 개를 준비했었다. 그런데 단 한 발의 조약돌로 골리앗의 머리를 쪼개어 죽게 만들었다. 골리앗이 죽자 이번에는 반대로 블레셋 군대가 놀라서 도망가기 시작했다. 반면에 그동안 숨어 있던 이스라엘 군대는 사기가 충천하여 도망가는 블레셋 군대를 추격하여 대승을 거두게 된다. 그리고 생각지도 못하던 보너스를 챙긴다. 그것은 블레셋 사람들이 전쟁을 치루기 위해서 가져온 전쟁 물자들을 이스라엘 백성들이 전리품으로 얻게 된다. 이 전쟁의 승리로 이스라엘은 부와 승리를 얻게 된다. 실제적인 전투 이전에 이 전쟁의 승패가 어디에서 결정되었는가? 멘탈 싸움에서 이미 결정되었다. 전능하신 하나님께 모든 정신을 집중한 다윗이 승리한 것이다. 멘탈 싸움에서 먼저 이겨야 실전에서 이길 수 있다!

나는 우리 힘과 능력으로 극복하지 못할 것 같은 현실 속에 들어가면, 이게 말대로 쉽게 되지 않는다는 것을 경험하였다. 18년 전에 아내와 두 아들과 함께 많은 대출을 받고 교회를 개척했을 때, 아무것도 하지 않아도 고정적으로 지출되어야 할 돈이 한 달에 400만 원이었다. 이 상황에서 나와 내 가정 먹고사는 것보다, 은행 이자를 감당하지 못해 부도가 나고, 교회건물을 압류 당하는 것이 더 큰 두려움이었다. 피가 마르고, 숨이 턱턱 막혔다. 어디 갈 곳도 없는 처지여서, 기도하기 위해서 교회 가서 몇 시간이고 앉아 있었다. 교회에 앉아 있는 시간은 몇 시간이었지만, 실제로 기도한 것은 거의 없었다. 짊어진 짐이 너무 무거우면 기도조차

할 수 없다는 것을 그때 처음 알았다. 입 밖으로 말이 나오지 않았다. 몇 시간이고 한숨만 쉬고 앉아 있었다. 기껏 나오는 말은 "교회 건물 빼앗기지 않게 해주세요."였다.

그러다가 하나님은 교회를 부흥시키셔서 하나님의 뜻을 이루실 수도 있고, 교회의 문을 닫게 하시는 방법을 통해서 하나님의 뜻을 이루실 수 있다. 만일 내가 개척한 교회가 문을 닫는 것을 통해서 하나님의 뜻이 이루어지는 것이라면, 깨끗하게 만세 부르고 문을 닫자! 하는 생각을 하게 되었다. 내 교회가 아니고, 하나님의 교회이니 하나님께서 알아서 인도하실 것이라는 확신이 들면서 그 지긋지긋한 두려움에서 해방되었다.

마찬가지 원리가 우리 삶 속에서도 적용될 것이다. 우리가 부와 성공을 얻기 위해서 사람마다 하려는 일들이 다양할 것이다. 도전하고자 하는 사업도 수많은 종류가 있을 것이고, 가고자 하는 직업의 길도 다양할 것이다. 그러나 그리스도인인 우리가 가져야 할 멘탈은 단 한 가지여야 한다. 그것은 전능하신 하나님, 나를 사랑하셔서, 가장 좋은 것을 주시는 하나님께 우리 멘탈을 고정하는 것이다. 그래야 흔들림 없이 부와 성공을 이루는 목표를 달성할 수 있게 될 것이다.

지금 60대 되는 연배의 사람들 사이에서 대통령도 시험 쳐서 뽑는 것이면 이 사람이 된다는 말을 들었던 사람이 있었다. 바로 고승덕 변호사이다. 사람들은 고 변호사를 천재라고 불렀다. 그러나 고 변호사는 자신의 성공 경험담을 기록한 『꿈, 포기하지 않으면 불가능은 없다』라는 책에서 모든 것은 하나님의 은혜 덕분이라고 말하고 있다.

어린 시절 가난하게 살았던 고 변호사는 대식구가 방 두 칸짜리 집에서 콩나물시루같이 살았다. 고 변호사는 자신이 성공할 수 있는 길은 공부밖에 없다고 생각해서 공부에 집중한다. 서울대 법대 재학 중에 사법고시, 외부고시, 행정고시 세 개 시험을 합격했다. 지금도 재학 중 3관왕에 성공한 사람은 자신 외에 아무도 없다고 한다.

사람들은 고 변호사가 천재이기 때문에 가능했다고 평가했다. 그런데 고 변호사는 자신은 천재가 아니라고 말한다. 자신이 이런 위업을 달성해나가면서 하루에 5시간 이상 잠을 잔 적이 없다고 한다. 자신의 성공은 노력의 산물이었지, 자신이 천재라서가 아니라고 한다. 그렇게 자신의 노력과 강인한 의지를 가지고 자신이 목표한 것을 달성해왔던 고 변호사도, 인간의 한계를 경험하면서 기독교 안에서 하나님을 만나게 된다. 그리고 고 변호사의 집중력과 멘탈은 더 한층 안정되고 견고해진다. 학교를 졸업한 후에 예일대와 하버드대에서 법학 석사 학위를 받고, 컬럼비아 대학에서 박사 학위를 받는다. 그리고 정계에 진출하여 국회의원을 지내기도 한다. 2003년에 그의 책 『꿈, 포기하지 않으면 불가능은 없다』의 개정판을 내면서 그 서문에 모든 역경을 이길 수 있었던 것은 하나님의 도우심이었다고 스스로 고백한다.

하나님 없이 자신의 정신력만 가지고도 불가능을 극복하고 기적 같은

업적을 만들어내는 사람들도 주변에 많다. 그 사람들이 가지고 있는 정신력은 그리스도인인 우리도 가지고 있다. 그런데 그리스도인들은 비 그리스도인이 가지고 있지 않은 한 가지를 더 가지고 있다. 그것은 전능하신 하나님의 도우심과 은혜이다. 그렇다면 그리스도인인 우리가 성공할 확률이 훨씬 더 높지 않겠는가?

10년 넘는 세월 동안 사울 왕에게 쫓김을 당하면서 언제 죽을지 모를 사망의 골짜기를 통과했던 다윗의 고백을 묵상해보라.

내 영혼아 네가 어찌하여 낙심하며 어찌하여 내 속에서 불안해하는가? 너는 하나님께 소망을 두라 그가 나타나 도우심으로 말미암아 내가 여전히 찬송하리로다(시편 42편 5절).

당신의 멘탈을 절망 가득한 현실에 두지 말고, 하나님께 고정하여 견고하게 만들라. 그리고 하나님께서 주시는 찬양할 수밖에 없는 기적을 경험해보라!

06

하나님은 무한하시다, 입을 크게 벌려라

당신은 하나님으로부터 얼마나 큰 복을 받기를 원하고 있는가? 하나님
은 당신에게 어느 정도 분량의 부와 성공을 주실 수 있다고 믿고 있는가?
하나님은 이스라엘 백성들에게 이렇게 책망하신다.

나는 너를 애굽 땅에서 인도하여 낸 여호와 네 하나님이니 네 입을 크
게 열라 내가 채우리라(시편 81편 10절).

하나님은 이스라엘 백성들을 애굽 땅에서 인도해내신 하나님이시라고
말씀하신다. 우리는 하나님께서 애굽에서 노예 생활하고 있던 이스라엘

백성들을 해방시키시기 위해서 어떤 일을 행하셨는지 출애굽기를 통해서 알 수 있다. 하나님께서 모세를 보내셔서, 애굽 왕에게 이스라엘 백성들을 해방시키라고 말했다. 이 말을 들은 애굽 왕은 이스라엘 백성들이 쓸데없이 하나님의 일에 관심 쓰지 못하게 하려고 갖은 박해를 한다. 그러자 하나님은 전능하신 능력으로 애굽 제국 전역에 10가지의 큰 재앙을 내려 심판하신다.

이 열 가지 재앙으로 인해 애굽의 농사와 가축에 큰 피해를 입혀 애굽의 국가 경제가 휘청댈 정도가 되었다. 그리고 마지막 10번째 재앙은 애굽의 모든 가정에서 장남이 죽는 재앙이었다. 그런데 똑같은 시간대에, 똑같은 장소에서 애굽인들과 살고 있던 이스라엘 백성들에게는 단 하나의 피해도 겪지 않게 철저하게 보호하셨다.

하나님의 능력으로 쏟아지는 재앙들을 견디다 못한 애굽 왕은 이스라엘 백성들을 한밤중에 쫓아내듯이 애굽에서 내보낸다. 이스라엘 백성들은 얼떨결에 꿈에도 소원하던 노예 생활에서의 해방을 맞고, 가나안 땅으로 출발하게 된다. 가나안 땅으로 가는 여정은 광야와 사막 길을 거쳐야 한다. 그리고 그 여행길은 장장 40년 동안이나 진행된다. 그 기간 동안 이스라엘 백성들은 계속 이동해야 했기 때문에 농사도 지을 수가 없었고, 생활필수품을 생산하기 위한 일체의 경제활동을 할 수 없었다. 그런데 그 긴 세월동안 이스라엘 백성들은 굶어서 죽은 자가 단 한 명도 없었다. 그 이유를 성경은 이렇게 설명하고 있다.

또 주의 선한 영을 주사 그들을 가르치시며 주의 만나가 그들의 입에서 끊어지지 않게 하시고 그들의 목마름을 인하여 그들에게 물을 주어 사십 년 동안, 들에서 기르시되 부족함이 없게 하시므로 그 옷이 해어지지 아니하였고 발이 부르트지 아니하였사오며(느헤미야 9장 20-21절).

하나님은 농사를 지어 양식을 생산할 수 없는 이스라엘 백성들을 하늘에서 '만나'라고 하는 양식을 내려주셔서, 먹여 살리셨다. 그리고 40년 동안 옷이 닳아지고, 신발이 닳아지지 않게 하셨다. 심지어는 발에 물집도 잡히지 않게 하셨다고 한다. 물이 떨어졌을 때에는 거대한 바위 봉우리에서 강물이 터져 나오게 하셔서, 이스라엘 백성들과 짐승들까지 먹고 마시게 하셨다. 이스라엘 백성들은 하나님의 능력이 얼마나 크고 위대한지, 하나님께서 필요한 것들을 어떻게 차고 넘치게 공급하여 주시는지 하루 이틀도 아니고, 40년 내내 그것도 매일 경험하고 체험하게 해주셨다. 이스라엘 백성들은 하나님의 능력을 부인할 수가 없다. 자기들이 직접 경험했기 때문이다. 이스라엘 백성들은 하나님께서 얼마나 풍성하게 주시는 분인지 의심할 수가 없다. 자기들이 직접 그 풍성한 축복을 체험해보았기 때문이다.

이렇게 하나님의 상상을 초월하는 능력과, 풍성한 은혜를 경험하게 해주시고 이스라엘 백성들이게 이렇게 말씀하셨다.

나는 너를 애굽 땅에서 인도하여 낸 여호와 네 하나님이니 네 입을 크게 열라 내가 채우리라 내 백성이 내 소리를 듣지 아니하며 이스라엘이 나를 원하지 아니하였도다(시편 81편 10-11절).

　하나님께서는 이스라엘 백성들에게 지금까지 너희들에게 해준 것보다 더 큰 것도 줄 수 있으니 입을 크게 벌려라, 내가 채워주겠다고 말씀하신다. 그런데 놀랍게도 더 크고 위대한 복을 받을 수 있었음에도 불구하고 이스라엘 백성들이 스스로 거부했다. 세상에, 더 많이 준다고 하시는데도 그것을 거부하는 것이 제 정신인가? 지금 자신의 모습을 스스로 돌아보라. 하나님께서 더 크고 위대한 것들을 당신에게 주시려고 하는데, 당신이 거절하고, 거부하고 있지 않는지 살펴보라. 설혹 무엇인가 하나님께 구하고 있다 하더라도 너무 작고 하찮은 것들을 구하고 있지는 않는지 자신을 돌아보라.

　인터넷에서 떠돌던 오래된 유머가 생각한다. 우리가 하나님께 너무 하찮은 것들을 구하고 있는 모습을 잘 비유해주는 유머 같아서 소개해본다.
　시골에서 농사를 지으며 근근이 살아가던 노부부가 있었다. 노부부는 어느 추운 겨울날 거실에 놓인 난로 곁에 앉아 불을 쬐고 있었다. 할아버지가 '하나님이 우리 소원 좀 들어주셨으면 좋겠다.' 하고 중얼거렸다. 그러자 천사가 나타나서 '하나님께서 당신들의 3가지 소원을 들어주신 답니다.' 하고 사라졌다. 이 말을 들은 노부부는 어떤 소원을 말할까 하고 고민하기 시작했다.

어느 것도 정하지 못하고 고민하고 있던 차에 난로 뚜껑이 불이 달구어져 있는 것을 보고 할아버지가 말했다. "팔뚝만 한 소시지가 있다면 여기에 구워 먹었으면 좋겠다." 말이 끝나자마자, 난로 뚜껑 위에 팔뚝만한 소시지가 지글지글 구워지고 있었다. 할아버지가 얼떨결에 첫 번째 소원을 말해버린 것이다. 이것을 본 할머니는 화가 치밀어 올랐다. 아니 이 영감탱이가 그 귀한 소원을 겨우 소시지 얻는데 써버리냐며 그 소시지가 영감 코에 붙어버렸으면 좋겠다고 말했다. 그러자 팔뚝만 한 소시지가 할아버지 코에 찰싹 붙어버렸다. 할머니도 화가 나서 얼떨결에 두 번째 소원을 그렇게 날려버렸다. 노부부는 한참을 서로 마주보다가 한숨을 푹 쉬며 세 번째 소원을 말했다. "영감 코가 원래대로 되게 해주세요."

하나님은 지금 이 웃긴 이야기와 같은 상황을 하나님의 위대한 능력을 경험한 이스라엘 백성들이 그대로 했다고 책망하시는 것이다. 하나님께서는 더 큰 것을 주겠다는데, 이스라엘 백성들이 스스로 거절했다는 것이다. 당신은 스스로에게 질문해보라. 당신은 하나님으로부터 얼마나 큰 복을 받기를 원하고 있는가? 하나님은 당신에게 어느 정도의 부와 성공을 주실 수 있다고 믿고 있는가? 우리가 믿는 하나님은 전능하셔서, 우리가 상상할 수도 없는 기적을 일으키실 수 있고, 우리가 기대하지도 못한 것을 주실 수 있다고, 말씀하신다.

미국의 레이크우드 교회의 담임목사인 조엘 오스틴 목사는 현재 미국의 종교지도자 가운데서 가장 영향력 있는 목사 가운데 한 사람으로 인정받고 있다. 오스틴 목사는 자신이 알고 있는 한 프로 골퍼에게 있었던 사건을 그의 책에서 이렇게 소개한다.

몇 년 전 한 유명 프로 골퍼가 사우디아라비아 왕의 초대를 받았다. 왕은 자신의 전용 제트 비행기를 미국에까지 보내 그를 데려왔다. 둘은 며칠 동안 골프를 즐기며 즐거운 시간을 보냈다. 골프 선수가 돌아갈 때가 되자 왕은 비행기까지 배웅 나와서 물었다. "귀중한 시간을 내줘서 고맙습니다. 내가 기념으로 선물을 주고 싶은데 원하는 것은 무엇이든지 말씀해주세요." 골퍼는 "아닙니다, 이미 받은 대접만 해도 충분합니다. 제가 무엇을 더 바라겠습니까?"라고 말했다. 그러나 왕은 고집을 피우며 꼭 선물을 하고 싶다고 고집했다. 거절하다 못한 골프 선수는 좋은 골프 채 한 세트만 달라고 말했다. 미국에 돌아와서 골프 선수는 사우디 왕이 어떤 골프채를 보내 줄까 하고 기대하며 기다렸다. 그런데 선물은 좀처럼 도착하지 않았다. 몇 주 후에 골프채가 배달된 것이 아니라, 사우디 왕이 서명한 서류 봉투 한 장이 달랑 도착했다. 그 봉투 안에는 놀랍게도 미국에 있는 한 골프장 소유권을 증명하는 서류가 들어 있었다고 한다. 사우디 왕은 이 골프 선수에게 골프장을 통째로 선물했던 것이다.
  – 조엘 오스틴, 『긍정의 힘』

일반 세계 속에서도 왕의 생각은 우리와 차원이 다르다. 우리가 섬기는 하나님은 만왕의 왕이시다. 그래서 우리를 향하신 하나님의 계획은 우리의 상상보다 훨씬 크고 위대한 것이다. 이 사실을 알았던 바울 사도는 이렇게 선포한다.

우리 가운데서 역사하시는 능력대로 우리의 온갖 구하는 것이나 생각하는 것에 더 넘치도록 능히 하실 이에게 교회 안에서와 그리스도 예수 안에서 영광이 대대로 영원무궁하기를 원하노라 아멘(에베소서 3장 20-21절).

우리가 믿는 하나님은 전능하셔서, 우리가 구하는 모든 것에 넘치도록 부어주실 수 있는 분이다. 우리가 믿는 하나님은 전능하셔서, 우리가 미처 간구하지 못하고 마음속으로 생각만 하고 있던 것보다 더 넘치도록 부어주실 수 있는 하나님이다. 그래서 당신이 하나님을 견고히 붙잡는다면 여전히 소망이 있다. 우리가 살고 있는 지금 이 시대와 같이 공정과 공평이 사라진 불공정한 시대이다. 가난하고 힘없는 사람들은 정당한 게임을 할 수 없는 시대이다. 그럼에도 불구하고 하나님께서 전능하시기 때문에 성경대로 살아도 충분히 부자가 되고 성공할 수 있다. 돈을 많이 벌어 부자가 되는 것이 소원이라면 하나님을 떠나지 말라. 성공하는 것이 인생의 목표라면 신앙의 길을 떠나지 마라. 하나님은 이 악한 시대에도 신실한 믿음의 사람들을 충분히 부자가 되게 하고, 성공하게 해주실 수 있기 때문이다.

이런 하나님을 아버지로 섬기면서 작고 하찮은 것에 만족하지 말라. 입을 크게 벌려라. 하나님께서 채우실 것이다!